COMPREENDER E INTERPRETAR DESENHOS INFANTIS

Dados Internacionais de Catalogação na Publicação (CIP)
(Câmara Brasileira do Livro, SP, Brasil)

Cognet, Georges
  Compreender e interpretar desenhos infantis / Georges Cognet e Anna Cognet ; tradução de Guilherme João de Freitas Teixeira. 5. ed. revista e atualizada – Petrópolis, RJ : Vozes, 2024.

  Título original : Comprendre et interpréter les dessins d'enfants

  Bibliografia.

  ISBN 978-85-326-4596-8

  1. Crianças – Psicologia 2. Desenhos – Aspectos psicológicos 3. Desenhos infantis I. Título.

13-05076   CDD-155.418

Índices para catálogo sistemático:
1. Desenhos de crianças : Estudos psicológicos :
Psicologia infantil   155.418

**GEORGES COGNET
ANNA COGNET**

COMPREENDER E INTERPRETAR DESENHOS INFANTIS

Tradução de Guilherme João de Freitas Teixeira

EDITORA VOZES

Petrópolis

© Dunod, 2018 segunda edição, Malakoff.
© Dunod, 2023 terceira edição, Malakoff.

Tradução do original em francês intitulado
Comprendre et interpréter les dessins d'enfants by Georges COGNET e Anne COGNET

Direitos de publicação em língua portuguesa – Brasil.
2013, 2019, 2024 Editora Vozes Ltda.
Rua Frei Luís, 100
25689-900 Petrópolis, RJ
www.vozes.com.br
Brasil

Todos os direitos reservados. Nenhuma parte desta obra poderá ser reproduzida ou transmitida por qualquer forma e/ou quaisquer meios (eletrônico ou mecânico, incluindo fotocópia e gravação) ou arquivada em qualquer sistema ou banco de dados sem permissão escrita da editora.

CONSELHO EDITORIAL

Diretor
Volney J. Berkenbrock

Editores
Aline dos Santos Carneiro
Edrian Josué Pasini
Marilac Loraine Oleniki
Welder Lancieri Marchini

Conselheiros
Elói Dionísio Piva
Francisco Morás
Gilberto Gonçalves Garcia
Ludovico Garmus
Teobaldo Heidemann

Secretário executivo
Leonardo A.R.T. dos Santos

PRODUÇÃO EDITORIAL

Aline L.R. de Barros
Marcelo Telles
Mirela de Oliveira
Otaviano M. Cunha
Rafael de Oliveira
Samuel Rezende
Vanessa Luz
Verônica M. Guedes

Conselho de projetos editoriais
Isabelle Theodora R.S. Martins
Luísa Ramos M. Lorenzi
Natália França
Priscilla A.F. Alves

Editoração: Andrea Bassoto Gatto
Diagramação: Victor Mauricio Bello
Revisão gráfica: Alessandra Karl
Capa: Aquarella Comunicação Integrada

ISBN 978-85-326-4596-8 (Brasil)
ISBN 978-2-10-077340-4 (França)

Este livro foi composto e impresso pela Editora Vozes Ltda.

Agradecimentos

Nossos agradecimentos dirigem-se, principalmente, às crianças e aos adolescentes participantes desta obra – alguns por meio de seus desenhos e outros, em número muito maior, que recebemos em consulta e dos quais guardamos a lembrança.

Ilustração da capa: desenho de um menino de 8 anos representando uma família em que todos os membros estão bastante próximos uns dos outros, sorridentes. No entanto a unidade e a alegria são factícias, dissimulando elementos depressivos.

Lista de siglas dos desenhos

(por ordem alfabética)

AgS = Agressão sexual (cap. 5.6).

AiM = Aldeia imaginária (cap. 9.5).

Ang = Angústia (cap. 4.1).

Arv = O teste da árvore (cap. 9.1).

CrD = Crianças desenham (cap. 1).

DaP = Desenhos e abordagens psicoterapêuticas (cap. 7).

DeL = Desenho livre (cap. 3).

Dep = Depressão (cap. 4.2).

ExP = Exames psicológicos (cap. 6).

Fam = Desenhos da família (cap. 8).

Fay = A senhora de Fay (cap. 9.2).

FiH = Figura humana (cap. 2).

LeM = J. Le Men (cap. 9.3).

Rab = Rabisco (cap. 7.4).

Tra = Trauma (cap. 4.3).

Vio = Violências (cap. 5).

YvD = Yves Durand (cap. 9.4).

Sumário

Agradecimentos, 5
Lista de siglas dos desenhos, 7
Preâmbulo, 15

1 Crianças desenham, 19
   1.1 O desenho precisa dos outros para advir, 19
   1.2 Prazer e realidade, 20
   1.3 As molas propulsoras da fantasia, 23
      1.3.1 O imaginário, 23
      1.3.2 O simbólico, 25
      1.3.3 O real, 27
      1.3.4 O estético, 30
   1.4 As etapas do "tornar-se o que se é", 30
      1.4.1 Um indicador do desenvolvimento psíquico, 32
   1.5 As crianças são artistas, 36

2 Os desenhos da figura humana: Como proceder à sua análise?, 41
   2.1 Metodologia para a análise dos desenhos de uma figura humana, 43
      2.1.1 A análise formal, 44
      2.1.2 A abordagem psicodinâmica, 46
      2.1.3 A conversa em torno do desenho, 53
   2.2 Desenhos da figura humana e esquema corporal, 55
      2.2.1 Esquema corporal e imagem inconsciente do corpo, 57
      2.2.2 A imagem de um corpo danificado, 60

2.2.3 As etapas da evolução dos desenhos da figura humana, 61
2.2.4 Antropomorfismo e desenhos de figura humana, 69
2.3 As origens dos testes do desenho de uma figura humana, 71
    2.3.1 O teste de Machover (Human Figure Drawing), 72
    2.3.2 O teste do desenho de uma pessoa de Goodenough, 79
    2.3.3 Críticas contra o teste do desenho de uma pessoa, 79
    2.3.4 O teste do desenho de uma pessoa – Florence Goodenough, 81

3 O desenho livre: Como proceder à sua análise?, 87
3.1 Metodologia para a análise do desenho chamado "livre", 88
    3.1.1 A análise formal, 89
    3.1.2 A abordagem psicodinâmica, 90
    3.1.3 A conversa em torno do desenho, 95
3.2 Estudos psicológicos do desenho, 96
    3.2.1 Georges-Henri Luquet (1876-1965): as formas do realismo, 96
    3.2.2 Sophie Morgenstern (1875-1940): os desenhos inspirados pelo inconsciente, 102
    3.2.3 Françoise Dolto (1908-1988): o desenho como um rébus simbólico, 105
    3.2.4 Daniel Widlöcher (1929-2021): esboçar um retrato psicológico, 108
    3.2.5 Jacqueline Royer (1912-2007): o desenho é uma linguagem (Royer, 1995), 112
    3.2.6 Annie Anzieu (1924-2019): o psicanalista e a criança desenhista (Anzieu, A., 2008), 114

4 Expressões de sintomas pelo desenho, 117
4.1 As facetas da angústia e da ansiedade, 117
    4.1.1 Angústia e organização do Ego, 119
    4.1.2 Desenhos de angústia, 121
4.2 Imagens da depressão, 134
    4.2.1 De que modo reconhecer os transtornos depressivos infantis?, 135
    4.2.2 O transtorno depressivo caracterizado ou episódio depressivo, 137

4.2.3 Digressão em busca de compreensão do bebê, 139
4.2.4 Episódio depressivo e desenho, 140
4.2.5 O transtorno depressivo persistente, 148
4.3 O trauma psíquico, 151
4.3.1 A imagem traumática, 152
4.3.2 Trauma e desenho, 152

5 Violências, entre outras, de natureza sexual, 163
5.1 Um consenso quase planetário, 163
5.2 Violências de natureza física e/ou moral, 165
5.3 Violências sexuais, incesto, 167
5.4 O que diz a lei?, 172
5.4.1 A sanção penal do incesto, 174
5.4.2 Punição civil por incesto, 174
5.5 Ir à procura das vítimas-crianças para protegê-las, 175
5.5.1 Sinais polissêmicos, 175
5.5.2 O desenho, um vetor privilegiado, 176
5.6 Casos clínicos de incesto, 184
5.6.1 Uma sintomatologia banal, 184
5.7 Desenho da família e agressão sexual, 190

6 O desenho enquanto teste projetivo em psicologia clínica
infantil, 193
6.1 O "desenho livre" na dinâmica dos exames psicológicos, 193
6.1.1 Contexto e temporalidade, 194
6.1.2 Uma instrução aberta, 196
6.2 O desenho livre enquanto teste projetivo, 198
6.2.1 Os testes projetivos, 198
6.2.2 O Thematic Apperception Test, 200
6.2.3 Desenho e TAT: a mesma situação projetiva?, 204
6.3 Processo de análise do desenho, 207
6.3.1 Modo de participação da criança, 208
6.3.2 Primeira impressão geral do desenho, 208
6.3.3 Análise dos procedimentos de elaboração do
desenho, 211
6.3.4 Avaliação das modalidades de funcionamento
mental, 236

7 Desenhos e abordagens psicoterapêuticas, 239

   7.1 A função de contenção 240

   7.2 A técnica dos três desenhos dos Brauner, 243

      7.2.1 Uma consulta terapêutica, 244

      7.2.2 Terríveis pesadelos, 247

   7.3 A mandala das emoções, 250

      7.3.1 A mandala das emoções na criança em situação de luto, 250

      7.3.2 A mandala das emoções em psicoterapia, 251

      7.3.3 Casos clínicos, 255

      7.3.4 Utilidade e limites da mandala das emoções, 262

   7.4 O jogo do rabisco [squiggle], 263

8 O desenho da família, 269

   8.1 O teste do desenho da família, 269

      8.1.1 Família imaginada, família real, 269

      8.1.2 As origens do teste, 270

   8.2 Louis Corman – O teste do desenho de família enquanto teste de personalidade, 271

      8.2.1 O método proposto por Corman, 271

      8.2.2 Interpretação, 273

   8.3 Colette Jourdan-Ionescu e Joan Lachance – Testes do desenho da família, 274

      8.3.1 Grade de avaliação, 274

      8.3.2 Aspecto global, 275

      8.3.3 Detalhes, 275

      8.3.4 Aspecto clínico, 276

   8.4 Roger Perron e Michèle Perron-Borelli – Desenhos de crianças com o pai e com a mãe, 276

      8.4.1 O espaço gráfico, 278

      8.4.2 A diferenciação sexual dos personagens, 279

   8.5 Em busca de uma abordagem renovada do desenho da família, 281

      8.5.1 O desenho da família como complemento da anamnese, 281

      8.5.2 Nossa abordagem do desenho da família, 283

      8.5.3 Interpretar o desenho de uma família imaginada, 295

8.6. Diferentes prontuários, 299
  8.6.1 Famílias imaginadas, 299
  8.6.2 Caso clínico: Louane, 4 anos, 306

9 Proposições de desenhos temáticos, 309
 9.1 O teste da árvore, 309
  9.1.1 Aplicação e análise, 310
  9.1.2 A instrução, 312
  9.1.3 Nossa proposta para o desenho da árvore, 314
  9.1.4 Casos clínicos, 316
 9.2 A Senhora de Fay, 324
  9.2.1 A composição do teste, 325
  9.2.2 A abordagem psicométrica, 326
  9.2.3 Instruções, análise e interpretação, 327
  9.2.4 Senhora de Fay e personalidade, 334
  9.2.5 Caso clínico: Astrid, 4 anos, 335
 9.3 O D10 de Jean Le Men, 338
  9.3.1 Aplicação e análise, 338
  9.3.2 Psicologia clínica e interpretação, 340
  9.3.3 Casos clínicos, 346
 9.4 O AT9 de Yves Durand, 351
  9.4.1 Aplicação e análise, 352
  9.4.2 Psicologia clínica e interpretação, 352
 9.5 O mapa da aldeia imaginária de Raphaël Djan, 354
  9.5.1 Do teste da aldeia imaginária ao Mapa da aldeia imaginária, 355
  9.5.2 Aplicação e análise, 356

Referências, 361
Índice onomástico, 375

Preâmbulo

Desenhos de formas, de ideias, de sofrimentos e até mesmo de sensações. Desenhar com a mão, sem a ajuda de instrumentos, representar, ornamentar ou simbolizar. Executar uma composição artística, realçar um traço de maneira consciente ou não, produzir significados, transmitir, dar testemunho.

As palavras-chaves dessa atividade não forçada de produção gráfica são: liberdade, fantasia, tornar-se o que se é, relação com os outros. Mas também, e em outros termos: imaginário, simbolismo, narcisismo e relação de objeto, sem nos esquecermos da relação com a realidade que, na maior parte das vezes, exerce uma influência opressiva sobre os nossos jovens em via de desenhar. Em resumo, o desenho contribui para a constituição singular de uma história de vida; ele constitui, em nosso entender – e, servindo-nos da terminologia da abordagem psicodinâmica –, uma expressão incontornável da dimensão subjetiva das crianças.

Os profissionais dedicados à infância – psicólogos, terapeutas e professores – não se deixam enganar: todos eles, em determinado momento, recorrem ao desenho em seus encontros com crianças ou jovens adolescentes. Isso pode ocorrer durante um exame psicológico em que ele desempenhe a função de um teste projetivo – o sujeito permite ver, no sentido concreto da palavra, um momento de seu funcionamento psíquico, suas angústias, seus mecanismos de adaptação, seus recursos –, assim como por ocasião de sessões de psicoterapia regulares, de acompanhamento psicológico, de remediação; as produções gráficas tornam-se, então, suportes de relação.

Assim, o destino do desenho das crianças é multiforme: para o psicólogo ou psicanalista, ele surge como um espelho, com reflexos mais ou menos límpidos, da organização e até mesmo dos conflitos intrapsíquicos do sujeito; para o professor é o meio de identificar a sua evolução ao compará-la com a média do desenvolvimento previsto (atraso ou precocidade da criança?); para as famílias, ele é um presente, repetido de forma quase cotidiana, que evoca o universo interior, a magia da infância, mas também a capacidade de ficar sozinho face ao seu imaginário, de criar, de empenhar-se em determinada atividade e, em relação aos mais jovens, de prepararem-se para as futuras tarefas escolares.

A abordagem que desenvolvemos neste livro provém de nossas pesquisas, reflexões e experiências clínicas; aliás, nossa expectativa é que elas tornem-se esclarecedoras. Ou seja, que tenham em conta os dois lados da disciplina Psicologia e que nunca sacrifique nem a dimensão subjetiva, nem o estudo rigoroso dos fatos.

Na nossa concepção da prática do psicólogo não há espaço para uma abordagem clínica irresponsável que se libere dos conhecimentos desenvolvidos pelas disciplinas conexas e das pesquisas estruturadas, tampouco para um enfoque que evite o sujeito, sua singularidade, recorrendo quase exclusivamente às normas e aos estudos de amostragens.

Neste livro começamos por evocar as premissas da atividade representativa, as protorrepresentações que conduzem à expressão do sujeito nos desenhos ditos livres. E além da apresentação, obviamente, das concepções de personalidades importantes – Georges-Henri Luquet, Sophie Morgenstern, Françoise Dolto, Daniel Widlöcher etc. – que escreveram sobre desenhos de crianças, são abordadas as expressões da angústia, da depressão e dos episódios traumáticos nas composições infantis. Por fim, comparamos o TAT com o desenho livre e, a partir do modelo da ficha de controle do TAT, de R. Debray, elaboramos uma análise dos processos gráficos do desenho.

Ao elaborarmos a presente edição, dedicamos um capítulo às violências físicas e, em particular, às violências sexuais perpetradas contra crianças e adolescentes. Relatórios recentes da Commission Indépendante sur les Abus Sexuels dans l'Église (Ciase = Comitê Independente sobre os Abusos Sexuais na Igreja) – conhecida também como Commission Sauvé – e da Commission Indépendante sur l'Inceste et les Violences Sexuelles faites aux Enfants (Ciivise = Comitê Independente sobre o Incesto e as Violências Sexuais contra Crianças), além de investigações e livros – e estamos pensando especificamente em *La familia grande*, escrito por

. Preâmbulo

Camille Kouchner* –, chamaram a nossa atenção para a quantidade excessiva desses crimes contra crianças e adolescentes, assim como para a urgência em se agir. Nesta obra desejamos compartilhar nossas pesquisas sobre os indicadores, os sinais imperceptíveis e os símbolos relacionados a tais vivências abusivas que conseguimos detectar nos desenhos infantis.

A última parte apresenta detalhadamente um conjunto de testes de desenhos temáticos, a começar pelo desenho da família; em seguida, o desenho da figura humana, da Senhora de Fay, da árvore, o D10, o AT9 e o desenho da aldeia imaginária.

No plano formal, concebemos esta obra intercalando no texto pouco mais de duzentos e trinta desenhos, ou seja, setenta novas imagens em relação à edição anterior. Aliás, a presente edição é enriquecida com novos desenhos oriundos da nossa prática terapêutica e de um esforço pedagógico relacionado a perguntas, a intercâmbios com psicólogos e, mais amplamente, a profissionais dedicados às crianças: contactados no decorrer de nossas intervenções e atividades de formação, de certa forma eles participam – por seu incentivo e seus pedidos de esclarecimento – como coautores deste livro.

---

*A esse respeito, cf. https://www.uol.com.br/splash/noticias/afp/2021/01/26/enteado-de-cientista-politico-frances-o-denuncia-por-abuso-sexual.htm [N.R.].

1

Crianças desenham

1.1 O DESENHO PRECISA DOS OUTROS PARA ADVIR

Como sabemos, o desenho é um recurso muito empregado por crianças pequenas, pais e professores. Trata-se de uma produção impregnada de liberdade; é comum a criança oferecê-la de presente, como uma parte de si mesma, a um adulto. Inconscientemente, ela sabe que aquele desenho, por mais tosco que possa parecer a olhos inexperientes que não conheçam o universo próprio à infância, fala sobre ela mesma, sobre seu desenvolvimento, sobre desejos e temores e, até mesmo, angústias. A prova disso – se fosse preciso uma – reside no fato de que o desenho infantil não é estereotipado: o desenho destinado aos pais é diferente daquele que é oferecido à professora ou ao psicólogo. Cada desenho tem um destino, sendo concebido, realizado e transformado involuntariamente por aquele a quem ele foi prometido.

O desenho infantil não existe fora da cultura, fora da interação com o outro. Não existe desenho "puro", como talvez ainda se encontre, em zonas protegidas das atividades humanas, uma água límpida e cristalina. Muito pelo contrário, à semelhança da linguagem, o desenho infantil precisa de olhares, incentivos e interpretações para ser concebido e crescer. É o grupo humano que permite o desenvolvimento da criança. Em vez de um adulto em miniatura, ela é um ser que tem necessidade dos outros para advir: "Tudo o que não temos ao nascer e de que necessitamos quando adultos nos é dado pela educação" (Rousseau [1762] 2023, p. 12).

Obviamente, para as crianças de nossas sociedades ocidentais, deixar traços em uma folha de papel, em uma parede, em uma casca de árvore – ou, como nas Ilhas Vanuatu, na areia –, não é uma necessidade fisiológica indispensável à vida. O pré-requisito consiste em considerar a infância como um momento do desenvolvimento físico e psicológico do ser humano e em dar importância às suas produções. É também perceber que a educação não é uma simples instrução, mas um chamado à expressão do eu, à criação e à liberdade na interação com os outros. Por parte da criança há o prazer de desenhar[1] e oferecer o desenho; por parte do adulto há o prazer de observar a criança desenhando e receber o desenho (Jumel, 2011).

Portanto, quando as condições essenciais estão reunidas e se, ao seu redor, o ambiente incentivá-la minimamente a prosseguir – interessando-se pela sua produção, interpretando-a, dando-lhe um nome –, a criança acabará refletindo conjuntamente sua vida e a sua representação em um suporte gráfico; bem depressa, o que é vivenciado e o que é representado hão de surgir como as duas faces do mesmo desenvolvimento psíquico.

1.2 PRAZER E REALIDADE

Embora o grupo de pessoas próximas seja essencial para o desenvolvimento das produções gráficas infantis, estas últimas têm suas origens e tiram seu vigor e singularidade do âmago da intimidade psíquica, na qual imaginário e sofrimento encontram-se, às vezes, confundidos.

Como prova disso, os desconcertantes desenhos de crianças em tratamento de câncer, descritos por D. Oppenheim e O. Hartman: por exemplo, o de Julien, 7 anos (*imagem CrD1*), que

> desenhou a si mesmo com a boca bem aberta, vazia – um grito inaudível –, as orelhas tapadas, o pescoço estreito e rígido, não deixando passar nada, separa a cabeça do resto do corpo, que é desenhado de outra cor. O corpo é um grande saco, em que a morte é representada sob um duplo aspecto: bolas (o tumor e suas metástases) e xis (sua preocupação e seu questionamento)*.

---

1. Evidentemente, algumas crianças dizem que não gostam de desenhar, manifestando movimentos de recusa e de oposição, cujas causas, às vezes, aparecem para nós de forma clara: por exemplo, uma fragilidade tamanha que ela torna impossível a exposição de si mesma por meio de uma produção gráfica. Com frequência elas alegam inabilidade o fato de não saberem desenhar, uma falta de ideias. Outras tantas razões, que são sinais de uma mobilização defensiva, devem ser compreendidas e respeitadas. Se a recusa não for absoluta e definitiva, pode revelar-se proveitoso propor a elaboração de um desenho temático que mobilize, de forma menos direta, os mecanismos defensivos (p. ex., o teste da Senhora de Fay; cf. mais adiante).

1. Crianças desenham

Essa obra representa em imagem os símbolos da doença e da morte e constituem, para nós, uma perfeita demonstração de que o desenho é um precioso indicador do funcionamento psíquico da criança, de suas angústias, de suas capacidades de resiliência ou de suas desistências. Mas também – e talvez acima de tudo – que o desenho é um suporte que oferece um espaço de encontro com o terapeuta. Ele acrescenta:

> Ele precisava falar não só da realidade de sua doença e do desenrolar de seu tratamento, mas também da possibilidade de sua própria morte. [...] Suas fantasias e medos eram preferíveis ao silêncio diante do impensável, eram necessários para que ele viesse a cativar a ideia de sua morte. Tinha que se enfrentar para superá-los, em vez de tranquilizá-lo superficialmente (Oppenheim & Hartman, 2003).

CrD**1
Desenho de um menino, 7 anos, em tratamento de câncer.

---

*Oppenheim & Hartman (2003). Nas citações, o original não indica o número da página [N.R.].
A enumeração das reproduções gráficas é precedida por iniciais extraídas, seja do título do respectivo capítulo – por exemplo, **CrD = Crianças Desenham –, ou do tema: **Ang** = Angústia [N.R.].
A indicação [N.T.] refere-se às notas introduzidas por Stephania Matousek, tradutora da 1ª edição.

Felizmente, a doença somática nem sempre está em primeiro plano para alimentar, infiltrar o desenho; este último estabelece, então, um estreito laço com o imaginário. A capacidade para desenvolver pensamentos preexiste à expressão desses no espaço de duas dimensões. O universo criado pela imaginação, fora do mundo, é anterior a qualquer representação externa, transmissível.

Além de nunca ser um desenho traçado com base no real, nem ser uma imitação e ainda menos um desenho geométrico ou um desenho de arte, trata-se, portanto, da transformação de fantasias psíquicas e até de quimeras, em um objeto elaborado sobre uma superfície plana e realizado com lápis, canetas de feltro ou qualquer outro meio possível. O imaterial oriundo do psiquismo retraduz, no real, o jovem desenhista.

Essa concepção linear, que vai do psiquismo à representação, não é, entretanto, inteiramente satisfatória; com efeito, é pela observação de crianças que desenham, algumas desde os 2 anos, que se concebe a relação entre o imaginário e o desenho como uma interação íntima. É graças às primeiras realizações, no real, que o imaginário pode desenvolver-se. Em razão da existência de um outro, próximo, benévolo, amoroso, que recolhe e reinterpreta as produções – sejam elas verbais, pelo movimento ou pelos vestígios deixados – é que a máquina de pensar o quimérico, o inexistente e o fabuloso pode exercitar-se. Em vez da construção de um e, em seguida, da realização do outro, há o desenvolvimento conjunto da fantasia imaginária e do real da produção.

Assim, ao analisar a produção literária e artística, Freud evoca "o reino da imaginação" como se fosse uma "reserva organizada durante a passagem, dolorosamente sentida, do princípio de prazer ao princípio de realidade, a fim de oferecer um substituto à satisfação instintiva à qual se deve renunciar na vida real" (Freud, 1925). Nessa situação, lidamos perfeitamente com os dois lados da sequência que conduz à expressão por intermédio do desenho: por um lado, o imaginário, a reserva de desejo, de prazer; por outro, o real, compartilhável.

A relação em torno do desenho, por exemplo, entre a criança e os pais mostra bastante a proximidade psíquica, a permeabilidade entre as instâncias e o enriquecimento dos respectivos imaginários. A criança deixa seu lápis percorrer o papel e realiza, fortuitamente, uma forma que pode adquirir sentido, despertar a reflexão no adulto que a observa. Do mesmo modo que os pais aprendem a falar com seus filhos atribuindo palavras e intenções aos balbucios e às repetições iterativas de sílabas, assim também o parceiro do desenhista vai atribuir uma representação de coisas àquele traçado não intencional. Nesse sentido, um traçado em espiral seria suscetível de evocar imediatamente, para os pais ou para o professor, um caracol, depois vários traçados – com efeito, a criança buscará reproduzir esse traço que agrada tanto –, uma família de caracóis.

O filósofo, etnógrafo e pioneiro do estudo do desenho infantil, Georges-Henri Luquet (1876-1965), designa essa interação como "realismo fortuito" (Luquet, 1927); aliás, ao longo do tempo, a criança tentará repeti-lo e, em seguida, dominá-lo. Ela nem sempre será bem-sucedida nessa tentativa; assim, o "realismo fracassado" (Luquet, 1927) é que suscitará, por parte dos adultos ou da própria criança, novas descobertas e interpretações.

CrD2
Menininha de um pouco mais de 3 anos que, tendo finalizado a tarefa, atribui a seu desenho este título: "Um papai caracol".

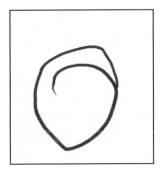

1.3 AS MOLAS PROPULSORAS DA FANTASIA

1.3.1 O imaginário

Como já vimos, o imaginário, fantasia íntima cuja origem encontra-se, como demonstra Freud, na frustração, na renúncia à satisfação imediata, constrói-se em sua relação com o real encarnado pelo outro.

É impossível pensar o imaginário sem o recurso ao real. A fantasia não pode existir sem esse contraponto, esse ato de compartilhar com a alteridade. O imaginário é fonte de criatividade e originalidade, ao passo que o recurso ao real protege do face a face entre o eu e o eu.

Compreender e interpretar desenhos infantis

CrD3

Para essa criança de 6 anos e meio, a inspiração do desenho (*imagem CrD3*) tem origem em um imaginário fértil, ligado ao real. Segue-se uma produção em que a fantasia domina, mas permanece compartilhável, acessível ao outro, ao espectador. Tudo no desenho é interessante de se observar: as abelhas, que, cansadas de irem longe para colherem o pólen das flores, vão diretamente com suas cestas abastecer-se junto à "abelha comerciante", que vende "frutas". Algumas se deslocam, inclusive, de carro. Observam-se também nuvens, sendo que algumas têm formas humanas. A menina evoca aquela brincadeira de crianças e adultos que consiste em reconhecer objetos, animais e personagens formados pelos cúmulos dos dias de verão.

Convém prestar atenção para distinguir, por um lado, o que é uma fantasia em que a criança sente prazer em expressar sua criatividade e, por outro, o que pode assemelhar-se a um mecanismo de liberação, cuja função – muitas vezes, inconscientemente – consiste em dissimular qualquer expressão pessoal. No primeiro caso, o sujeito corre o risco de desvelar, em parte, sua singularidade por meio de sua criação; no segundo, ele camufla-se atrás de uma realização estereotipada que funciona como uma cortina de fumaça, uma interferência perturbadora entre ele e o observador. Convém observar que essa produção servindo de ecrã não retoma os canais habituais de inibição – nomeadamente a restrição, a lentidão da execução e, ainda, a recusa –; pelo contrário, dissimula-se sob o

1. Crianças desenham

disfarce da jovialidade, da fuga e da criatividade. No entanto um observador experiente há de detectar rapidamente o aspecto estereotipado do tema, assim como a banalidade, inclusive a rigidez, dessa execução.

CrD4

Esse menino, 6 anos, além de falar pouco, quase sempre mostra indiferença ao que se passa ao seu redor. Ao ser convidado pelo psicólogo para fazer um desenho de sua escolha, ele propõe um compromisso que conjuga a resposta à expectativa do terapeuta, com o qual chega a estabelecer uma boa relação de trabalho, e o evitamento da autoexpressão por intermédio do recurso a uma representação estereotipada: o ilhéu, o mar, o coqueiro.

Sob a referência *ExP19*, no caderno de imagens coloridas, encontramos o desenho impessoal de uma mocinha que elabora, com pleno domínio, uma representação semelhante.

1.3.2 O simbólico

À semelhança do que se passa em relação ao imaginário, o desenho infantil tira grande parte de sua essência do simbólico. Os símbolos são culturais, mas também íntimos, singulares, originais e, obviamente, sua expressão é múltipla, ao passo que o campo do simbolizado, por sua vez, é restrito (sexualidade, família, amor, morte, nudez, angústia etc.). No desenho, o símbolo levanta um problema epistemológico na medida em que sua relação com o que é simbolizado não é determinada, de forma unívoca, por uma convenção explicitada entre o desenhista e aquele a quem o desenho é destinado.

Nesse sentido, o desenho pode assemelhar-se, em certa medida, à linguagem do sonho: Freud demonstrou que as imagens do sonho, por trás de seu sentido manifesto, aparente, escondem um significado latente, revelador, dos conflitos intrapsíquicos. Pode-se evocar também a linguagem poética, que, por meio de suas metáforas, de suas construções e de seus termos escolhidos, apresenta uma multiplicidade de sentidos, assim como ocorre com o desenho mediante a escolha das cores, a proximidade das representações e o estilo gráfico.

De forma mais ampla, essa função simbólica tem importância fundamental; por seu intermédio, a criança pode representar para si mesma suas condutas e relações sem ter que realmente efetuá-las.

Uma criancinha de 2 anos e meio dirige-se, nos seguintes termos, à foto de um pônei que recentemente havia sido visto e afagado por ela: "Tudo bem, Fanfan? Você está bem aí na sua foto?". Ela mostra, assim, que acedeu à função simbólica: é capaz de dar vida a uma representação em imagem, levando em conta, ao mesmo tempo, o real, encarnado aqui pelo objeto foto.

No desenho, os símbolos estão evidentemente presentes, bem diferentes em função da idade – e, portanto, do desenvolvimento intelectual e grafomotor – do desenhista.

CrD5

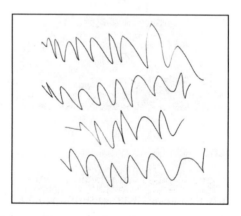

Essa mesma criança de 2 anos e meio rabisca uma série de pequenas linhas quebradas. Já se pode notar o controle que foi preciso exercer para permanecer dentro dos limites da folha, não os ultrapassar e, sobretudo, tornar o gesto mais lento, a fim de realizar essas formas semelhantes a dentes de uma serra. De maneira espontânea, ela própria sugere uma interpretação simbólica de seus rabiscos: o menor deles é o primo de 8 meses; o maior, o pai. Percebe-se a função simbólica em ação nessas premissas, nesses primeiríssimos traços.

Mais tarde, alguns símbolos hão de aparecer mais culturais e mais facilmente compartilháveis, no entanto serão impostos sempre aos jovens desenhistas, incapazes de controlá-los e de "convocá-los" conscientemente.

CrD6

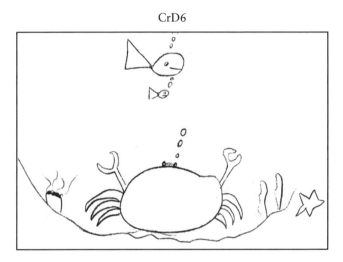

O desenho (*imagem CrD6*) é feito por um menino de 7 anos e meio durante uma sessão de acompanhamento psicoterápico. Os pais estão separados e o pai acaba de ter um segundo filho com a nova companheira. No entanto ele ainda exerce uma forma de controle sobre sua primeira família: obviamente, sobre a escolaridade de seu primeiro filho, mas também sobre sua mãe, controlando o uso da pensão alimentícia que ele paga.

A representação é simbólica desse estado de coisas: mãe e filho – peixes – tentam, juntos, escapar dessa influência, simbolizada pelas pinças abertas, do pai-caranguejo. Convém observar que a família simbolizada no desenho reúne animais marinhos pertencentes a duas espécies diferentes, assim como ocorre com as famílias da criança: a original e a nova constituída pelo pai. O desenhista retrata a mãe-peixe com um sorrisinho travesso: que sentido terá para o psicoterapeuta?

1.3.3 O real

O real – que deveríamos designar, de maneira mais exata, como o real subjetivo – não coincide totalmente com a realidade; esta última é quase sempre definida como o que, de fato, existe, enquanto o real subjetivo corresponde à construção do que um sujeito singular percebe e pensa ser a realidade do meio circundante em que vive.

Obviamente, esse real subjetivo participa – e temos muitos exemplos a esse respeito –, do desejo de representar, da vontade de desenhar no papel o que, no ecossistema próximo, é motivo de preocupação, de inquietação, de questionamento e de mobilização.

Assim, essa menina, 7 anos, que a família descreve como irritável por não suportar frustrações, mostra, por meio de um maravilhoso desenho (*imagem CrD7*), o objeto de suas preocupações, de suas inquietações; na verdade, ela é incapaz de exprimi-las por palavras. Evidentemente, essa garota não conhece os trabalhos do filósofo da linguagem britânico, J. L. Austin (1911-1960), sobre a função performativa da linguagem, resumida perfeitamente no título de seu livro *Quando dizer é fazer*[2]. Mas como ocorre com um grande número de crianças e de adultos, ela pensa, de maneira confusa, que dizer as coisas pode facilitar a respectiva concretização.

---

2. Austin (1962). "Um enunciado performativo, pelo simples fato de sua enunciação, permite realizar a ação em questão: basta um presidente dizer – 'Declaro aberta a sessão' – para abrir realmente a sessão" (Universalis.fr).

1. Crianças desenham

Assim, ela representa a mãe puxando uma mala com rodas e carregando uma mochila na qual ela enfiou um sanduíche. Então o que faz essa mãe na calçada? Essa criança não pode dar uma resposta verbal clara, mas de que serviria? Tudo está no papel à nossa frente: ela vai embora!

O casal já não se entende, ocorrendo a alternância de brigas com silêncios difíceis de suportar; ora, é justamente essa espada de Dâmocles, sob a forma de uma ruptura, do abandono da casa pela mãe, que está suspensa acima da cabeça dessa criança.

Esse desenho, de um nível de realização excepcional para a idade da autora, dá conta do único real que é válido por ser portador de valores e preocupações, aquele construído pela subjetividade.

CrD8

Esse menino, 5 anos, desenha sua casa à noite: no canto inferior esquerdo, ele representa a mamãe dormindo na sala, a televisão ligada e a ausência do pai. Mas o que faz, portanto, o papai, e por que motivo a mamãe não se deita na cama do casal? Outras tantas questões sérias são evocadas nesse rápido desenho; no entanto, de novo, elas não chegam a ser formuladas em palavras. No espaço aconchegante da consulta, uma terceira pessoa pode descrever o desenho, além de compartilhar suas observações com a criança.

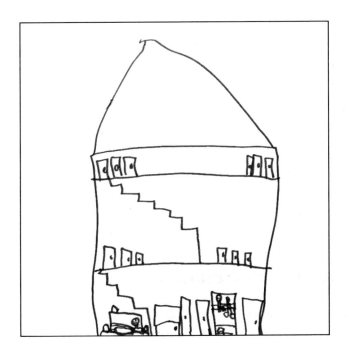

1.3.4 O estético

Por essência, o desenho traz uma relação com a sensibilidade e com o julgamento estético, tanto por parte de seu autor quanto por parte de seus contempladores. Com frequência, a criança exprime seu sentimento do belo, sua sensibilidade diante da harmonia, sua percepção artística. É claro que, para a criança pequena, tal estetismo, ao invés de ser uma arte de viver, é um suplemento de sensibilidade que vem enriquecer as produções e, indiretamente, a fantasia da qual elas são oriundas.

CrD9
A busca pela beleza e a criação artística permitem que esse garoto (6 anos) exprima, com total segurança, sua sensibilidade em um mundo, às vezes difícil, no qual ele precisa defender-se das gozações e da agressividade de seus colegas.

Quando a criança cresce, a receptividade à estética torna-se um poderoso estímulo para manter o gosto pelo desenho. Com efeito, muitas crianças abandonam o desenho quando se dão conta da crescente discrepância entre sua capacidade gráfica e seu desejo de expressão.

1.4 AS ETAPAS DO "TORNAR-SE O QUE SE É"

Crianças muito pequenas, de múltiplas maneiras – o dedo arrastando uma gota de leite, uma vareta abrindo um sulco na areia –, deixam traços, muitas vezes, efêmeros. Quando, sob a influência da cultura, do ambiente, a mão serve-se de um objeto, giz ou lápis, a criança pequena faz uma dupla descoberta: por um lado, os traços podem subsistir e, por outro, sua atividade normalmente é valorizada pelos adultos.

O desenho, em especial nessa fase da vida, distingue-se da brincadeira ou da linguagem, cujas marcas e cujos vestígios podem parecer paradoxais: efêmeros em sua persistência no real concreto, exterior, mas duradouros e constitutivos no que diz respeito ao universo psíquico do sujeito. O ato gráfico estabelece, pelo contrário, um princípio de unidade, reforçando, ao mesmo tempo, a diferenciação entre o eu e o não eu, interioridade e exterioridade. O vestígio, a representação psíquica – impregnada de fantasia e de imaginário –, tem um representante no real mediante uma imagem gráfica realizada em um suporte material: ambas, correspondendo-se, fortalecem a segurança dos limites entre o eu e o ambiente; além disso, o traço no suporte, por sua duração e materialidade, permite aos outros – pessoas próximas, profissionais ligados à infância – certo acesso, embora ulterior, à interioridade psíquica singular do jovem autor.

CrD10

Após a separação dos pais, essa menina de 7 anos e meio vive com o pai. A mãe reside a mais de 300 km do domicílio paterno; trata-se de uma pessoa bastante instável, que fala com a filha como se ela fosse adulta – por exemplo, evoca suas tentativas de suicídio.

A menina adora desenhar e faz um grande número de desenhos com bastante precisão. Nesse desenho (*imagem CrD10*), ela mostra uma senhora que fica em casa para cuidar das crianças. O psicólogo pergunta-lhe se essa pessoa poderia ser sua mamãe. A primeira resposta é negativa. Em seguida, retoma a palavra e afirma: "Sim, talvez...". Observa-se um cenário tranquilo: uma árvore que dá frutos, um balanço, uma casa calorosa, o sol brilhando.

Essa casa acolhedora contrasta com a mamãe desenhada, em primeiro plano, que dá a impressão de estar um tanto rígida, não muito aberta nem acolhedora.

Um desenho enquanto expressão de um desejo enrustido.

1.4.1 Um indicador do desenvolvimento psíquico

O encontro entre o gesto, equipado com um instrumento de escrita, e o suporte é, no início, sempre fortuito. É por meio da repetição, alimentada pelo desejo do indivíduo e do ambiente ao seu redor, que essa atividade adquiri valor. A criança deixará exprimir sua energia e as pulsões que a movem, bem como, paradoxalmente, o controle para o qual ela tende. Será possível observar, então, rabiscos frenéticos que, apesar de tudo e fora alguns acidentes, permanecerão contidos no espaço do suporte, dentro das margens da página. Do sucesso dessa aliança de opostos, a criança pequena tirará, com frequência, uma grande fruição, um forte sentimento de já não se limitar a ser passiva e, assim, controlar uma parte de seu desenvolvimento íntimo.

O desenho é um bom indicador da maturação fisiológica e psíquica da criança. O funcionamento da motricidade básica e o equipamento neurológico refletem-se perfeitamente no desenho (Guillaumin, 1959). Cada progenitor e cada profissional ligado à infância identifica esses momentos da evolução da atividade de *deixar traços*: isso pode ser já não manchar suas roupas ou limitar a atividade gráfica aos suportes destinados a esse uso. Mais tarde, quando a criança tiver crescido, isso terá a ver também com o capricho do traço, a beleza do esboço e a riqueza criativa que hão de chamar a atenção dos adultos.

Observadores atentos podem, então, levantar a questão da origem das primeiras formas que aparecem no suporte: seriam elas simplesmente traços sensório-afetivo-motores (Brun, 2006)? Assumiriam elas forma na relação do corpo com o espaço? A psicóloga e psicanalista Simone Korff-Sausse escreve: "Dar forma é dar corpo" (Korff-Sausse, 2005).

1. Crianças desenham

Ou, ainda, seriam elas uma manifestação gráfica do "desenvolvimento das capacidades de simbolização [que] acompanha o processo de separação-individuação" (Haag, 1996)?

Para a psicanalista Geneviève Haag , "o que é primitivamente percebido, segundo parece, são formas cinestésicas visuais rapidamente combinadas, que começam por ter uma estrutura rítmica, conectadas às sensações rítmicas biológicas pré e pós-natais: coração e, em seguida, respiração, cinestesias da mamada" (Haag, 1996; cf. tb., Haag, 2003).

CrD11

Traçados realizados por um menino de quase 2 anos. Pontilhação, borrados e movimentos em espiral coexistem em um conjunto relativamente estável e controlado.

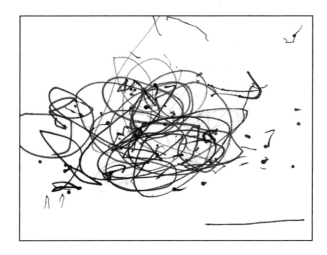

CrD12

Desenho de um menino de 2 anos e meio. A imagem está fechada.

Para essa pesquisadora, as principais formas dos traços prefigurativos repartem-se em três categorias: "a **borrada** simples", que reflete, no espaço de duas dimensões, uma ritmicidade "de superfície"; a **pontilhação** (*imagem CrD11*), que tem a ver com as experiências de penetração psíquica associadas ao olhar e com a tridimensionalidade; e as **espirais**, que são os traços privilegiados das crianças de 2 anos a 2 anos e meio, cujo sentido de rotação anti-horário parece ser o mais comum.

Mais tarde, por volta do quarto ano de vida, para G. Haag – com frequência muito mais precocemente, segundo a nossa experiência clínica –, aparecem as primeiras formas fechadas (*imagem CrD12*) que "adquirem formas de aglomeração celular ou formas impressionantes de aspecto embriológico" (Haag, 1996).

CrD13

Menina de 2 anos e meio. Protorrepresentação do ser humano. Duas manchas a partir das quais saem algumas linhas fibrosas.

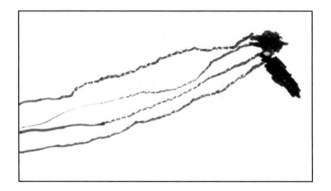

CrD14

Primeira realização de um personagem por uma menininha de quase 3 anos.

1. Crianças desenham

A partir dos primeiros traços gráficos e, em seguida, das protorrepresentações (*imagem CrD13*) da figura humana, a criança vai, traçado após traçado, fechar o contorno linear (*imagem CrD14*) do "saco que guarda em seu bojo o bom e a repleção acumulados aí pela amamentação, pelos cuidados e pelo banho de falas" (Anzieu, D., 1974), reforçar a barreira "que marca o limite com o exterior e que o contém", além de permitir "uma interação com outrem".

CrD15
Produção de uma menina de 4 anos.

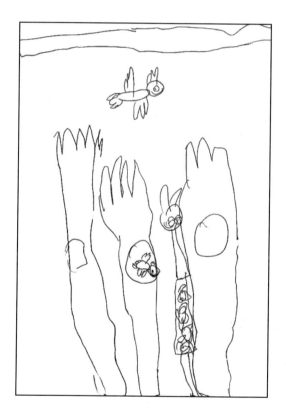

Nem todas as crianças passam por essas diferentes etapas. Algumas mostram, durante algum tempo, pouco interesse para o desenho, sobretudo porque elas estão empenhadas em implementar uma linguagem cada vez mais elaborada, além de estarem envolvidas nas relações sociais com os adultos e, em seguida, com os colegas. Basta um encontro com a produção gráfica, no seio da família – e, com maior frequência, na escola –, para advir o prazer de expressar-se mediante a representação projetada no papel. De uma só vez, a tentativa revela-se imediatamente como bem-sucedida: esse é o caso dessa criança pequena, levada, brincalhona, tagarela que, na esquina de uma mesa, elabora, causando grande surpresa entre as pessoas a sua volta, um desenho acabado (*imagem CrD15*) de excelente nível para a sua idade.

Ela representa alguns habitantes da floresta: uma ave-mãe, que voa acima das árvores; seu filhote, na cavidade de um tronco; e uma coelhinha cujo vestido está decorado com flores. O conjunto é desenhado rapidamente porque a autora tende a fazer as coisas depressa, mas o movimento e o pássaro representado de perfil dão testemunho de um nível de desenvolvimento superior ao de sua idade.

Assim continua, etapa por etapa, a evolução da criança pequena para a plena consciência de si, o que ela mostra-nos na sucessão de suas representações, principalmente, do ser humano. O ator, mímico e diretor teatral francês, Jean-Louis Barrault (1910-1994), no Prefácio para o catálogo de exposição do pintor Mayo – pseudônimo de Antoine Malliarakis (1905-1990) –, escreve o seguinte:

> Existe um instante puro e preciso da vida que, para o Ser vivo, é tão importante quanto o primeiro e fugitivo nascimento: é aquele em que se tem consciência de Ser, em que se toma consciência, no instante puro, de sua própria existência. Eu existo (Barrault, 1948).

Esse curto texto – destinado ao artista que se produz – parece-nos perfeitamente adaptado a esse desenhista, ainda bem jovem.

1.5 AS CRIANÇAS SÃO ARTISTAS

Todas as crianças têm as qualidades de um artista quando alcançam uma forma de permeabilidade entre seus desejos inconscientes, que são a fonte de seu imaginário, e o real representado pelo material (lápis, canetas de feltro, tintas) e, ao mesmo tempo, pelo outro, adulto ou criança, a quem o desenho é destinado. Da magia desse encontro emerge uma obra, quase sempre efêmera, mas que apresenta as características de uma obra de arte, ou seja, uma produção criativa, advertida, oriunda de uma produção da mente que se opõe à natureza e que não é, de maneira alguma, útil.

Uma das particularidades da arte infantil reside no fato de que o autor da obra, mesmo que tenha as qualidades do artista, no fim das contas não é um artista, pois não tem consciência de sua arte nem adquiriu igual maestria. Muitas vezes também, a arte infantil esmorece com o decorrer da infância.

CrD16

Gibi concebido e realizado, de maneira magistral, por um menino de 8 anos e meio. Observemos, em particular, os efeitos de velocidade que acompanham a bola e os movimentos. E, sobretudo, os diferentes enquadramentos: plano panorâmico com vista para o público e o juiz de linha; plano americano; planos sobrepostos e grande plano, tanto da cabeça do juiz, seguindo a bola com os olhos, quanto da raquete. Talvez, uma vocação precoce para o gibi ou o cinema.

Service! = Comece! | Mince! = Puxa!

Todos nós já encontramos poetas em potencial, capazes de metáforas que não seriam rejeitadas por Baudelaire ou Rimbaud. Assim, embora ainda não tivesse nem 6 anos, um jovem paciente recorreu à expressão "é uma folha de galinha" para explicar a palavra "pluma", da qual não conseguia lembrar-se. Nesse exato momento, ele fez obra poética, à semelhança do que ocorre com outros que, em certos dias, fazem obra de arte. Entretanto, na esteira do escritor francês de assuntos políticos e culturais, André Malraux (1901-1976), afirmamos que, "embora a criança, muitas vezes, seja artista, ela não é um artista; com efeito, possuída pelo talento, ela não o tem" (Malraux, 1951).

Certamente, esse pensador promove uma definição restritiva da arte próxima da etimologia do termo, feita de maestria e talento, ao passo que a arte moderna – e, em especial, o dadaísmo –, levaram-nos a considerar que arte é aquilo que é dito como tal. Assim, mesmo que tenham sido abandonadas as convenções tradicionais que definem esse conceito, ainda que, para muitos autores, a ação da criança seja semelhante à de um artista – pela originalidade de suas representações –, suas produções não são consideradas, pela comunidade humana, como arte. As obras infantis carecem, se excetuarmos seu valor afetivo, de qualquer um dos valores associados às artes plásticas: discursos a respeito do mundo, experimentações estéticas ou diálogos entre forma e conteúdo.

CrD17
Retrato do psicólogo realizado por uma jovem paciente de 8 anos.

1. Crianças desenham

Alguns (*imagens CrD16* e *CrD17*) mostram-nos, todavia, competências gráficas excepcionais, o "modo de olhar" surpreendente, uma habilidade pouco comum, uma exigência de representação que, talvez, abra – mas ainda resta um longo caminho a percorrer – as portas para a prática das artes plásticas.

Mesmo que a criança – criadora dessas obras originais que são os desenhos – não seja um "artista puro", podemos considerar sua produção sob o prisma da arte, de seu processo criativo (Argan, 1964), e classificar determinadas produções infantis referindo-nos a correntes artísticas, tais como expressionismo, expressionismo abstrato ou tachismo, simbolismo, impressionismo, surrealismo, pop art etc.

2

Os desenhos da figura humana: Como proceder à sua análise?

Não se pode negar o interesse espontâneo das crianças, mesmo muito pequenas, pelo desenho da figura humana. Assim, praticamente em todas as culturas as crianças desenham, por livre-vontade, rascunhos fechados e, em seguida, dispostos em raios que, gradualmente, tornam-se formas que as enchem de alegria porque esse criador, ainda bem jovem, consegue reconhecer-se em suas próprias criações e também toma consciência de sua existência singular. Desse modo, a representação humana aparece como o tema dominante nos desenhos de todas as crianças em quase todos os países.

Impregnados de universalidade, os desenhos da figura humana ocupam uma posição privilegiada nas produções infantis porque, por meio do desenho de um personagem, o autor tenta – em parte inconscientemente – representar sempre um pouco a si mesmo. Por mais insignificante que seja o incentivo para continuar recebido pela criança das pessoas a sua volta – ao demonstrarem interesse, interpretando e atribuindo nomes às suas produções –, ela tocará, conjuntamente, sua vida e a representação dela em duas dimensões. Muito rapidamente, a experiência vivenciada e a representada hão de aparecer como as duas facetas do mesmo desenvolvimento psíquico.

Obviamente, o termo "desenvolvimento", utilizado nesse contexto, não deve limitar o desenho chamado do *bonhomme** a um simples indicador do conhecimento do esquema corporal, a um índice cognitivo

---

*Termo familiar que significa homem de bem, simplório, figura mal desenhada de um personagem e, inclusive, boneco de neve. Cf. também Dufour (2007). [N.R.].

ou a um teste de inteligência. Pelo contrário, a abordagem aqui desenvolvida é baseada em uma orientação psicodinâmica e leva em consideração o aspecto projetivo de qualquer atividade de representação ao qual não escapa o desenho de personagens.

Os desenhos a seguir foram elaborados por duas crianças de 5 anos: o primeiro é o de um menino e o segundo foi feito por uma menina. Esses jovens artistas limitaram-se a usar – não lhes foi imposta nenhuma restrição – duas cores: preto e azul (azul no chapéu e nas pernas no desenho do menino; azul, também, no corpo do personagem desenhado pela menina).

Uma comparação entre os dois desenhos em relação ao nível de desenvolvimento cognitivo ou de conhecimento do esquema corporal dá uma nítida vantagem ao desenho do menino (*imagem FiH1*). Ele representou um personagem relativamente completo: o pescoço é visível, além da presença de um acessório (o chapéu).

Em compensação, se o critério de comparação for o nível de organização das instâncias psíquicas, o desenho (*imagem FiH2*) da meni-

---

*FiH = Figura Humana [N.R.].

na mostra-se amplamente mais elaborado. Mesmo que a estrutura do personagem representado seja típica do que é designado como "pessoa-girino" – o que está em defasagem com a idade cronológica –, o conjunto é composto de secundarização e, até mesmo, de humor. Ela fez uma "mamãe-presente" muito sorridente. Observa-se, então, que a cabeça tem a forma de embrulho de presente e o cabelo é representado como se fosse um laço decorativo. Esse desenho recorre ao simbolismo e à criatividade lúdica. O desenho realizado pelo menino é mais inquietante: o corpo não está completamente unido – quase fragmentado –, os dentes e os dedos-garras são valorizados, enquanto o colorido é marcado por agressividade. Esse conjunto exprime uma intensa angústia subjacente.

FiH2

2.1 METODOLOGIA PARA A ANÁLISE DOS DESENHOS DE UMA FIGURA HUMANA

A mesma metodologia de análise – independentemente da instrução ou de sua ausência, que leva a desenhar uma figura humana única em uma página – aplica-se ao que é projetado no papel. Em primeiro lugar, convém referirmo-nos ao que sabemos da criança, de sua história de vida, de sua problemática e de seus interesses. Esses dados elucidam o segundo pilar da compreensão, ou seja, o recurso à clínica, à sua subjetividade enquanto terapeuta e, em certa medida, à sua própria criatividade, a fim de ter acesso a uma forma de proximidade com o desenho e, consequentemente, com o seu autor.

Tendo sido estabelecida essa condição prévia, a análise do desenho de uma figura humana é mais profícua, no entanto, ao servir-se de uma metodologia que se articula em três partes principais: em primeiro lugar, uma análise formal do que é representado, seguida de uma abordagem psicodinâmica, completada por uma conversa com a criança, apoiando-se no suporte do desenho.

2.1.1 A análise formal

2.1.1.1 Impressão global

Tudo começa pela impressão global no plano formal. O observador pode formular várias perguntas que hão de ajudá-lo em sua análise.

- Será que do conjunto emerge uma sensação de harmonia ou, inversamente, de caos, de discordância? A harmonia pode manifestar-se pela escolha das cores, pela fluidez do traço e pelo posicionamento de determinado elemento ou dos diferentes elementos?
- Será que o traço mostra um grau de controle ou, pelo contrário, é a expressão do universo pulsional de seu autor? O traço será chamativo ou até provocador, ou portador de delicadeza, de sensibilidade?
- Qual é a posição ocupada na página pelo desenho? Será que ele preenche todo o espaço, uma posição adequada ou, ainda, será que ele se caracteriza por sua modéstia e, até mesmo, por sua inibição?

Evidentemente, todas essas primeiras características não se apreciam a partir de um modo binário, do tudo ou nada, mas de acordo com um *continuum* que vai do perfeitamente harmonioso até o mais caótico.

2.1.1.2 Análise do personagem desenhado

A. Posicionamento na página

Em geral, os desenhos de personagens ocupam o espaço central com um grau maior ou menor de precisão, dependendo da idade e do desenvolvimento da criança. Um observador atento notará, às vezes, que o primeiro traço, o ponto de partida, está localizado perfeitamente no centro da folha, mas que o desenvolvimento subsequente

2. Os desenhos da figura humana: Como proceder à sua análise?

desloca a representação da figura humana para um lado ou para o outro. Essa observação coloca em evidência uma dificuldade em planejar, em antecipar. Encontramos esse tipo de funcionamento em crianças de tenra idade ou em outras em que as funções executivas eram deficientes; ou, ainda, em alguns sujeitos impulsivos para quem o início de ação precedia sempre a necessária reflexão.

Esse menino de 4 anos e meio começa seu desenho (*imagem FiH3*) bem no eixo de simetria da folha, mas não antecipou a necessidade de espaço para elaborar as pernas de seu personagem, que é deslocado para a esquerda, bastante perto do limite inferior da página. Nenhuma vontade de desenhar pernas curtas, nem movimento inconsciente, que empurra a representação para a esquerda.

B. Tamanho do personagem

O tamanho do personagem parece correto, apropriado? Cuidado para não tentar medir esse tamanho ou se referir a pseudonormas porque o tamanho pretensamente adaptado varia de acordo com os sujeitos e com o personagem, cuja representação é elaborada por eles (o personagem teria sido, de alguma forma, ampliado, visto de longe etc.?). Parece ser preferível que o terapeuta opine a respeito do tamanho a partir de seu senso clínico; desse modo, os riscos de proceder a uma interpretação equivocada são reduzidos.

Sabemos que o tamanho da cabeça diminui com o desenvolvimento do sujeito: entre as crianças de mais tenra idade, os desenhos de um personagem quase sempre mostram cabeças com tamanho desproporcional em relação ao resto do corpo; entre as mais crescidas, as proporções tornam-se gradualmente mais condizentes com o real. No entanto uma cabeça ampliada, valorizada, pode dar origem a uma interpretação fecunda.

O nível de realização corresponde com a idade do desenhista? O terapeuta pode confiar em sua capacidade de julgamento, baseada em sua experiência, ou consultar as normas fornecidas um pouco mais adiante neste capítulo para a avaliação do teste do desenho de uma pessoa, desenvolvido em 1926 pela psicóloga norte-americana Florence Goodenough (1886-1959).

As cores são usadas com discernimento? Elas exprimem uma forma de realismo ou, pelo contrário, estão completamente fora do bom senso? Nesse caso, seria uma forma de negação do real ou a expressão de um imaginário profuso, de um modo de idealização?

2.1.2 A abordagem psicodinâmica

2.1.2.1 Impressão global

A clínica psicológica é, antes de mais nada, descritiva; a compreensão e a interpretação intervêm em um momento posterior.

Será que o desenho do personagem, à nossa frente, parece ser portador de simbolismo, de uma vida própria ou, então, inscreve-se em um registro fatual, concreto? Dito por outras palavras, o personagem desenhado refletirá uma forma de fantasia, ou seja, é a emanação de elementos do imaginário, de projeções oriundas do autor, ou parece ser, de preferência, estereotipado, destituído de originalidade?

2.1.2.2 O personagem em si mesmo

A. A identidade

A sua identidade está definida? Estamos pensando no que o psicanalista François Marty designa como as coordenadas GPS do sujeito, ou seja, a diferença entre os sexos e a diferença de gerações. É possível identificar facilmente o sexo do personagem e ter uma ideia, não de sua idade, mas do período da vida em que se situa: infância, idade adulta, velhice?

Sem retornar ao tipo de traço, parece ser importante interessar-se, sob o prisma da abordagem psicodinâmica, pelas "hesitações" do lápis:

2. Os desenhos da figura humana: Como proceder à sua análise?

correções, uso repetitivo da borracha, rasuras e outros garranchos que mostram o universo pulsional do sujeito, sua dificuldade em conseguir o controle e, às vezes, as dúvidas identificatórias que o afligem.

FiH4

Observemos a identidade bem-definida do desenho desse menino de 5 anos e meio. Trata-se de "Papai ao sol". Um papai sorridente, aberto, brilhante, enfim, um modelo de identificação para essa criança ainda pequena. As pernas muito curtas são as vítimas colaterais da representação de uma cabeça muito grande e da falta de planejamento, bastante comum nessa idade.

B. O movimento

O personagem consegue exprimir o movimento? Essa característica pode ser comparada às cinestesias observadas nas respostas às pranchas do Rorschach. O sujeito que desenha um personagem em movimento indica um predomínio de sua atividade interna em relação às sensações externas, além de mostrar alguma forma de criatividade.

C. A simetria

O desenho do personagem é simétrico? Em geral, a maioria dos personagens desenhados pelas crianças é elaborada de maneira simétrica, de pé e de frente. O terapeuta deve ficar alerta a qualquer outra disposição – e, sobretudo, às deformações –; dissimetrias podem dar conta de uma identidade corporal, de uma imagem inconsciente do corpo pouco estabilizada, cuja construção é incompleta.

D. O tamanho

O tamanho do personagem não se inscreve necessariamente em uma linha, em um *continuum* que vai da autoconfiança à inibição (*imagem FiH6*). Uma abordagem psicodinâmica mais refinada deve ser desenvolvida no caso de um desenho cujo formato pareça desproporcional em um sentido ou em outro.

FiH5

Criança TDAH* que produz um autorretrato em pé, ocupando todo o espaço, à imagem do que se passa em sua vida, seja na sala de aula ou em casa. Esse tamanho desmesurado não é o indicador de uma consistente autoconfiança, mas, sim, de uma dificílima empatia e consideração pelos outros.

---

*Sigla de *Trouble du déficit de l'attention avec ou sans hyperactivité* [Distúrbio da atenção com ou sem hiperatividade] [N.R.].

2. Os desenhos da figura humana: Como proceder à sua análise?

FiH6

A representação desse personagem grandalhão, musculoso, mostrando sua força, foi feita por um menino de 8 anos, bastante ansioso e inseguro. Um desenho como uma compensação.

E. A cabeça e o rosto

Uma atenção especial deve ser dada à elaboração da cabeça e dos componentes do rosto: com efeito, a partir da análise dos desenhos de 24 alunos da pré-escola (4 a 6 anos), a pesquisadora Hélène Chalmel mostra que os elementos mais frequentemente representados são, em ordem decrescente: cabeça, olhos, pernas, tronco, boca, braços, pés e cabelo. Os outros elementos característicos da figura humana – como dedos, mãos, pescoço, nariz, orelhas – são menos desenhados. Os olhos – e, em particular, o olhar aberto para o outro – são um elemento importante a ser descrito. A boca, quase sempre sorridente, deve suscitar um questionamento ao evocar uma expressão de tristeza ou de raiva. O cabelo, representando a sexualidade: muitas vezes eriçados, para os personagens masculinos, ou compridos e ondulados, para encarnar a feminilidade. As orelhas, menos frequentes, exigem uma interrogação quando são predominantes; às vezes, as orelhas constituem o pretexto para evocar a feminilidade pela adição de brincos (Chalmel, 2014).

FiH7

Este recorte de um desenho – apresentado em sua forma original no caderno com as imagens coloridas, sob a referência *Fam12* – retrata a menina à direita dos pais. Observemos as orelhas, em grande parte proporcionais para a filha e para o pai, mas ausentes para a mãe, aliás, uma pessoa expansiva que, aparentemente, mostra pouco interesse em escutar a filha.

F. Os outros elementos

O umbigo, ao ser mencionado, pode ser entendido como uma evocação do sexo do personagem.

E como se apresenta a representação dos órgãos sexuais: de maneira explícita ou simbolizados, secundarizados?

As mãos merecem ser estudadas: elas apresentam um número correto de dedos? Elas estão simétricas, com seu tamanho normal, ou sub/superdimensionadas?

As roupas e acessórios devem ser descritos, além de despertarem toda a nossa atenção, especialmente quando fornecem uma indicação mais precisa ao desenho. Esse aspecto será mais aprofundado a seguir, na análise dos desenhos da família.

2.1.2.3 As capacidades expressivas do personagem

As habilidades expressivas de um personagem, de um ser humano, apoiam-se – no desenho, assim como na "vida real" – nas partes do corpo que servem para a comunicação: no começo, trata-se dos olhos, que fixam, questionam; da boca, que estabelece o contato, pronuncia as palavras; das orelhas, que ficam à escuta e de sobreaviso; das mãos, que tocam, abrem-se, agarram. Mas há também o corpo inteiro, voltado em direção aos outros, as roupas, os acessórios, que chamam a atenção e transmitem uma mensagem a respeito do personagem.

2. Os desenhos da figura humana: Como proceder à sua análise?

À luz dessa dinâmica engendrada pelas partes do corpo destinadas à comunicação é que as capacidades expressivas de um personagem são capazes de estabelecer-se em uma escala que vai de pouco expressivo a muito expressivo. A expressividade manifestada pelo personagem desenhado fornece-nos, obviamente, informações sobre o autor do desenho, sua facilidade em comunicar-se, em estabelecer relações ou, *ao contrário*, suas dificuldades relacionais e até seu desejo de que a situação possa evoluir.

Uma atenção especial deve ser prestada aos itens que exprimem agressividade ou hostilidade: pode tratar-se, obviamente, da presença de sangue no personagem, mas também lesões ou enfermidades. Muitas vezes, essas representações são indicadas por um traçado acentuado, tensionado e bastante sombreado.

FiH8

Desenho de um menino de 10 anos que muitas vezes se dirige aos colegas com violência, à família com palavras ofensivas e à professora com atitude insolente. O psicólogo fica sabendo pela mãe da criança que frequentemente o próprio pai profere comentários agressivos. O desenho mostra um rapaz com cabelo comprido, com a língua de fora para quem está olhando o desenho... No caso presente, o psicólogo que o recebe.

As partes do corpo, suporte da comunicação, devem ser analisadas também sob o prisma da agressividade e da ansiedade:

– Mãos desproporcionais foram detectadas nos desenhos de crianças que haviam sido espancadas. Evidentemente – mas parece-nos indispensável lembrar –, uma mão desmesurada não deve ser automaticamente associada a maus-tratos. Essa peculiaridade do desenho põe de sobreaviso o profissional, que deve ficar atento a todos os elementos que chegam ao seu conhecimento.

FiH9

O autor é um menino de 11 anos. Ele diz à psicóloga que o acolhe: "É um segredo entre nós, você não precisa falar disso: trata-se de mamãe". E acrescenta: "Fico com medo quando ela me bate". Será que a ausência da boca indica que a mamãe não grita? No entanto as mãos desproporcionais, posicionadas à frente, correspondem perfeitamente ao comentário da criança a respeito do desenho.

– Os punhos cerrados evocam uma agressividade contida e até mesmo violências sofridas. Mas, ainda nesse aspecto, esses elementos são demasiado tênues, sua aparição em um desenho pode ser oriunda de várias origens: um imaginário profuso que o leva a mostrar um personagem forte, ao passo que ele próprio sente-se fraco; a reação a um vexame na vida real; a expressão simbólica de uma fantasia etc.

– Orelhas superinvestidas podem ser sinal de um autor vigilante, de sobreaviso, com falta de tranquilidade.

2. Os desenhos da figura humana: Como proceder à sua análise?

– A presença de dentes, assim como a de garras ou dedos em forma de gancho, muitas vezes evoca uma agressividade, uma violência contida ou que se exprime por meio de atos.

– E existem elementos que poderiam ser interpretados como manifestações de hostilidade, de agressividade contra o outro, contra quem está olhando o desenho ou aquele a quem é destinada a produção, conforme é demonstrado no desenho *FiH8*.

FiH10

Esse menino apresenta o que é designado como "fase depressiva", no início do 7º ano do fundamental. Ele esquece o que aprende, manifesta pouca energia, seus olhos ficam rapidamente rasos de lágrimas diante de uma crítica ou de uma nota ruim; ele chega a perder a vontade de voltar para a escola. Seu desenho representa uma cabeça que remete aos símbolos da ameaça, da inquietação e do perigo (olhos injetados, boca com dentes afiados, cabelos eriçados), confirmando-nos que um episódio depressivo pode ser acompanhado, tanto em crianças quanto em adultos, por movimentos agressivos.

2.1.3 A conversa em torno do desenho

A análise termina sempre com uma conversa que se apoia no personagem desenhado; em vez de assumir a forma de um inquérito, tal conversa é uma entrevista discursiva. Para ser entabulada nas melhores condições, parece-nos oportuno que o terapeuta comece por descrever a produção da criança.

53

FiH11
Desenho de uma menina de 6 anos.

A partir do desenho de uma menina de 6 anos (*imagem FiH11*), o psicólogo comunica-lhe suas observações: "Parece que se trata de uma garota que usa um disfarce".

Essa introdução ajuda a começar uma conversa em torno do desenho. Eis os temas que podem ser abordados:
- A identidade do personagem.
- Sua idade.
- Se ele ainda frequenta a escola, se tem matérias favoritas e bons resultados.
- Se for o caso, o que ele faz e até sua profissão.
- O que lhe interessa na vida.
- Suas relações sociais e familiares: será que tem amigos, uma família?
- Será que tem preocupações, problemas?
- Será que tem sonhos, paixões?
- O que ele será no futuro?

2. Os desenhos da figura humana: Como proceder à sua análise?

Algumas perguntas podem referir-se diretamente ao aspecto formal do desenho a fim de enfatizar as partes valorizadas ou não:
- Qual é a parte mais bem-sucedida do desenho? Por quê?
- E, inversamente, qual é a parte que você gostaria de refazer? É difícil desenhá-la?

Evidentemente, outros temas podem ser abordados de acordo com as características do desenho e com o conhecimento do terapeuta em relação à criança.

Cuidado para não submeter o sujeito a um questionário; pelo contrário, adapte as perguntas às suas respostas porque se trata sempre de instaurar uma verdadeira interação a partir do suporte desenhado.

2.2 DESENHOS DA FIGURA HUMANA E ESQUEMA CORPORAL

A expressão "transtorno de esquema corporal" é comumente utilizada por profissionais para designar, na criança, um desconhecimento dos termos que denominam as diferentes partes do corpo, uma falta de lateralização, um distúrbio motor ou, ainda, desenhos de figura humana precários ou incompletos. No entanto, antes de discutir esse transtorno, é importante definir o que é esquema corporal porque, de acordo com a pesquisa publicada na revista *ANAE*, cujo conteúdo é dedicado à psicomotricidade, muitas vezes esse conceito engana:

> Apesar da antiguidade da literatura sobre esse tema (esquematia de P. Bonnier; modelo postural proposto pelo neurologista H. Head), a dificuldade de se obter uma definição interativa e consensual sobre o esquema corporal ilustra a complexidade dessa noção, a qual se encontra na interface entre vários *corpus* disciplinares* (Fauconnier, Scalabrini & Meljac, 2009).

Sem exagero, podemos citar a neurologia, a psicologia cognitiva, a psicologia genética, a psicomotricidade e, é claro, a psicanálise, que enfatiza a dimensão relacional e ressalta, com o médico e psicanalista austro-americano, René A. Spitz (1887-1974) – pioneiro na pesquisa com bebês (Spitz, 1954) –, a proeminência assumida, na formação do esquema corporal, pelas sensações cenestésicas, cinestésicas, visuais e posturais, que dependem estreitamente das primeiras relações com a mãe.

---

*Sem outra referência, as citações foram traduzidas livremente [N.T.].

A definição, já antiga – sugerida pelo psiquiatra e professor francês de origem espanhola, Julian de Ajuriaguerra (1911-1993) –, é aprovada por especialistas da área. Sua concepção é dinâmica e baseia-se na construção da noção de esquema corporal:

> Edificado sobre impressões táteis, cinestésicas, labirínticas e visuais, o esquema corporal realiza, em uma construção ativa constantemente remodelada, dados atuais e passados, uma síntese dinâmica que fornece tanto aos nossos atos quanto às nossas percepções a moldura espacial de referência em que eles adquirem sua significação (Ajuriaguerra, 1970).

Este autor indica também, com precisão:

> A noção de corpo não pode ser compreendida sem levarmos em conta a figura do outro como coformador. No início, simbiose com o outro, objeto de medo e amor, a criança começa por estabelecer a diferença entre a pessoa que lhe administra cuidados e os estranhos; ela vive em um universo de presença ou de ausência, em um diálogo protopático, durante o qual a comunhão afetiva ocorre sob a forma de um corpo que se oferece e de um corpo que se recusa; ela vivencia, de maneira extremamente plena, fenômenos de projeção, até o momento em que o objeto exterior, tornando-se substanciado, irá adquirir qualidades de unidade permanente; em tal momento, seu próprio corpo é concebido, por sua vez, como um objeto entre outros (Ajuriaguerra, 1970).

Pode ser tentador utilizar o simples e rápido teste do desenho da figura humana como ferramenta de investigação do conceito tão complexo quanto o de esquema corporal. É incontestável que, nesse tipo de teste, reflete-se, em certa medida, a imagem de seu próprio corpo: será que é por isso que esse tipo de desenho é um bom indicador da implementação, do desenvolvimento do esquema corporal? A nosso ver, a resposta é claramente negativa porque o desenho de personagens mobiliza, certamente, o conhecimento de seu próprio corpo, mas também a grafomotricidade, que interfere na qualidade de sua representação, e, ainda – e, talvez, sobretudo –, os aspectos projetivos designados por Françoise Dolto[3] (1908-1988) como "a imagem inconsciente do corpo" (Dolto, 1984).

---

3. Esta psicanalista estabelece uma nítida e sistemática distinção entre imagem do corpo e esquema corporal: em seu entender, a imagem do corpo é inconsciente e singular para cada sujeito – a síntese das experiências emocionais e relacionais –, enquanto o esquema corporal é semelhante para todos e, sobretudo, em grande parte, consciente.

2.2.1 Esquema corporal e imagem inconsciente do corpo

Em minha prática profissional já tive a oportunidade de comprovar – em várias ocasiões e, em especial, quando recebi em consulta um menino de 6 anos e meio com grande parte do corpo queimada (queimaduras, aos 3 anos de idade, nas pernas, com muitos enxertos) – que esquema corporal e imagem inconsciente do corpo são distintos. Esse menino era capaz de produzir, em um espaço de tempo restrito, duas personagens com níveis de desenvolvimento bastante diferentes: o primeiro desenho avaliava seu conhecimento do esquema corporal, enquanto o segundo exprimia como ele concebia a imagem inconsciente do seu corpo.

FiH12
Representação baseada no invólucro corporal.

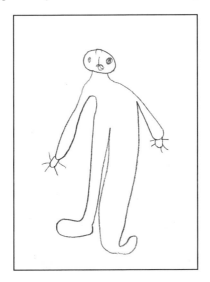

O mais evoluído (*imagem FiH12*) foi realizado a partir da instrução de F. Goodenough: "Faça o desenho de um homem, o mais lindo que você for capaz" (Goodenough, 1926). Para atender a esse pedido, o menino, que havia sofrido em seu corpo, representou no papel um corpo humano baseando-se, no sentido concreto, em seu próprio corpo. Assim, enquanto a mão esquerda percorria as diferentes partes do próprio corpo, tocando-as, apalpando-as, apertando-as, a mão direita, segurando o lápis, com um movimento quase simétrico, delineava as diferentes partes no suporte do papel. Era como se ele estivesse utilizando uma "máquina de reproduzir" comparável ao pantógrafo de desenhista. Na verdade, em vez de uma representação de si, esse menino parecia ter tido acesso a uma retranscrição, a uma reprodução do seu invólucro corporal no suporte em duas dimensões.

Ocorre que, pouco tempo após esse desenho com instrução específica, ele realizou espontaneamente um desenho (*imagem FiH13*), colocando em cena um personagem com um esquema corporal muito pouco elaborado; assim, um esquema corporal razoavelmente bem-organizado pode coabitar com uma imagem inconsciente do corpo deteriorado.

FiH13
Representação espontânea correspondente à imagem inconsciente do corpo.

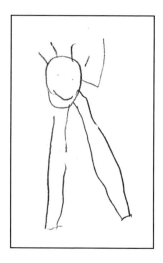

Em outros casos, observa-se uma verdadeira discordância entre a realização do desenho de um personagem e o teste para avaliar o esquema corporal. Por exemplo, a recente Épreuve *de schéma corporel*[4] (Meljac, Fauconnier & Scalabrini, 2010) – que propõe reconstituir, com a ajuda de um quebra-cabeças, um corpo humano de frente e de perfil – revela uma grande diferença, em um grande número de crianças (independentemente de apresentarem, ou não, alguma síndrome neurológica), entre o conhecimento do esquema corporal avaliado pelo teste e a precária qualidade do desenho de uma figura humana.

---

4. Literalmente: Teste do esquema corporal [N.T.].

2. Os desenhos da figura humana: Como proceder à sua análise?

Para Françoise Dolto, não se deve confundir a imagem inconsciente do corpo com o esquema corporal. Este é, *a priori*, o mesmo para todos, ao passo que a imagem do corpo é muito singular, própria para cada sujeito e vinculada à sua história: "É a encarnação simbólica do sujeito desejante. [...] A imagem corporal é a síntese viva de nossas experiências emocionais: inter-humanas, vivenciadas repetidamente através de sensações erógenas eletivas, arcaicas ou atuais" (Dolto, 1984).

Dito em outras palavras, a imagem inconsciente do corpo é uma memória atual, viva, das experiências relacional e narcísica. Então, para essa psicanalista, uma patologia da imagem inconsciente do corpo seria o sinal de um fracasso da simbolização.

Para algumas crianças, a passagem pelo esquema do corpo revela-se ser uma etapa indispensável para questionar a imagem do corpo.

FiH14

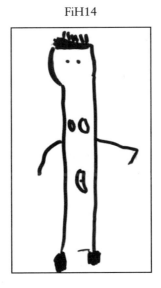

Esse menino muito pequeno, de 4 anos e meio, em seu desenho (*imagem FiH14*) da figura humana, questiona o corpo sexuado da mãe. Certamente, o esquema corporal exprime-se de uma maneira bastante arcaica, com um corpo não encerrado, não fechado, e uma cabeça minimamente representada por um pequeno círculo à esquerda, a presença de olhos e de um couro cabeludo, desta feita, indiferenciado. Em compensação, as características sexuais primárias são claramente representadas e indicam um verdadeiro interesse do autor pela sexualidade feminina nesse período de seu desenvolvimento libidinal, correspondente à fase edipiana.

O desenho é acompanhado por um breve comentário que se refere, evidentemente, a uma parte das características sexuais representadas, além da tentativa em justificar o aspecto grosseiro, primário, da evocação do gênero: "Uma senhora com seios, a pança, ela vai pular na piscina". Evidentemente, o personagem está nu porque está se preparando para nadar.

Observe que esse menino evita nomear diretamente o sexo que ele desenhou, incluindo-o na "pança"; com frequência, as crianças sentem vergonha e são incapazes de nomear o sexo. Recordemos o desenho feito, em 1607, pelo menino Luís XIII, ainda não tendo completado 6 anos de idade, representando sua babá nua. A propósito do sexo, desenhado com toda a nitidez, ele declarou ao seu médico, Jean Héroard: "Eis o que eu não quero dizer", e desatou a rir. Mais de quatrocentos anos depois, nosso menino desatou também a rir ao ser convidado pelo psicólogo a nomear o que havia desenhado.

2.2.2 A imagem de um corpo danificado

Mais que o conhecimento do corpo, do esquema corporal, os desenhos de um personagem condensam, frequentemente, a imagem inconsciente que o sujeito tem de si mesmo; tal imagem não pode ser entendida como uma fotografia, nem que seja íntima, de si, mas, de preferência, como um teste a seu respeito, "harmonioso ou não, entre mundos externo e interno, percepção e projeção, adaptação e fantasmatização; ora, esta última pode revelar-se criativa ou fonte de desorganização quando ela acaba perturbando o processo de pensamento racional e a cognição" (Chagnon, 2011).

FiH15

2. Os desenhos da figura humana: Como proceder à sua análise?

Mediante essa representação rabiscada, com contornos mal definidos, o menino de 5 anos evoca um universo interno emaranhado, caótico, instável (*imagem FiH15*). A problemática desenrola-se em torno do invólucro e dos limites, o personagem desenhado parece difuso. É possível reconhecer, evidentemente, um ser humano, mas percebe-se imediatamente que ele apresenta um ser cujo mundo é pouco estável, parasitado em sua integridade. O discurso que, aliás, acompanha o desenho, mostra-se confuso e exprime a existência de um perigo: "Ele está sendo atacado".

FiH16

Desenho de uma menina de 5 anos. O rosto está sorrindo, mas o corpo está distorcido, maldefinido, não tendo invólucro para delimitá-lo; deve ser comparado às preocupações vespertinas, com o pranto inconsolável ou com a falta de contenção por parte dos pais que, por sua vez, estão preocupados.

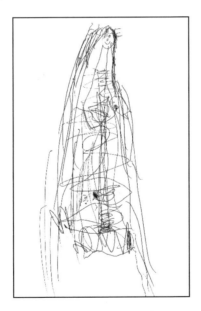

2.2.3 As etapas da evolução dos desenhos da figura humana

As etapas do desenvolvimento infantil manifestam-se nos traços gráficos cujo controle, no começo, é difícil, mas se torna cada vez mais bem-aperfeiçoado. Isso também vale para os desenhos da figura humana que, em suas realizações sucessivas, mostram que a criança adquire, fase após fase, "um crescente controle do Ego sobre seu universo interior e exterior" (Freud, A., 1965).

Na apresentação, mais adiante, empregaremos a terminologia de estádios para designar essas diferentes fases. De fato, as etapas da evolução dos desenhos da figura humana têm todas as características de estádios de desenvolvimento: a ordem de sucessão permanece constante de uma criança para a outra. Além disso, as diferentes etapas revelam um caráter integrativo, ou seja, as estruturas construídas, em determinado momento, são assimiladas pela etapa subsequente.

Propomos, assim, três estádios de desenvolvimento para os desenhos da pessoa, que englobam o período que vai do fim da fase anal até a puberdade.

2.2.3.1 O estádio dos desenhos da pessoa correspondente a "eu"

A experiência do espelho, tal como ela é vivenciada pela criança, permite que ela perceba a diferença entre uma simples imagem (tudo o que ela vê) e uma representação (aqui, seu reflexo) – a representação não existiria sem o artifício que é o espelho. Assim, para Jacques Lacan (1901-1981), o estádio do espelho é concebido como formador da função do eu, isto é, um momento da vida psíquica em que a criança constrói – sob uma forma de antecipação e mediante uma dupla identificação, à imagem do outro e à sua própria imagem – sua unidade corporal (Lacan, 1949).

De certo modo, é que Kant também escreve em sua obra *Anthropologie in pragmatischer Hinsicht* [Antropologia de um ponto de vista pragmático]:

> Todas as línguas, quando falam na primeira pessoa, devem pensar o Eu, mesmo que não o exprimam por meio de uma palavra específica. Com efeito, essa faculdade (de pensar) é o entendimento. Convém ressaltar que uma criança – que já sabe falar mais ou menos corretamente – não consegue dizer Eu a não ser bastante tardiamente (talvez, um ano depois); antes, ela fala de si na terceira pessoa (Karl deseja comer, andar etc.). [...] Anteriormente, ela limitava-se a sentir a si mesma; agora, ela pensa a si mesma (Kant [1798] 2006, p. 28).

Assim, a criança que ainda designa a si mesma na terceira pessoa sentiria dificuldade em diferenciar-se do ambiente circundante; o mesmo nome pode aplicar-se a diferentes objetos, ao passo que o "eu" limita-se a designar o enunciador.

2. Os desenhos da figura humana: Como proceder à sua análise?

FiH17

Figura fechada, primeira representação de um personagem realizada por uma menina de 2 anos e meio. Deve-se notar que essa primeira possibilidade de desenhar um corpo fechado coincidiu com a época em que a menina em questão se desfraldou durante o dia.

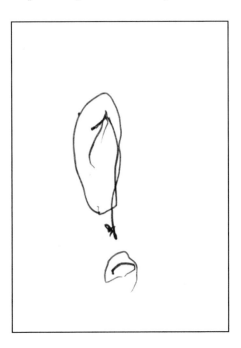

É exatamente isso que está em jogo no que consideramos como a primeiríssima representação da figura humana (*imagem FiH17*). O traço delimita dois espaços: o primeiro, o espaço interior, e o segundo, o espaço exterior, permitindo que surja uma figura fechada em si, distinta do outro, do caos circundante que atua, ao mesmo tempo como organizador e como indicador do controle da unidade corporal. Quando uma criança bastante nova consegue desenhar essas primeiras formas fechadas, encerradas, unificadas, observamos, então, seu empenho e a fruição que lhe proporciona essa nova capacidade de dominar uma representação, certamente a primeira, que se encontra em estreita relação com o que lhe serve de fundamento: sua unidade corporal e, por conseguinte, a continuidade de seu ser.

Lacan sublinha que para ocorrer a experiência do espelho é indispensável que um adulto dê seu assentimento: "Sim, é você no espelho" (Lacan, 1949). Assim, o que não passa de uma simples intuição de

63

identificação torna-se a representação adequada. Na esteira desse psicanalista, estamos convencidos de que a intervenção de um adulto que reconhece a representação, mesmo que apenas esboçada – "Ah, como está lindo seu desenho! Essa pessoa é parecida com você!" –, permite que a criança tenha acesso à sua própria capacidade de representar e de representar a si mesma.

Esse primeiro estádio surge assim que a criança consegue fazer um traço fechado (por volta dos 2 anos ou 2 anos e meio) e termina de modo relativamente rápido, por volta dos 3 anos ou 3 anos e meio, no momento em que a criança entra no estádio do *boneco-si próprio*.

2.2.3.2 O estádio dos desenhos da pessoa correspondente a "si própria"

É um período muito rico para a criança: a linguagem desenvolve-se de forma exponencial, permitindo que se instaure uma comunicação, cada vez mais sutil, com as pessoas à sua volta; as brincadeiras simbólicas enriquecem-se e ampliam-se, novas capacidades de autonomização e de identificação emergem com a multiplicação dos lugares de convívio da criança (creche, escola). E, obviamente, por meio das investigações e da evolução de seus desenhos (*imagens FiH18 e FiH19*), a criança mostra-nos o avanço do processo de subjetivação em que está envolvida. Esse processo psíquico e corporal manifesta-se, com essas duas dimensões, nos desenhos da figura humana.

Constata-se, assim, uma substituição do *sentimento* de si pela *consciência* de si. É o que o polímata e filósofo alemão G. W. Leibniz (1646-1716) designa como a capacidade de "apercepção", no sentido de "aperceber-se de si mesmo" (Leibniz, 1704). Trata-se de uma operação mental: é quando a mente considera-se como o sujeito que está percebendo ou sentindo uma impressão qualquer – em outras palavras, é a possibilidade de ver a si mesmo em ação, é quando o indivíduo dá-se conta de que pensa.

É por isso que decidimos designar essa etapa como o estádio dos desenhos da *pessoa-si própria*. De fato, é o mesmo "si próprio" de todos os verbos pronominais, exatamente aqueles que implicam uma dupla posição para a pessoa que está falando, ao mesmo tempo, sujeito e objeto da frase: "Eu me sinto bem", "Tu te olhas no espelho", "Ele se levanta" etc., como se uma parte de si próprio estivesse sempre na voz ativa, enquanto outra estaria na voz passiva.

2. Os desenhos da figura humana: Como proceder à sua análise?

A criança elabora, portanto, uma consciência de sua imagem corporal, cujas etapas, tentativas, sucessos e fracassos serão projetados por ela no papel: "Eu me desenho, coloco na página minha representação atual". Outras tantas imagens que têm um ponto em comum: elas estão concentradas no sujeito que as realiza. A diferenciação com a figura do outro ocorre desde o estádio dos desenhos da pessoa "eu", deixando de ser um problema para o sujeito. Sua representação da figura humana, seja qual for o título que lhe tenha sido dado, remete fundamentalmente à sua própria imagem fantasiosa e corporal em construção. Em vez de serem reproduções dos personagens reais do mundo ao redor da criança, os desenhos de figura humana são as etapas do *tornar-se o que se é*.

Entre essas etapas, há uma, bastante conhecida pelos pedagogos, que se chama, desde o início do século XX, o estádio dos desenhos da *pessoa-girino*. Essa denominação significa que os desenhos mais simples da figura humana (uma única cabeça e os membros) é o embrião de um desenho mais elaborado que não deixará de advir. Sem descartarmos essa bela metáfora, achamos que as produções da *pessoa-girino* não correspondem, em uma perspectiva psicodinâmica, a um estádio de desenvolvimento do desenho. É por essa razão que o incluímos, enquanto primeira etapa incontornável, no estádio dos desenhos da *pessoa-si própria*. Assim, esse estádio divide-se em dois subestádios: em primeiro lugar, o dos desenhos da *pessoa-si própria-girino*, que vai dos 3 anos de idade aos 3 anos e meio/4 anos, seguido pelo subestádio dos desenhos da *pessoa-si própria-padrão*, comum até por volta dos 4 anos e meio/5 anos.

Os pais, irmãos e professores, no sentido amplo da palavra, desempenham um papel muito importante na elaboração dos desenhos da *pessoa-si própria*. Com efeito, todos eles são, na maior parte das vezes, interpelados por essas configurações humanas, que eles reconhecem como se fossem representações de si mesmos e, por meio de um efeito espelho, reconhecem também, no menino desenhista, o *alter ego* deles. Desse modo, na esteira do psicanalista e professor de psicologia clínica, Jean-Yves Chagnon (2008), achamos "que não poderia haver identificação do sujeito com o objeto sem identificação reflexivante do objeto com o sujeito..." (Chagnon, 2008).

FiH18

FiH19

Dois desenhos realizados pela mesma criança: o primeiro (*imagem FiH18*), quando ela tinha 3 anos de idade, e o segundo (*imagem FiH19*), 3 anos e meio. Há uma semelhança total entre esses desenhos que mostram as etapas da construção do seu eu corporal. É possível observar os cabelos, a linha representando a testa e o sorriso, que é tão difícil desenhar sob a forma de uma curva. Somente o corpo – ausente no primeiro e presente no segundo – distingue esses dois momentos do desenho de uma figura humana. Embora a etapa que consiste em substituir o desenho correspondente à pessoa-si própria-girino pelo desenho correspondente à pessoa-si própria-padrão seja importante, ela não representa nenhuma ruptura na dinâmica da representação de si.

2. Os desenhos da figura humana: Como proceder à sua análise?

2.2.3.3 O estádio dos desenhos da pessoa correspondente a "avatar"

Ao crescer – e talvez com a idade que poderíamos qualificar de "idade da razão" –, a criança adquire a imagem de um *eu-corporal-padrão*: o desenho de uma figura humana é composto por uma cabeça, tronco, membros, principais órgãos sensoriais e alguns acessórios. A evolução desse desenho ocorrerá somente às margens, ou seja, não em sua estrutura, mas na riqueza dos detalhes e na qualidade do estetismo; assim, algumas crianças, dotadas de maior habilidade gráfica e de maior sensibilidade ao belo, hão de produzir figuras cada vez mais nítidas. De certo modo, para elas também, mas talvez, sobretudo, para a maioria das outras, a questão já não estará focada exclusivamente na construção, por intermédio da representação gráfica, de uma imagem de si, mas na forma como ela relaciona-se em diferentes ambientes.

É por isso que optamos por utilizar o termo avatar,

> oriundo de uma palavra em sânscrito – "avatāra" –, cuja significação é a descida do céu à terra, [que foi] utilizada para designar as sucessivas encarnações das divindades entre os hindus. [...] Hoje, o termo designa o personagem que encarna virtualmente um jogador ou utilizador de um mundo virtual (Virole & Radillo, 2010).

Dessa maneira, a figura humana representada pela criança apresenta características parecidas com as do avatar dos *videogames*. O suporte de papel, investido pelo imaginário, é como se fosse um mundo virtual em que tudo é possível e o personagem pode revestir múltiplas aparências; além disso, o esquema corporal do avatar distingue-se do utilizado em jogos eletrônicos, do mesmo modo que ele é distinto – agora, nesse estádio – do menino desenhista. No entanto, em ambos os casos, subsiste uma relação de encarnação entre o sujeito e a representação de um personagem.

No decorrer desse estádio, mesmo quando a figura humana é desenhada (*imagem FiH20*) sozinha em uma página, ela está quase sempre em relação, nem que seja implícita, com o meio circundante em seu sentido amplo: tal relação pode manifestar-se mediante marcas específicas de identificação com um dos adultos mais chegados, por meio de uma diferenciação sexual ou expressão de uma sensibilidade cultural, com indicações escritas, da representação de um cenário etc.

FiH20

Princesa rapidamente desenhada por uma menina de 6 anos e meio. Embora o personagem (*imagem FiH20*) esteja sozinho, ele é portador de um sentido latente, estabelecendo uma relação, nem que seja implícita, com os universos internos e externos da criança.

O estádio dos desenhos da pessoa correspondente a *avatar* continua durante alguns anos até o esgotamento – que ocorre um pouco antes, ou no momento da puberdade – do desejo de representar cenas.

FiH21

Esse menino, de 10 anos, representa-se como um pré-adolescente que se prepara para a adolescência, servindo-se de códigos associados a roupas utilizadas nessa idade.

2.2.4 Antropomorfismo e desenhos de figura humana

Com bastante frequência, quando a criança alcança o estádio dos desenhos da pessoa correspondente a *avatar* – indicador de uma capacidade, simultaneamente, de simbolizar e de projetar uma representação de si no mundo exterior –, observa-se o surgimento de representações de objetos e de animais antropomórficos. Tal ocorrência não constitui, propriamente falando, um estádio de evolução dos desenhos de um personagem; no entanto tal perspectiva antropomórfica de objetos ou animais denota, com certeza, uma mudança de eixo que, às vezes, pode facilitar as representações, mas, sobretudo, uma capacidade para manipular simbolicamente a representação de si, a imagem de si ou das pessoas à sua volta.

Desenhos desse tipo (p. ex., *imagens FiH22, FiH23* e *FiH24*) frequentemente apresentam um caráter divertido e lúdico.

FiH22

FiH23

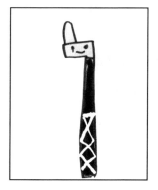

Tradicionalmente, a forma de uma casa com porta e janelas é bastante propícia a transformações antropomórficas. O menino que realizou esse desenho (*imagem FiH22*) era pequeno (4 anos e meio). É interessante observar que embora ele perceba perfeitamente, no plano simbólico, a possível semelhança entre a representação de uma casa e de um rosto, ainda é incapaz de lançar mão dos diferentes elementos que compõem uma casa – por exemplo, as janelas para fazer os olhos e a porta para a boca. No intuito de sugerir uma figura humana, ele limita-se a utilizar o contorno da casa, ao qual ele acrescenta elementos de um rosto.

Outros desenhos exprimem maior criatividade e originalidade: com frequência, eles são feitos à imagem dos respectivos autores. Na produção seguinte (*imagem FiH23*), vemos um martelo que, paradoxalmente – de acordo com a declaração maliciosa do menino desenhista –, "s'est cogné" [bateu a cabeça] e, por conseguinte, está com um galo e uma lagrimazinha escorrendo do olho, de tão intensa que foi a dor.

Na realidade, esse desenho tem dupla origem: por um lado, na escola, o menino anda sempre com a cabeça "no mundo da Lua" e dá respostas inesperadas, provocando a risada dos colegas; e por outro lado, o nome do psicólogo que ele consulta: "M. Cognet"[5]. Ele condensa duas representações em um pequeno desenho impregnado de ironia.

FiH24

(Texto da ilustração: Meu nome é geladeira)

---

5. Homonímia entre o nome *Cognet* e o verbo *cogner* (aqui, em sua forma pronominal: "s'est cogné") [N.T.].

2. Os desenhos da figura humana: Como proceder à sua análise?

Esse desenho – tão raro quanto o anterior – representa uma geladeira com rosto humano. Aqui, mais uma vez, o objeto não foi escolhido ao acaso, ele corresponde em todos os aspectos a um conflito em torno da alimentação (rejeição aguda à comida), que engendra tensões quase cotidianas na família. A extrema ansiedade que acompanha esses conflitos na hora das refeições é negada no desenho, que diz o contrário.

2.3 AS ORIGENS DOS TESTES DO DESENHO DE UMA FIGURA HUMANA

"A ideia de que desenhos infantis espontâneos podem esclarecer a psicologia do desenvolvimento não é nova"*. Essa é a frase inicial do livro de Florence L. Goodenough , intitulado *Measurement of intelligence by drawings* ([Medição da inteligência através de desenhos] Goodenough, 1926, chapter one, p. 1).

De fato, muitos outros antes dela, no finalzinho do século XIX, interessaram-se por desenhos infantis e, principalmente, por desenhos de uma pessoa; no entanto foi preciso esperar o início do século XX para que esse interesse adquirisse um aspecto mais científico. Pesquisas internacionais foram, então, lançadas com entusiasmo: algumas, mais impregnadas pela antropologia cultural do que pela psicologia, buscavam recolher desenhos realizados por crianças de todos os níveis escolares em todos os países do mundo. Os desenhos de uma figura humana, por seu universalismo, são especialmente propícios a esse tipo de estudos.

No mesmo período, outros autores sugeriam estudar as etapas do desenvolvimento infantil por meio dos desenhos de um personagem, coletando dados muitas vezes abundantes. Em Munique, por exemplo, foram recolhidos até 100.000 desenhos! O entusiasmo em torno dessas coletas maciças foi intenso porque muitos psicólogos imaginavam ter encontrado, com os desenhos de uma figura humana, um teste simples, rápido, independentemente da cultura, que permitiria descobrir as leis do desenvolvimento infantil em geral.

Outros ainda realizaram estudos comparativos entre populações "normais" e grupos patológicos (afecções neurológicas, retardos mentais, distúrbios de caráter). Logo ficou constatado que desenhos de uma

---

*No original: "The idea that the spontaneous drawings of young children may throw light upon the psychology of child development is not a new one" [N.R.].

figura humana forneciam informações que ultrapassavam amplamente as expectativas, referindo-se não somente ao desenvolvimento da inteligência, mas também – e, talvez, sobretudo – à maturação geral, à socialização e aos distúrbios afetivos.

Outra perspectiva de pesquisa baseava-se em um estudo longitudinal de casos únicos: tratava-se, então, de monografias realizadas, na maior parte das vezes, a partir da observação dos próprios filhos dos pesquisadores. Gostaríamos de citar o trabalho de G.-H. Luquet, que coletou e analisou todos os desenhos elaborados pela filha, desde os 3 anos e 3 meses até os 8 anos e meio: animado por um desejo de "verdade", Luquet tenta, durante esse longo período, manter a filha, sempre que isso foi possível, fora da influência dos adultos, inclusive dos colegas, a fim de ter acesso às etapas mais "genuínas" do desenvolvimento do desenho (Luquet, 1913).

Obviamente, surge de imediato outra deformação: o interesse fora do comum que o pai demonstra pelas produções da filha, é claro, não passou despercebido para a menina. Todavia, baseado em cerca de 1.500 desenhos, esse estudo continua sendo precioso e mostra que os desenvolvimentos decisivos do desenho instauram-se com regressões e numerosos retornos a "estádios" menos evoluídos antes de estabilizar-se; em outros termos, a evolução observada em determinado dia não aparece invariavelmente nos dias ou mesmo nas semanas subsequentes.

Paralelamente, terapeutas infantis e psicanalistas – aqui fazemos especial referência a Sophie Morgenstern – utilizam o desenho em uma perspectiva completamente diferente (cf. adiante, cap. 3).

2.3.1 O teste de Machover (Human Figure Drawing)

A psicóloga norte-americana, nascida na Bielorrússia, Karen Machover (1902-1996) ressalta – utilizando o teste do desenho de uma figura humana – que "crianças que obtêm a mesma idade mental no teste frequentemente fazem desenhos que se distinguem de modo notável e carregam a marca pessoal delas" (apud Abraham, 1985). Essa pesquisadora considera, portanto, o teste do desenho de uma pessoa equivalente a um teste projetivo, além de sistematizar sua análise.

A instrução consiste em pedir que a criança desenhe uma pessoa com um lápis preto em uma folha de papel de formato padrão. É autorizado usar a borracha. A instrução "Faça o desenho de uma pessoa" é deliberadamente

2. Os desenhos da figura humana: Como proceder à sua análise?

ampla, a fim de permitir o máximo de liberdade possível e, por conseguinte, abrir portas para a projeção.

No mesmo sentido, para não interferir no processo projetivo, Machover responde "Faça como você quiser" à maioria das perguntas suscetíveis de serem formuladas pelas crianças. Àquelas que lhe exprimem sua incapacidade para desenhar, ela explica que o teste "nada tem a ver com a aptidão para desenhar. Tudo o que pretendo é saber como você procede para desenhar uma pessoa". Em momento algum ela faz alusão ao *status* ou ao sexo da pessoa representada. Em compensação, enquanto a criança está desenhando, ela anota os comentários espontâneos, a sequência segundo a qual são desenhadas as diferentes partes do corpo e a duração de tempo para executar essa tarefa.

Ao terminar o primeiro desenho, K. Machover pede para a criança desenhar, em outra folha, uma pessoa do outro sexo (Machover, 1949).

A principal vantagem desse teste consiste na comparação dos desenhos de acordo com uma metodologia em dois tempos:

– A análise incide sobre o conteúdo do desenho, ou seja, as diferentes partes do corpo: cabeça, boca, pés, roupas e detalhes.

– O estudo, por sua vez, manifesta interesse pelos aspectos formais e estruturais do desenho: tema, movimento, simetria, tamanho e lugar da figura na página, perspectiva e qualidade do traço.

2.3.1.1 O teste de Machover em exames psicológicos

Ainda hoje, o teste de Machover é adequado para exames psicológicos. A principal vantagem é, obviamente, levar a criança a desenhar personagens sexuados. A instrução enfatiza explicitamente a diferença dos sexos. Como o sujeito colocará em evidência, mostrará e representará essa diferença essencial que serve de estrutura à sua própria pessoa e ao mundo circundante?

Para a psicóloga clínica Ada Abraham (1922-2018),

> a instrução incentiva o sujeito a revelar sua concepção de um mundo no qual as pessoas pertencem a um ou outro sexo, suas atitudes diante de ambos os sexos (em que um é necessariamente o seu) e a forma como ele reconhece e aceita o fato de pertencer a seu sexo. O desenho de dois personagens de sexos opostos há de revelar, portanto, as reações afetivas do sujeito quanto aos papéis masculino e feminino; as relações que, segundo sua presunção, devem existir entre homens e mulheres; além de sua concepção da vida sexual propriamente dita (Abraham, 1985).

2.3.1.2 Idade de aplicação

De 4 ou 5 anos até 10 ou 12 anos. Embora Machover sugira que seu teste seja aplicado também em adolescentes e adultos, a nossa experiência clínica demonstra que testes de desenho de uma figura humana não são muito aceitos por adolescentes, sequer pelos mais jovens.

2.3.1.3 Instrução

Ainda nesse aspecto, nossa instrução distingue-se notavelmente daquela que é sugerida por Machover. Com efeito, a tradução literal para o francês *dessine une personne* [faça o desenho de uma pessoa], da instrução original – "draw a person" –, pode induzir um viés orientado para o gênero feminino da palavra "personne" [pessoa]. Por isso preferimos uma instrução mais explícita: "Vou pedir para você desenhar, em primeiro lugar, um personagem masculino ou feminino, o que você quiser, menina ou menino, homem ou mulher. Depois, quando você tiver terminado, vou pedir para você desenhar um segundo personagem do outro sexo no verso da folha dobrada" (evidentemente, essa instrução deve ser adaptada ao nível de compreensão da criança).

A segunda vantagem dessa instrução consiste em prevenir a criança de que terá de desenhar um personagem do outro sexo, levando-o, assim, a pensar, desde o primeiro desenho, nas características de diferenciação sexual que ela vai ressaltar.

2.3.1.4 Aplicação

À semelhança de Karen Machover, propomos à criança para desenhar com lápis preto, deixando-lhe a possibilidade de utilizar borracha.

Em compensação, pedimos a ela para desenhar em uma folha A4 previamente dobrada no sentido vertical; assim, uma vez prontos ambos os desenhos, eles estão na mesma folha, um ao lado do outro, e prestam-se mais facilmente a uma comparação.

2.3.1.5 Interpretação

A partir desse teste, K. Machover levanta a hipótese de "que é perfeitamente normal começar por desenhar um personagem de seu próprio sexo". Estudos realizados por A. Abraham junto a uma população de

2. Os desenhos da figura humana: Como proceder à sua análise?

1.459 crianças e adolescentes israelenses, de 5 a 17 anos, confirmam nossas observações e revelam que o primeiro personagem coincide, na maior parte das vezes, com o sexo de seu autor (Abraham, 1985). No entanto é essencial observar que em uma relevante proporção da amostra (de um terço a um quinto), o sexo do primeiro personagem desenhado é diferente daquele do sujeito desenhista. Os psicólogos clínicos e psicanalistas Roger Perron (1926-2021) e Michèle Perron-Borelli (1927-2019) fazem uma observação semelhante:

> De forma bastante majoritária, o desenhista declara ter desenhado uma criança do sexo semelhante ao seu (78% dos casos). As exceções são, porém, mais frequentes entre as meninas (27% dizem ter desenhado um menino) do que entre os meninos (somente 17% declaram ter desenhado uma menina (Perron & Perron-Borelli, 1996).

Essas proporções excluem, evidentemente, qualquer interpretação demasiado precipitada.

FiH25

Figura feminina (*imagem FiH25*) desenhada em primeiro lugar por uma garotinha de 7 anos, tendo ela declarado tratar-se de sua mãe, com quem ela morava; em seguida, ela elaborou um personagem masculino, a quem atribuiu o nome "papai" (*imagem FiH26*), aliás, pai que ela não via há vários anos. A diferença dos sexos está perfeitamente sublinhada, sem nenhuma ambiguidade, mas essa menina – cujas referências da representação masculina, segundo parece, tornaram-se mais tênues – experimenta a necessidade de indicar por escrito que é mesmo o seu pai no desenho.

(Texto no desenho: "Papa = Pai")

2.3.1.6 Implicações

Para A. Abraham , o teste de Machover suscita importantes questões:

> Em geral, os elementos gráficos comuns aos dois desenhos do mesmo sujeito aparecem em tamanha quantidade que não é nem um pouco difícil reconhecê-los como a obra do mesmo sujeito no meio de produções de um grande número de outras pessoas. Em paralelo a esse parentesco há variações notáveis no tratamento das figuras masculina e feminina, o que pode expor, ao mesmo tempo, aspectos projetivos e expressivos (Abraham, 1985).

Esses desenhos parecem revelar a concepção, por parte de seu autor, da diferença entre os sexos.

2. Os desenhos da figura humana: Como proceder à sua análise?

2.3.1.7 Identificação sexuada

FiH27

Desenho realizado por um menino de 4 anos e meio.

FiH28

77

A principal vantagem desse teste reside no tratamento das diferentes representações de dois personagens e da descrição de cada um enquanto ser sexuado; portanto é extremamente interessante procurar os conteúdos específicos (partes do corpo valorizadas ou escotomizadas, roupas, acessórios) de ambos os personagens, assim como prestar atenção à execução expressiva de quem está desenhando (movimento, sombreamento, escurecimento, rapidez e qualidade do traço, hesitações do lápis, partes apagadas etc.). Com frequência, o modo de ressaltar o sexo dos personagens nem sempre é evidente e exige uma observação mais aprofundada. No estudo citado anteriormente (cf. tb. seção 8.4), R. Perron e M. Perron-Borelli dão pistas de reflexão e constatam, por exemplo, que crianças pequenas "tendem a desenhar, em tamanho maior, a figura parental do sexo semelhante ao delas". Já as mais crescidas, de 8-10 anos, utilizam sinais mais fáceis de distinguir quando desejam atribuir um sexo às representações da figura humana: "comprimento e forma dos cabelos, roupas (em primeiro lugar, as que na nossa cultura têm justamente a função de designar o sexo) e alguns aspectos somáticos, cujas sobredeterminações fantasmáticas são mais difíceis de decifrar: boca, pescoço, pés e sapatos, botões..." (Perron & Perron-Borelli, 1996).

É possível comparar esses indícios a uma verdadeira linguagem gráfica, adquirindo, então, valor de palavras.

Apesar de tudo, em alguns desenhos é difícil reconhecer o sexo dos dois personagens desenhados; já em outros, a diferença é frequentemente estereotipada – em ambos os casos verifica-se uma forma de inibição da capacidade para elaborar a diferença dos sexos. Há também desenhos realizados, em sua maioria por meninos, em que a representação do sexo masculino fica muito clara e concreta mediante um traço (*imagem FiH27*), mais ou menos longo e mais ou menos enfatizado, entre as pernas do personagem masculino. Tal representação tosca evoca a prevalência do processo primário no nível do aparelho psíquico que não consegue suportar a excitação pulsional e recorre ao caminho mais curto, ou seja, a descarga da tensão psíquica.

Em outros casos, a tensão psíquica associada à representação sexuada dos personagens pode ser tolerada e investida – há desenhos em que as características que diferenciam os dois personagens surgem mais diferenciadas, valorizadas e, em resumo, secundarizadas.

Em todos os casos, parece útil fazer alusão aos indícios de diferença dos sexos (*imagem FiH28*), que devem ser identificados pelo psicólogo junto à criança, deixando-a exprimir-se sobre o assunto.

2. Os desenhos da figura humana: Como proceder à sua análise?

Traçados de forma muito rápida, esses pais exibem acessórios que indicam nitidamente a diferença dos sexos: uma escova na mão da mãe e uma barbicha no queixo do pai. Esses elementos são oriundos do imaginário da menina desenhista, porque a mãe tem cabelos bem curtos e o pai não tem barba.

2.3.2 O teste do desenho de uma pessoa de Goodenough

Como dito antes, as crianças demonstram espontaneamente um forte interesse por desenhos de figura humana. Em compensação, elas utilizam muito pouco por livre-vontade a terminologia, em francês, de *bonhomme* antes de ingressar na pré-escola. Essa é a observação da médica, psicanalista e professora de psicologia, Juliette Favez-Boutonier (1903-1994), segundo a qual a expressão *le dessin du bonhomme* [o desenho da figura humana] foi criada por adultos:

> Os trabalhos de Luquet já haviam chamado a atenção sobre a preponderância – entre os primeiros desenhos infantis – de "bonhomme" ou, mais exatamente, de figuras humanas. Com efeito, minha opinião é que a palavra francesa "bonhomme" é proposta pelos adultos, e não pelas crianças, pelo menos no estado atual da nossa sociedade. Crianças pequenas na frente das quais não é pronunciada essa palavra desenham figuras humanas identificadas por elas com um senhor, uma senhora, o papai, um bebê, uma bruxa etc., dependendo dos recursos da experiência delas, mas "le bonhomme" parece-nos ser uma invenção de adultos... (Favez-Boutonier, 1953).

O teste do desenho de uma pessoa, iniciado por Florence Goodenough, chamou a atenção dos psicólogos tendo em conta a simplicidade dos procedimentos de aplicação e de avaliação, além da solidez da metodologia. Para essa pesquisadora, fica claro que "os desenhos infantis dependem, sobretudo, do desenvolvimento intelectual" (Goodenough, 1926) e que, por conseguinte, com uma metodologia adequada (instrução, ficha de controle, aferição conforme a faixa etária) e uma ampla amostragem (4.000 desenhos de alunos de New Jersey coletados em 1920), o teste do desenho de uma pessoa ganha espaço entre os usados para medir a inteligência de crianças, permitindo, inclusive, o cálculo do QI (a seguir, ver as críticas contra essa pretensão à medição da inteligência).

2.3.3 Críticas contra o teste do desenho de uma pessoa

Elas são, obviamente, de vários tipos. A primeira crítica diz respeito aos 51 itens selecionados para a avaliação, que privilegiam os desenhos conformes e precisos em que os traços juntam-se à nitidez, além de atribuírem um bônus ao acúmulo de detalhes.

A segunda crítica ressalta o fato de que as produções das meninas são melhores do que as dos meninos e que essa diferença é estatisticamente muito significativa.

> Ela é bem marcante desde os 4 anos de idade, visto que nessa faixa etária encontram-se somente 12% de "pessoa-girino" nos desenhos das meninas e 51% nos dos meninos. Uma análise mais detalhada revela que essa superioridade das meninas destaca-se, em primeiro lugar, pela quantidade de elementos da representação e pela qualidade das elaborações; em segundo lugar, pela figuração das roupas; e, por fim, em menor proporção, pela organização do esquema corporal e pelo dinamismo (Perron & Perron-Borelli, 1996).

Essa última crítica parece-me ser mais fundamental, no sentido em que a autora pretendia, a partir de um teste único, em certa medida trivial – com efeito, limita-se a desenhar a lápis, em uma folha, em alguns minutos, uma pessoa –, avaliar a inteligência. É claro, todos nós, pais, professores e psicólogos, sabemos que "as representações de figuras humanas modificam-se e enriquecem-se ao longo do desenvolvimento" (Debray, 2000), mas também sabemos que tal enriquecimento dos desenhos não progride com a mesma velocidade em todas as crianças, dependendo de um grande número de fatores – família, educação, habilidade gráfica, gosto pessoal – que não estão ligados aos desenvolvimentos cognitivo e intelectual.

Por isso, parece-nos inaceitável converter, de uma maneira ou de outra, um número de pontos obtidos ao se julgar um desenho em uma idade mental ou em uma idade de desenvolvimento e, obviamente, *a fortiori*, em um QI. A avaliação dos processos cognitivos ou do funcionamento intelectual necessita, é claro, de testes específicos e diversificados, em grande quantidade e construídos com base em um modelo teórico reconhecido e comprovado.

Em compensação, pode ser perfeitamente aceitável e útil para o psicólogo ter a possibilidade de objetivar a riqueza de um desenho singular e de compará-lo com as produções de uma amostragem composta de sujeitos da mesma idade. Assim, no contexto de uma pesquisa ou de um exame psicológico, o teste do desenho de uma pessoa de Florence Goodenough, apesar de seus limites, pode ser aplicado com eficiência em crianças pequenas até por volta dos 7 ou 8 anos de idade.

2.3.4 O teste do desenho de uma pessoa – Florence Goodenough

2.3.4.1 Instrução original

> Nesta folha, quero que você faça o desenho de um homem [uma pessoa], o mais lindo que você for capaz. Utilize o tempo de que tiver necessidade e trabalhe com capricho. [...] Em sua tentativa, proceda com seriedade e veja os lindos desenhos que você pode fazer* (Goodenough, 1926, p. 85).

Evidentemente, no caso de crianças pequenas deve-se utilizar o tratamento mais coloquial possível.

O material utilizado consiste em uma folha "sem-pauta" e em um lápis preto.

2.3.4.2 Contagem dos itens do desenho

A avaliação dos desenhos de uma pessoa de Goodenough baseia-se em 51 itens que permitem obter o mesmo número de pontos. Introduzimos, entre parênteses, ao lado dos itens ambíguos, as dicas de avaliação fornecidas pela autora.

> São avaliáveis "todos os desenhos em que seja possível reconhecer um corpo humano, por mais grosseiro que ele seja". Gostaríamos de ressaltar que a avaliação adquire sentido se o examinador demonstrar rigor, atribuindo pontos apenas quando os critérios forem bem-atendidos.
>
> (extraído do livro *Measurement of intelligence by drawings*, p. 91 ss.)
>
> 1. Presença da cabeça.
> 2. Pernas presentes.
> 3. Braços presentes.
> 4a. Tronco presente (qualquer indicação do tronco, nem que seja mediante uma única linha reta).
> 4b. Tronco mais comprido do que largo.
> 4c. Ombros indicados (neste item é preciso rigor na hora de dar um ponto, que nunca deve ser dado à forma elíptica comum... Um tronco perfeitamente retangular não dá direito a ganhar um ponto, a menos que os ângulos sejam arredondados...).
> 5a. Ambos os braços e ambas as pernas ligados ao tronco (em qualquer parte, como no pescoço ou na junção da cabeça com o tronco).

---

*Instrução original: "On these papers I want you to make a picture of a man. Make the very best picture that you can. Take your time and work very carefully. [...] Try very hard and see what good pictures you can make" [N.R.].

5b. Pernas ligadas ao tronco. Braços ligados ao tronco é um lugar correto (deve-se conceder um ponto, e de forma bastante rigorosa, sobretudo, se o 4c tiver sido negativo).

6a. Pescoço presente.

6b. Linhas do pescoço continuando as da cabeça, do tronco ou de ambos.

7a. Olhos presentes.

7b. Nariz presente.

7c. Boca presente.

7d. Nariz e boca ao mesmo tempo; dois lábios indicados (deve-se tolerar qualquer figuração em duas dimensões – ou seja, condensada – da forma real do nariz. Um triângulo equilátero grosseiro dá direito a um ponto se a base estiver embaixo. A boca dá direito a um ponto se for desenhada em duas dimensões e se for possível ver a linha que separa os dois lábios).

7e. Narinas indicadas (o nariz representado por dois pontos só dá direito a um ponto em 7e e 7b, mas nenhum em 7d).

8a. Presença de cabelo.

8b. Cabelo ultrapassando a circunferência da cabeça e sem transparência (do crânio pelo cabelo). A representação deve ser mais nítida do que simples garranchos.

9a. Roupas presentes (em geral, as primeiras indicações consistem em uma fileira de botões descendo no meio do tronco ou um chapéu...).

9b. Duas peças de roupa não transparentes.

9c. Desenho inteiramente sem transparência, quando são representados paletó e calça.

9d. Quatro ou mais peças de roupa claramente indicadas (as quatro peças devem estar incluídas na seguinte lista: chapéu, sapatos, paletó ou capa, camisa, colarinho, gravata, cinto ou suspensório, calças).

9e. Traje completo, sem ingenuidade (traje definido e reconhecível).

10a. Dedos indicados (que devem aparecer nas duas mãos, se ambas estiverem presentes; mas se houver apenas uma mão com dedos, deve-se atribuir um ponto).

10b. Número exato de dedos.

10c. Dedos em duas dimensões, mais compridos do que largos, sendo o ângulo formado por eles menor do que 180°.

10d. Oposição do polegar (deve haver uma nítida diferença entre o polegar e os outros dedos – é preciso rigor ao atribuir um ponto).

10e. Mãos representadas de forma distinta dos dedos ou dos braços.

11a. Articulação dos braços, com cotovelo ou ombro, ou ambos (o cotovelo deve estar dobrado – não arredondado –, mais ou menos na metade do braço. Deve existir uma curva no ponto de junção para indicar o ombro).

11b. Articulação das pernas, com joelhos ou quadris, ou ambos (à semelhança do cotovelo, o joelho deve estar dobrado, mais ou menos

2. Os desenhos da figura humana: Como proceder à sua análise?

na metade da perna. Se as linhas internas das pernas encontrarem-se no ponto de junção com o corpo, deve-se conceder um ponto; crianças pequenas geralmente desenham as pernas bastante afastadas uma da outra).

12a. Proporção da cabeça (cuja superfície deve estar compreendida entre a metade e um décimo da superfície do tronco).

12b. Proporção dos braços (que devem ter o mesmo comprimento que o tronco ou serem ligeiramente mais longos, mas nunca devem descer até o nível dos joelhos).

12c. Proporção das pernas (seu comprimento deve medir entre a altura do tronco e o dobro dessa altura).

12d. Proporção dos pés.

12e. Braços e pernas representados em duas dimensões.

13. Calcanhar indicado.

14a. Coordenação motora. Linhas de tipo A (todas as linhas suficientemente firmes, que se encontram, em sua maioria, nos pontos de junção, bem nítidas, sem estarem demasiado borradas, nem sobrecarregadas, sem espaços brancos demais entre as extremidades).

14b. Coordenação motora. Linhas de tipo B (todas as linhas firmemente traçadas com os pontos de junção corretos. Para atribuir um ponto aqui se deve fazer uma interpretação muito mais rígida das instruções dadas no item anterior).

14c. Coordenação motora. Linhas da cabeça (o ponto só é dado se a forma da cabeça tiver sido elaborada de forma mais complexa do que um círculo ou uma elipse grosseira).

14d. Coordenação motora. Linhas do tronco (aplicar ao tronco as mesmas observações do item anterior).

14e. Coordenação motora. Braços e pernas (não devem apresentar irregularidades nem encolhimento no ponto de junção com o corpo; tanto os braços quanto as pernas devem ser representados em duas dimensões).

14f. Coordenação motora. Traços do rosto (as feições devem ser simétricas; olhos, nariz e boca devem ser desenhados em duas dimensões. Nesse quesito, o ponto é atribuído mais facilmente aos desenhos de perfil do que aos de face).

15a. Orelhas presentes.

15b. Orelhas presentes na posição e na proporção corretas (a orelha deve ser mais comprida do que larga; nos desenhos de perfil é necessário haver alguns detalhes, como um ponto para figurar o canal auricular).

16a. Detalhe dos olhos. Sobrancelhas, cílios ou ambos.

16b. Detalhe dos olhos. Pupila indicada.

16c. Detalhe dos olhos. Proporções (o olho deve ser mais comprido do que largo).

16d. Detalhe dos olhos. Olhar para frente nos desenhos de perfil (o desenho deve ser de perfil e o olho deve ser desenhado em perspectiva).

17a. Testa e queixo indicados (nos desenhos de face, os olhos e a boca devem estar presentes; além disso, um espaço suficiente deve existir acima dos olhos para figurar a testa, bem como abaixo da boca para representar o queixo. Deve-se ter cautela na hora de dar um ponto).

17b. Avanço do queixo (o ponto só é atribuído em desenhos de perfil; no entanto deve-se dar também o ponto em desenhos de face se houver a indicação, seja ela qual for, do contorno do queixo).

18a. Desenho de perfil tendo, no máximo, um erro (tolerância para um dos seguintes erros: uma transparência; pernas desenhadas de frente e não de perfil; braços ligados aos contornos das costas e estendendo-se na parte da frente).

18b. Perfil correto (o desenho deve ser elaborado realmente de perfil, sem erros, nem transparência, exceto em relação à forma dos olhos, que pode ser ignorada).

2.3.4.3 Aferição em quartis

Propomos uma aferição em quartis, que realizamos a partir de 144 desenhos coletados por Joseph Collot (psicólogo do sistema educacional na cidade de Moulins, França), em janeiro e fevereiro de 2011, junto às populações urbana e rural de 147 sujeitos (68 meninos e 79 meninas) de 4 a 7 anos de idade (*Tabela 2.1*).

TABELA 2.1 Aferição do desenho de uma pessoa (Collot, 2011)

Crianças de 4 anos			
Q4	Q3	Q2	Q1
De 4 a 6 pontos	De 7 a 9 pontos	De 10 a 11 pontos	De 12 a 14 pontos
Média = 9,1 – Desvio padrão = 2,8			
Crianças de 5 anos			
Q4	Q3	Q2	Q1
De 5 a 7 pontos	De 8 a 9 pontos	De 10 a 11 pontos	De 12 a 16 pontos
Média = 9,8 – Desvio padrão = 2,3			
Crianças de 6 anos			
Q4	Q3	Q2	Q1
De 6 a 10 pontos	De 11 a 12 pontos	De 12 a 13 pontos	De 13 a 16 pontos
Média = 11,8 – Desvio padrão = 1,8			

2. Os desenhos da figura humana: Como proceder à sua análise?

2.3.4.4 Exemplo de avaliação

O exemplo apresentado a seguir ensina a avaliar o desenho de uma pessoa (*imagem FiH29*) de acordo com as indicações de Goodenough e caracterizar o desempenho do sujeito (*Tabela 2.2*) a partir da aferição Collot de 2011.

FiH29
Desenho realizado por um menino de 5 anos e meio.

Esse desenho de uma pessoa obtém, é claro, os pontos correspondentes aos itens 1, 2, 3 e 4a; no entanto o item 4b – "tronco mais comprido do que largo" – não ganha, obviamente, ponto, tampouco os outros itens da série 4. Por sua vez, ao item 5a – "brações e pernas ligados ao tronco" – é atribuído ponto, mas não ao 5b, porque braços e pernas não estão ligados ao tronco no lugar correto.

Observa-se que o nariz e a boca não estão desenhados em duas dimensões; que o cabelo não ultrapassa a circunferência da cabeça (item 8b); e que o personagem não está vestindo roupas. O item 10a ganha ponto pela presença de dedos, mas todos os outros itens a respeito do número exato de dedos, detalhes corretos deles ou oposição do polegar não podem ser avaliados positivamente.

Os últimos dois itens com avaliação positiva são o 12e (braços e pernas em duas dimensões) e o 14a (coordenação motora, linhas de tipo A). Em compensação, todos os outros itens envolvendo uma coordenação motora mais fina não podem ser avaliados positivamente.

Com base na avaliação sugerida por Goodenough, o desenho em questão obtém um total de 13 pontos, que corresponde, referindo-se à aferição *Collot de 2011*, a um desempenho situado no Q1 das crianças de 5 anos; ou seja, os 13 pontos correspondem ao resultado de 25% das crianças com a mesma idade, que são as mais bem-sucedidas no teste do desenho de uma pessoa.

TABELA 2.2 Avaliação dos itens

Item	Avaliação	Item	Avaliação	Item	Avaliação	Item	Avaliação	Item	Avaliação
1	+	7b	+	10a	+	12e	+	16b	
2	+	7c	+	10b		13		16c	
3	+	7d		10c		14a	+	16d	
4a	+	7e		10d		14b		17a	
4b		8a	+	10e	+	14c		17b	
4c		8b		11a		14d		18a	
5a		9a		11b		14e		18b	
5b	+	9b		12a		14f			
6a		9c		12b		15a			
6b		9d		12c		15b			
7a		9e		12d		16a			

O desenho livre: Como proceder à sua análise?

Com grande frequência, ao deixarem uma criança desenhar sozinha ou sem muitas restrições, os profissionais evocam a noção de desenho livre, isto é, uma produção sem instrução inicial que a criança parece levar em frente como bem entender. Essa expressão gráfica sem pedido formal é compreendida, em um tipo de abuso de linguagem, como se estivesse liberta de amarras, livre de estereotipias ou, então, ainda não predeterminada, não submetida a algo; como se a liberdade criativa pudesse advir sempre no caso em que o suporte para a expressão fosse o desenho; como se o fato de deixar traços virasse sinônimo de autonomia, de afirmação original de um verdadeiro *self*. Aliás, os esboços – às vezes malfeitos –, os tons pastéis dos lápis de cor ou os tons fortes das canetas de feltro estão associados, para um grande número de professores ou pais, a um frescor, à sinceridade e à verdade da infância.

Em nossa prática clínica verificamos, praticamente todos os dias, como essa noção de desenho livre é factícia e o quão artificial ela pode parecer. Como se a expressão nunca fosse, mesmo nos limites do desenho, entravada pelo peso das culturas familiares e escolares, cingida pelo desejo de agradar ao adulto – como sabemos, a observação modifica o objeto observado –, em certos casos, reduzida também pela escassez dos recursos da representação pictural.

Em uma acepção estrita, a criança encontra-se raramente nas condições que lhe permitem aquela imensa liberdade de expressão de si, ultrapassando amplamente as escolhas formais do suporte, das ferramentas, e até mesmo do tema da representação. A prática artística assumida e a relação psicoterapêutica – mediante as quais o desenho decorre "apenas de suas associações desencadeadas por um esboço de transferência" (Anzieu, A., 2008) – são as únicas situações que permitem ao sujeito uma verdadeira autonomia criativa.

Em um grande número de outros casos, a criança não tem a liberdade de escolha a respeito das modalidades de sua expressão; normalmente, os adultos mais próximos acabam por incentivá-la a pegar um lápis e deixar um traço. O próprio médico, no contexto do exame psicológico, pede para a criança desenhar – a liberdade reside, assim, na escolha dos temas, das cores e dos procedimentos; trata-se de uma liberdade bastante relativa, que se define, por contraste, pela ausência de instruções precisas ou restrições muito limitativas, e não necessariamente pela expressão criativa feita de espontaneidade, de autonomia e de originalidade.

Ou, então, ao contrário – e essa é a nossa concepção –, o desenho, associado equivocadamente ao epíteto livre, seria oriundo, laboriosa emanação, de uma série de compromissos – uma manifestação subjetiva, de certa forma, um sintoma. O primeiro comprometimento conclui-se, evidentemente, consigo mesmo e é arbitrado pelo pré-consciente – em referência ao primeiro tópico freudiano – que, dependendo da situação, filtra ou permite ver. O segundo comprometimento é com o ecossistema – família, pessoas em volta, escola – e a riqueza, ou não, dos envolvimentos e estímulos. Por fim, o último estabelece-se com aquele a quem o desenho é dedicado, o outro, encarnado pelo médico. Outras tantas condicionantes, paradoxalmente, prodigalizam um maior interesse às produções da criança, insistindo em suas dimensões eminentemente subjetivas e relacionais.

O desenho livre surge como fruto do encontro singular entre um criador, levado por sua história pessoal inscrita em seu tempo, e um olhar; é essa criação, evidentemente única, que suscita a nossa curiosidade.

3.1 METODOLOGIA PARA A ANÁLISE DO DESENHO CHAMADO "LIVRE"

O desenho espontâneo, sem instruções particulares sobre o tema, pode ser semelhante a uma "garrafa lançada ao mar" por um jovem autor, sem destinatário conhecido, mas portadora da expectativa de que alguém a encontre e decifre a mensagem que ela contém. Essa é a

3. O desenho livre: Como proceder à sua análise?

"mensagem engarrafada" (Traversa, 1964) – muitas vezes, simbólica; às vezes, antiga –, desgastada por ter flutuado durante meses e anos, que deve ser decifrada.

A análise de um desenho completo é mais profícua ao desenrolar-se em três etapas distintas: a primeira enfatiza o aspecto formal do desenho; a segunda incide sobre a abordagem psicodinâmica; e a terceira consiste em uma conversa com a criança em torno de sua produção. Essa análise em três etapas estabelece uma nítida distinção entre a elaboração gráfica e o tema e o conteúdo. Mesmo que esses dois aspectos sejam indissociáveis para a criança desenhista, a avaliação por etapas proporciona uma descrição e uma compreensão mais aprofundadas da produção.

3.1.1 A análise formal

A análise chamada formal incide sobre o grafismo, a ocupação do espaço, o tamanho e as cores da produção; ela não se refere, na medida do possível, ao tema nem às relações evocadas no desenho.

3.1.1.1 A primeira impressão global

Tudo começa pela impressão global, no plano formal:
– Do conjunto emerge uma sensação de harmonia ou, inversamente, de caos, de discordância? A harmonia pode manifestar-se pela escolha das cores, pela tonalidade geral; ela está ao lado de cores quentes ou, ao contrário, de cores frias? O destaque de algumas partes ou itens é elaborado com uma cor forte (vermelho, preto)? E que impressão deixa quanto à fluidez do traço, ao posicionamento de determinado elemento ou dos diferentes elementos?
– O traço mostra um grau de controle ou, ao contrário, é a expressão do universo pulsional de seu autor? O traço é chamativo e até provocador, ou tem delicadeza, sensibilidade?
– Como o desenho está posicionado na página? Ele preenche todo o espaço, uma posição adequada ou, ainda, caracteriza-se por sua modéstia ou mesmo por sua inibição?

Naturalmente, todas essas primeiras características não são apreciadas com base em um modo binário, do tudo ou nada, mas de acordo com um *continuum* que vai do perfeitamente harmonioso até o mais caótico.

3.1.1.2 Análise formal dos diferentes componentes do desenho

Os diferentes elementos, personagens, prédios, árvores, nuvens, sol etc., são analisados rapidamente uns após os outros. O seu nível de representação está de acordo com a idade cronológica do sujeito? Esses elementos são habituais em desenhos infantis e até estereotipados, ou, ao contrário, exprimem originalidade, uma verdadeira criação? Será que determinado elemento apresenta um investimento específico que se manifestaria mediante uma elaboração mais bem-sucedida, a presença de ornamentos, de um colorido especial que viesse a diferenciá-lo do conjunto da produção?

As respostas a tantas outras perguntas nos permitirão aprofundar o conhecimento, assim como a posição no mundo, da criança ou do pré-adolescente, que produziu o desenho.

3.1.2 A abordagem psicodinâmica

A noção-chave da abordagem psicodinâmica reside no que o psicanalista, André Green (1927-2012), designa de "legibilidade" (Green, 1973; cf. Di Donna & Bradford, 2016). Uma produção legível começa por apresentar-se como harmoniosa em sua elaboração, mas, sobretudo, cria um vínculo subjacente entre a(s) representação(ões) desenhada(s) no suporte e uma vida psíquica estruturada, secundarizada. Um desenho legível é caracterizado pela unidade que consegue estabelecer entre a representação e a vida psíquica.

Para apreender a legibilidade de um desenho, o psicólogo deve, portanto, depositar confiança em sua primeira impressão global.

– Impressão global

O desenho, por meio dos sucessivos compromissos exigidos para sua realização, permite apreender o trabalho do pensamento. A representação é estruturada? A secundarização estará em ação ou a criança entrega-nos um documento primário em que predomina a pulsão natural, não elaborada? É possível detectar mecanismos de defesa que se exprimem de maneira flexível e diversificada (Azoulay, 2002)? Da mesma forma, será adaptada a relação entre os afetos e os elementos representados ou o tema?

Em resumo, o desenho exerce uma ressonância fantasmática no observador? Ou, dito por outras palavras, o desenho será imediatamente

3. O desenho livre: Como proceder à sua análise?

compreensível, eloquente, para o profissional que vai examiná-lo? A ferramenta primordial do psicólogo, antes de qualquer teste ou grade de análise, continua sendo seu senso clínico, que lhe permite detectar o registro do funcionamento psíquico do sujeito.

Vamos mencionar os três principais desses registros, começando pelo menos elaborado, indo até o mais elaborado:

- Desenhos marcados pela confusão, às vezes pelo caos, acompanhados por um comentário pouco esclarecedor ou, vez ou outra, muito longe da representação. O observador sente-se desprovido de recursos para aderir intimamente ao universo interno do sujeito tal como ele manifesta-se no papel: muitas vezes, as representações humanas parecem precárias ou até fragmentadas, deterioradas, deformadas, em mau estado. Assim, alguns desenhos hão de aparecer como indicadores de um registro de funcionamento psíquico patológico. Será importante relacionar essa observação com outros indícios oriundos de conversas e encontros.

- O tema e a forma apresentam um conjunto mais ou menos estruturado, dando conta de um controle pulsional insuficiente ou descontínuo. No entanto a problemática é compreendida pelo observador sem que ele deixe de constatar dificuldades, falta de fluidez na relação entre o real e o imaginário; muitas vezes, também, os limites, os invólucros, parecem ser frágeis ou mesmo deficitários. O registro não parece ser francamente patológico nem muito elaborado, simbólico tal como o definimos a seguir, no terceiro registro. Será necessário indicá-lo com precisão a partir de outras observações oriundas da avaliação de testes projetivos ou das conversas.

- Por fim, o terceiro registro – o mais elaborado – refere-se aos desenhos que dão testemunho de uma estruturação consistente do ego, "mostrando alguma força do ego e um controle suficiente sobre as pulsões para que estas venham a ser dominadas e orientadas" (Azoulay, 2002). Esse registro, suscetível de ser qualificado como normal-neurótico, corresponde ao do profissional dedicado à infância, que se sente, de imediato, à vontade para apreender intimamente a representação, seu tema, sua forma e seu comentário. O observador compreende o desenho; aliás, ele pode ecoar suas memórias de infância, assim como suas preocupações atuais.

Os poucos exemplos apresentados mais adiante permitem um melhor entendimento do alcance dessa primeira impressão.

DeL*1
Menino de 5 anos, renitente.

Esse menino de 5 anos é descrito pelos pais como teimoso, que discute a respeito de tudo, desafiando a autoridade tanto na família quanto na escola, e testando regularmente os limites do que é proibido ou autorizado sem interiorizá-los. Por exemplo, com o psicólogo, ele acabou declarando, subitamente – sem dúvida, como resposta a uma palavra ou a um gesto que parece ser anódino: "Pare de bancar o sabido. Senhor, eu nada sei!".

Trata-se de um garoto que parece muito frágil a qualquer intromissão, seja interna ou externa. Sua família relata que no momento em que surgiu seu primeiro dente, ele não suportou a dor e começou a gritar e a ficar doente; na época, ele podia reagir de maneira bastante desproporcional ao mais superficial arranhão.

Seu desenho (*imagem DeL1*) é uma perfeita ilustração desse dificílimo controle da pulsão. Além de ser muito confuso, percebe-se um personagem que foi rabiscado rapidamente e o comentário que acompanha tal elaboração coloca em cena elementos de natureza fóbica com outros marcados pela ironia, provocação e regressão: "Uma lagartixa com meleca, pipi, cocô, línguas roxas e algas". E em seguida, repetidas vezes, após uma atitude ou uma palavra inadequada, como foi o caso depois

---

*DeL = Desenho Livre [N.R.].

3. O desenho livre: Como proceder à sua análise?

de terminar seu desenho, ele desqualifica-se, diz que é um "zero à esquerda", um "malcriado". O registro dessa produção sugere tratar-se de um funcionamento psíquico-patológico.

DeL2
Desenho de uma criança de 8 anos.

Desenho que dá testemunho de uma estruturação frágil. É certo que não são detectados elementos francamente preocupantes, mas observa-se um duplo movimento com a identificação positiva do jovem autor, de 8 anos, a um cavalo animado e sorridente; ao mesmo tempo, esse cavalo olha para o observador enquanto urina e defeca, "um cocô de todo o tamanho". Dito por outras palavras, verifica-se, na mesma folha em branco, a alternância ou a coabitação entre simbolismo e expressão pulsional.

Essa criança tem um irmão mais novo com meningite. Evidentemente, esse paciente muito jovem, hospitalizado durante algum tempo, foi o destinatário quase exclusivo da preocupação e da atenção dos pais no decorrer de sua doença e de sua convalescença. Esse episódio revelou um ciúme de longa data, do nosso jovem desenhista em relação ao irmão. Os pais haviam explicado a situação, suas ansiedades, mas ele limitou-se a ter em conta a frustração de ser abandonado durante todo esse período, e mesmo muito tempo depois ele manifestou episódios de raiva, insônia e enurese noturna.

O desenho (*imagem DeL3*) de um adolescente (13 anos) dá testemunho de uma estruturação consistente do eu. O "herói" e seus pais são representados de um extremo até o outro da floresta, assumindo as feições de uma espécie animal indeterminada, mas é evidente que elas se assemelham, são da mesma família. Sem conhecer a problemática que move esse jovem adolescente, o observador anota o simbolismo, que insiste na proximidade do casal formado pelos pais e na solidão do jovem animal. Mas ele parece ter escolhido tal solidão ou, talvez, de preferência, essa tomada de autonomia, pelo fato de dar a impressão de saltitar e, talvez, sentir-se feliz (a ser verificado na entrevista após o desenho).

DeL3
Desenho feito por um jovem adolescente de 13 anos.

3. O desenho livre: Como proceder à sua análise?

Então, o que sabemos a respeito desse jovem adolescente e das relações com os pais? Em primeiro lugar, o ambiente em casa não era bom, faltava confiança entre o filho e os pais: estes, por exemplo, instalaram um aplicativo-espião no celular do filho, que, evidentemente, acabou por detectá-lo. Na sala de aula, seu comportamento era considerado insuportável por alguns professores, porque ele não tinha uma consciência apropriada do que seria a competência de um aluno. Além disso, ele estava "farto" de sua vida "cotidiana". Ele gostaria de ter mais oportunidades de rir porque seu "moral estava em baixo" e achava que as vidas escolar e familiar eram enfadonhas: "Na verdade, minha vida é só trabalho", indicou ele com precisão. Muito claramente, observa-se uma distância entre o desenho, orientado de forma mais positiva, e a experiência vivida, que evoca sintomas depressivos. De qualquer forma, tal separação abre um campo clínico para o terapeuta.

Se voltarmos à análise do desenho, observemos que a presença de símbolos, de um roteiro e de uma encenação indica que esse jovem autor situa-se no registro normal-neurótico: aliás, registro reconhecido imediatamente pelo psicólogo como familiar pelo fato de identificar-se com aquele em que o próprio desenhista está imerso.

3.1.3 A conversa em torno do desenho

Nem todos os desenhos são acompanhados por comentários do sujeito, tanto por ser incapaz de exprimir-se a respeito de sua produção quanto por ser muito doloroso para ele colocar em palavras sua problemática que, no entanto, foi evocada em sua produção gráfica.

Em compensação, é extremamente raro o profissional não perguntar ao sujeito se ele quer explicar, comentar, o que ele acaba de realizar; segue-se, na maior parte das vezes, um intercâmbio fecundo, recheado por comentários, às vezes fatuais, provenientes da criança ou do jovem adolescente, além de tentativas de interpretação propostas pelo terapeuta. Trata-se de tentativas de interpretação porque as observações do psicólogo são, quase sempre, sob a forma interrogativa, solicitando ao próprio sujeito para validá-las, ou não; em vez de impor opiniões ou interpretações, pretendendo suscitar a troca em torno de uma produção ou até participar na animação psíquica do sujeito.

3.2 ESTUDOS PSICOLÓGICOS DO DESENHO

Todo estudo proposto sobre o *desenho livre* – seja por um estudante escrevendo uma monografia, um médico no contexto de sua prática clínica ou um autor de obra científica – começa por uma consulta bibliográfica, que imediatamente coloca o pesquisador diante de uma quantidade de livros e artigos, expondo-o ao risco de desânimo e renúncia. Por conseguinte, em vez de necessário, é, sobretudo, vital proceder a uma escolha ponderada. Assim, destacamos seis referências que, a títulos diversos, parecem-nos ser essenciais; desses textos, extraímos suas construções teóricas, assim como reflexões e observações que nos fazem refletir, além de corresponderem às nossas preocupações neste livro.

3.2.1 Georges-Henri Luquet (1876-1965): as formas do realismo[6]

Para G.-H. Luquet, o termo "realismo" é o que caracteriza, de maneira mais fidedigna, o desenho infantil. Com efeito, ele é evidentemente realista pela "natureza de seus motivos, dos assuntos de que trata" porque, especifica ele, o desenho da criança "tem como papel essencial representar algo" (Luquet, 1927). As crianças raramente recorrem à abstração em suas produções. Os desenhos "abstratos" – feitos de amontoamento de rabiscos, de mera aplicação de cores, de cruzamentos recíprocos de linhas – remetem, na maior parte das vezes, a certa restrição da elaboração psíquica. A não figuração tem valor de mecanismo defensivo do tipo evitamento.

A principal crítica a ser feita à teorização de Luquet é o fato de ter utilizado uma acepção truncada do conceito de realismo que, para ele, consiste em lidar objetivamente com o real externo, concreto, das coisas e, por conseguinte, negligenciar a existência da realidade psíquica singular, subjetiva que é, contudo, a única que conta em psicologia.

Por questão de unidade e para que nossas assertivas estejam de acordo com as citações do autor, nesta obra não deixaremos de utilizar o termo "realismo" na acepção, certamente criticável, de seu autor.

---

6. Luquet, G.-H. (1927). *Le dessin enfantin*. Neuchâtel: Delachaux et Niestlé, 1977; F. Alcan, 1927, 260 p.; réédit. 1935, Delachaux et Niestlé; a partir da nova ed. de 1967, Delachaux et Niestlé (préface de J. Depouilly), 213 p. Cf. tb. Alexandroff (2010); Haag Rodrigues (2010); Iavelberg (2021) [N.R.].

3. O desenho livre: Como proceder à sua análise?

Luquet distingue, então, três fases mediante as quais a criança aborda a questão do realismo no desenho; entretanto ele observa que a passagem de uma para a outra segue um progresso quase insensível.

3.2.1.1 O realismo fortuito

Trata-se da primeira etapa em direção à representação no desenho. A criança pequena rabisca traços, por imitação, para deixar uma marca no papel e, em seguida, "chega o dia em que a criança percebe uma similitude de aspecto, mais ou menos, difuso entre um de seus traçados e algum objeto real: ela considera, então, o traçado como uma representação do objeto" (Luquet, 1927). Ela própria atribui um nome diretamente a seu desenho ou serão as pessoas à volta que hão de encarregar-se dessa tarefa.

DeL4
Menino de 2 anos e 3 meses que, ulteriormente, identificou seu desenho como um caracol.

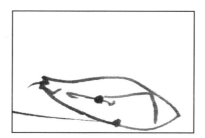

Obviamente, esse primeiro esboço representativo irá enchê-la "de uma alegria intensa", mas

> como foi fortuitamente que a semelhança se produziu no traçado em que a criança percebeu-o, esse feliz acaso não se repete imediatamente e a criança é obrigada a reconhecer que ainda não é capaz, salvo por acidente, de fazer um traçado que se pareça com algo... A passagem da produção de imagens involuntárias à execução de imagens premeditadas faz-se por intermédio de desenhos, em parte involuntários e, em parte, deliberados (Luquet, 1927).

Com efeito, esse desenho havia sido realizado sem nenhuma intenção representativa prévia e a criança atribuiu-lhe um nome, posteriormente, em função da semelhança do traçado com um elemento do real, pela pregnância naquele momento em seu imaginário, de uma representação de objeto. Assim, quando lhe pergunto o que ele acabou de desenhar, um menino bastante novo, de 2 anos e 3 meses, indica-me que se trata de um caracol (*imagem DeL4*). A identificação do esboço, depois do desenho terminado, provém da conjunção de dois fatos: em primeiro lugar, da persistência da representação de um caracol – visto pela criança pouco tempo antes do desenho, em uma imagem –, e também da semelhança, mediante um traço arredondado e vagamente em espiral, com aquele animal.

O autor, tendo acompanhado atentamente a criança desenhando, observa que, às vezes, ela acaba completando um esboço executado sem intenção de representação: a primeira etapa consiste em um traçado fortuito; a segunda é a interpretação desse esboço como se fosse, por exemplo, um animal; e a última consiste em acrescentar patas, uma cauda etc., de modo intencional, a fim de acentuar o aspecto representativo do traçado que, no início, não era deliberado.

3.2.1.2 O realismo fracassado

Trata-se da fase em que "o desenho pretende ser realista sem conseguir tal objetivo" (Luquet, 1927). A criança ainda não é capaz de dirigir, limitar seus movimentos gráficos, de modo a conferir a seu traçado o aspecto desejado por ela, "à semelhança de um violinista iniciante que toca uma nota desafinada" (Luquet, 1927), explica Luquet.

O desenho é, portanto, imperfeito quanto às relações entre as partes e às suas proporções. Para o autor, a incapacidade da criança é sintética: por exemplo, os detalhes não são situados com coerência, aparecendo equivocadamente orientados e dimensionados.

Obviamente – e Luquet não se esquece disso –, os erros de proporção e dimensão, por exemplo, de diferentes personagens não devem ser imputados necessariamente à fase do realismo fracassado; de preferência, eles devem ser compreendidos em uma perspectiva psicodinâmica, como a tradução gráfica do fantasma. Assim, o exagero de um detalhe corporal ou o tamanho desmedido de um personagem não podem ser atribuíveis apenas à inabilidade gráfica, também são determinados pela expressão fantasmática.

3. O desenho livre: Como proceder à sua análise?

DeL5

Menino de 5 anos e meio desenha o pai ao seu lado. Como é visível, ele focaliza a barriga dos personagens, mas o conjunto aparece distorcido, pouco homogêneo.

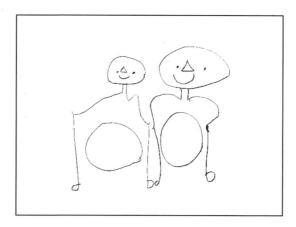

3.2.1.3 O realismo intelectual

Quando a criança tem à sua disposição as capacidades gráficas para representar objetos, nada deveria impedi-la de ser, segundo Luquet, plenamente realista, com a seguinte ressalva:

> O realismo do desenho infantil não se assemelha, de modo algum, ao do adulto: enquanto este apresenta um realismo visual, o primeiro é um realismo intelectual. No entender do adulto, um desenho, para ser semelhante, deve ser, de certa forma, uma fotografia do objeto: ele deve reproduzir todos os detalhes, e somente os detalhes visíveis do lugar em que o objeto é visto e com a forma assumida por eles desse ponto de vista; em suma, o objeto deve ser representado em perspectiva. Na concepção infantil, pelo contrário, um desenho, para ser semelhante, deve conter todos os elementos reais do objeto, até mesmo os invisíveis... (Luquet, 1927).

Assim, em certa medida, essa primeira construção infantil da realidade do mundo pode ser comparada à alegoria da caverna exposta por Platão: do mesmo modo que os homens acorrentados dentro da caverna, de costas para a luz, não concebem do real além das sombras projetadas na parede, as crianças, durante essa fase, mostram-nos um momento da implementação de seus conhecimentos a respeito da realidade exterior que liga experiência sensível e intelectualização.

DeL6

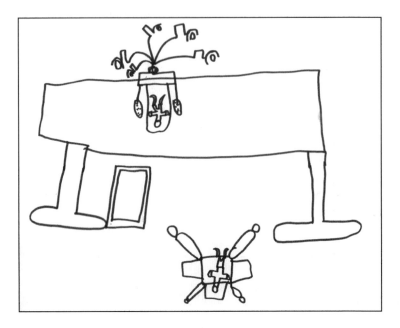

Esse menino de 8 anos representa (*imagem DeL6*) a consulta com o psicólogo. Duas pessoas de tamanhos quase idênticos estão retratadas, sem distinção nítida entre a criança e o psicólogo. Uma observação mais sutil permite localizar a cadeira giratória do terapeuta, reproduzida de maneira bastante exata, com apoios de braços e rodinhas, enquanto a criança está sentada em uma cadeira mais tradicional. Observa-se o achatamento dos pés dos assentos e dos corpos. A cena é representada a partir de vários ângulos: o assento da criança e a tampa da mesa são vistos do alto; os pés da mesa são vistos no nível dos olhos; e a cadeira giratória do psicólogo é graficamente apresentada de vários outros pontos de vista.

Os procedimentos do realismo intelectual são diversificados: pode-se notar a transparência que permite – por exemplo, quando a criança desenha uma casa – ver os objetos que estão em seu interior; ou o achatamento, que consiste em desenhar uma mesa com os pés no nível da tampa (*imagem DeL7*). Para Luquet, "esses diversos procedimentos revelam a engenhosidade da criança e a força do realismo intelectual; aliás, sua função consiste em satisfazê-las" (Luquet, 1927).

3. O desenho livre: Como proceder à sua análise?

DeL7

Uma menina de 6 anos apresenta-se "à mesa com o papai". Observemos o achatamento tanto dos pés da mesa quanto do relógio.

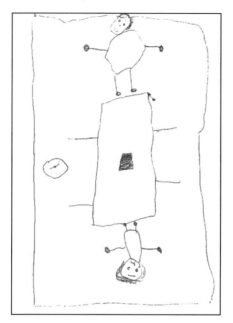

3.2.1.4 O realismo visual

Essa última fase no desenvolvimento do desenho infantil corresponde ao desenho de um adulto, que representa, no papel, o que ele vê de um objeto e não o que ele sabe a respeito dele. Em vez de achatamento, transparência ou mudança de ponto de vista, verifica-se um ângulo de visão único, uma linha de horizonte que culmina na perspectiva.

A nosso ver, a teoria de Luquet peca pela imprecisão, em especial quando ele evoca o desenho em perspectiva como se fosse o ponto culminante da capacidade para desenhar. Nesse aspecto, ele deixa a abordagem desenvolvimentista das aptidões perceptivo-representativas da criança para entrar na esfera das aprendizagens. De fato, a perspectiva não existe, *em estado natural*, no desenho do ser humano; ela é fruto de uma formação longa e complexa, tendo sido codificada pela primeira vez no Renascimento, como uma teoria geométrica: plano, linha de horizonte, pontos de fuga, projeções ortogonais etc. A perspectiva evocada por Luquet é dita *cavaleira*, isto é, um esboço de representação que sugere, por exemplo, a profundidade do objeto ou os diferentes planos de uma paisagem (*imagem DeL8*).

DeL8

Trecho de um desenho de uma criança de 7 anos (já mostrado na *imagem CrD10*). Observa-se a casa desenhada com uma perspectiva chamada "cavaleira", ou seja, um procedimento que permite a representação de um objeto tridimensional em um suporte bidimensional.

3.2.2 Sophie Morgenstern (1875-1940): os desenhos inspirados pelo inconsciente[7]

Sophie Morgenstern foi uma psicanalista de crianças, contemporânea de Freud, de origem judaico-polonesa, que desapareceu tragicamente, pondo fim aos seus dias em 16 de junho de 1940, por ocasião da entrada das tropas alemãs em Paris. Segundo Georges Heuyer, seu chefe de serviço no hospital parisiense de Pitié-Salpêtrière, ela foi a primeira – antes mesmo de Mélanie Klein – a utilizar o desenho em psicanálise infantil. No prefácio a seu livro (Morgenstern, 1937), esse psiquiatra observa o seguinte:

> Além disso, a Sra. Morgenstern inovou. Ela foi a primeira, de acordo com os nossos conhecimentos, que não se contentou em aplicar, de forma automática, o método ortodoxo de Freud. Ao invés de dar a palavra à criança, ela empregou o desenho para penetrar mais profundamente, para revelar as tendências instintivas e inconscientes da criança.

---

7. Morgenstern, S. *Psychanalyse infantile*. Symbolisme et valeur clinique des créations imaginatives chez l'enfant. Préface de Georges Heuyer. Coleção La Bibliothèque psychanalytique, 1937, 109 p. Ouvrage illustré de 77 reproductions de dessins d'enfants [N.R.].

3. O desenho livre: Como proceder à sua análise?

[...] Em outros países – por exemplo, em Londres[8] –, constatamos o uso do mesmo método, mas gostaríamos de reconhecer que a prioridade dessa invenção pertence à Sra. Morgenstern (Morgenstern, 1937).

Sophie Morgenstern recorre ao desenho de modo quase fortuito durante o tratamento, em 1926, de um caso de mutismo psicogênico. Trata-se de um menino de 9 anos e meio, Jacques R., "preso em um mutismo que durou quase dois anos" (Morgenstern, 1937), cujo único meio de expressão era o desenho. Desde a primeira consulta, a psicanalista solicita-lhe um desenho, conferindo-lhe, então, interpretações a respeito de suas produções, que são confirmadas, ou não, pelo paciente, com um sinal de cabeça. "Era assim que eu o ajudava a exprimir seus conflitos inconscientes. Eu perguntava se ele tinha alguma mágoa e, diante de sua resposta afirmativa, eu dizia: 'Faz o desenho disso para mim'" (Morgenstern, 1937; *imagem DeL9*).

DeL9
Nesse desenho, que foi o ponto de partida do nosso estudo, vemos à esquerda um garotinho, cujo olhar está repleto de medo, e que é, sem dúvida, o próprio paciente; à direita, um homem cujo filho tem medo; no céu, a lua (porque essa cena terrível acontece à noite) e um avião. [...]
Durante duas semanas, Jacques desenhou cenas de terror: um duplo assassinato, um homem assassinando um menino e ele próprio assassinado por um soldado; cabeças cortadas; pássaros e animais sob uma forma quimérica e exibindo atitudes agressivas; um homem com um bastão excessivamente longo, tocando o sino de uma igreja; um homem preso nas teias de uma aranha; uma mulher gritando para pedir socorro (Morgenstern, 1927).

---
8. Aqui, G. Heuyer faz alusão à técnica psicanalítica de Mélanie Klein.

Essa psicanalista observa que o paciente consegue livrar-se progressivamente, por meio dos desenhos, de todas as suas angústias. Ela incentiva-o, pedindo-lhe, sistemática e diretamente, para representar no papel tanto as causas de suas angústias, de seu segredo, quanto seus sonhos. Para ela, o desenho posiciona-se no vasto "campo das criações imaginativas da criança" e permite, certamente, tratar distúrbios, mas também "adivinhar uma situação familiar e estabelecer um diagnóstico" (Morgenstern, 1937).

A partir desse primeiro caso, Sophie Morgenstern (1937) aplicou seu método de "confidências por intermédio de desenhos" em vários outros casos, dos quais é possível tirar lições de alcance mais geral:

– Com frequência, nem sempre os desenhos mais bonitos são os mais interessantes para o médico. Alguns desenhos podem apresentar "um valor pictural medíocre", mas serem dotados de elevados valores simbólico e clínico, em especial quando "tentam, ao mesmo tempo, esconder e exprimir os problemas que agitam a alma infantil em sofrimento" (Morgenstern, 1937).

– Nos desenhos, a criança expõe suas preocupações e angústias de modo simbólico:

> Ele desenhava repetitivamente barquinhos em apuros pedindo socorro a um grande barco: este último recusava-se a prestar socorro sob o pretexto de que já era tarde demais. O barquinho insistia, mas não recebia socorro e naufragou; ora, os peixes exultavam de antemão com a ideia do banquete que os esperava. Parece-nos quase certo que o barquinho simbolizava nosso menininho; por sua vez, o grande, o seu pai, e os peixes provavelmente representavam seus irmãozinhos, que se deleitavam enquanto o nosso pequeno enfermo encontrava-se na clínica (Morgenstern, 1937).

– Para Sophie Morgenstern, os desenhos fornecem uma ajuda inestimável no tratamento psicanalítico de crianças. À semelhança do que ocorre na análise dos sonhos, ela dá importância a detalhes e, em especial, às dimensões e às proporções dos objetos que figuram no mesmo desenho. Dessa forma, incoerências de proporções carregam significados psicológicos: "Essa desproporção tão flagrante entre os tamanhos real e figurado dos objetos depende também, provavelmente, do valor afetivo que esses diferentes objetos tinham para a nossa menininha" (Morgenstern, 1937).

– "Ao comparar os desenhos de nossos pequenos enfermos, muitas vezes temos a impressão de que a maneira como um desenho é executado revela não somente os transtornos neuróticos de seu autor, mas também seu caráter" (Morgenstern, 1937). Assim, Sophie Morgenstern estabelece vínculos entre a representação tensa e rígida dos membros do corpo de um personagem, "uma paralisia obsessiva", por um lado, e, por outro, a presença de elementos obsessivos no autor do desenho. Ou, ao contrário, escreve ela a respeito de outra jovem paciente: "Aquela criança tinha na vida a mesma flexibilidade mental, a capacidade de adaptar-se a novas circunstâncias, demonstrada na técnica de seus desenhos" (Morgenstern, 1937).

– Seja no sonho, no conto ou no desenho, o clima afetivo determina o caráter da produção onírica, literária ou gráfica – atmosferas glaciais, tristes, alegres, punitivas, angustiantes etc. Sophie Morgenstern também presta especial atenção à expressão dos personagens representados: rosto estranho, olhar carregado de acusações, olhos desviados, sensualidade, pavor. Outros tantos elementos de atmosfera e de expressão que "indicam a profundidade do conflito e a gravidade da neurose" (Morgenstern, 1937).

Por fim, deixemos a palavra com Sophie Morgenstern, que propõe algumas reflexões em torno do desenho com base em sua prática da psicanálise infantil:

> O conflito interior era o fator de inspiração das realizações artísticas. Desse modo, sentimo-nos quase autorizados a dizer o seguinte: quanto mais profundo era o conflito e mais grave a neurose, tanto mais fecundas e originais eram as produções artísticas de nossos pacientes. Quanto mais reprimido é o conflito que a criança pretende exprimir por meio de suas criações imaginativas, tanto menos transparente torna-se, às vezes, o simbolismo delas.
>
> Quanto mais dissociada é a mente do paciente, tanto mais variados e fecundos são os recursos utilizados por ele para exprimir seus complexos (Morgenstern, 1937).

3.2.3 Françoise Dolto (1908-1988): o desenho como um rébus simbólico[9]

Tendo sido iniciada por Sophie Morgenstern à psicanálise infantil com o auxílio do "desenho livre", Françoise Dolto vai considerá-lo como

> uma expressão, uma manifestação da vida profunda. Por meio do grafismo, o sujeito exprime também suas dificuldades, seus transtornos surgem para nós não dissimulados, o desenho expõe-nos, de fato, o inconsciente do sujeito, revelando-nos, assim, seu "clima psicológico" e, portanto, representando para nós uma fotografia instantânea de seu estado afetivo (Dolto, 1948).

---

9. Palestra proferida por ocasião do Congresso Psyché. Cf. Dolto (1948).

Desse modo, a análise do desenho permite mergulhar nas camadas profundas da personalidade, identificar os organizadores da psiqué, traçar um "autorretrato inconsciente" (Dolto, 1948). De imediato, porém, observa a autora que estamos em presença de sujeitos em evolução, cuja organização psíquica é flexível, maleável e, por isso, torna-se primordial situar essa abordagem no tempo: trata-se de uma fotografia da vida emocional do sujeito em determinado instante, ou seja, o da fabricação gráfica das representações psíquicas da criança.

Nessa palestra, proferida no Congresso Psyché, em 1948, Françoise Dolto estabelece alguns pré-requisitos à interpretação dos desenhos infantis: em primeiro lugar, lembra que, às vezes, a compreensão do sentido, parcial ou total, escapa ao médico. O desenho nem sempre permite conhecer profundamente a vida psíquica da criança. Mais do que em qualquer outra área, em psicologia infantil é necessário não *forçar o sentido* do esclarecimento, tanto mais que o suporte desenho, pela possível multiplicidade das interpretações, é propício a isso. "Não há acaso em um desenho, tudo ali é necessário", escreve ela, acrescentando: "Nem sempre somos capazes de compreender todo o sentido dele". Propomos retomar essa citação, completando-a com esta forma: nem sempre somos capazes de compreender todo o sentido dele *imediatamente durante a sessão com a criança*. Como sabemos, muitas vezes só desvendamos o sentido do primeiro desenho elaborado por uma criança em psicoterapia após algumas – e, às vezes, inúmeras – sessões. Então, ao mergulharmos novamente no prontuário, juntamente à criança, para analisar trabalhos mais antigos, tomamos consciência de que "tudo poderia ter sido compreendido desde o primeiro desenho. Tudo já estava ali para quem soubesse ver" (Dolto, 1948).

Françoise Dolto explica também o seguinte: qualquer desenho livre, sobretudo se for traçado rapidamente, é impregnado pelas circunstâncias atuais da vida da criança; além disso, é sempre necessário, após a sequência de desenhos, levá-la a reconsiderá-lo em um "estudo clínico". Ou seja, durante uma conversa bastante livre e leve, em que o médico apresente um estado "de liberdade afetiva" que lhe permita "sentir dentro de si o que emana do desenho, do ponto de vista de seu clima e, em seguida, mediante a análise desses elementos, interpretá-los sempre com relação ao conjunto" (Dolto, 1948).

Tais interpretações, sublinha a autora, enriquecem as futuras produções. De fato, "quando o adulto interpreta para uma criança o seu desenho, ela manifesta-lhe imediatamente gratidão, fornecendo-lhe um material cada vez mais fecundo" (Dolto, 1948). Essa observação é es-

3. O desenho livre: Como proceder à sua análise?

pecialmente pertinente, aliás, constatada com bastante frequência pelos terapeutas que utilizam o desenho em sua prática.

Por fim, Françoise Dolto sugere que os médicos examinem determinados aspectos mais específicos e mais técnicos do desenho, relacionados por ela a interpretações (*Tabela 3.1*).

TABELA 3.1 Análise e interpretação dos desenhos

	Análise	Interpretações de F. Dolto
A composição	As bases do desenho estão traçadas? O desenho está no mesmo plano ou em vários eixos diferentes? O desenho dispõe de uma moldura delimitada? Qual é o tamanho do desenho?	O sujeito está enraizado em algo sólido e real na vida? Não há uma cisão na personalidade do sujeito? O sujeito vive na realidade e em certa harmonia com o mundo ao seu redor? O sujeito tem confiança em si? Ele atreve-se a exprimir-se? Não se esquiva de uma parte de si mesmo?
O tema	Há uma ausência total de personagens? Essa ausência é constante? Quais são os animais representados e qual pode ser seu significado? Ele aprecia o mundo vegetal? Suas árvores e flores têm raízes, estão cortadas ou se limitam a tocar a terra?	O sujeito participa do mundo dos humanos ou vive dentro de si mesmo? Será a tradução de instintos agressivos ou a liberação de instintos muito violentos que assustam o sujeito?
O grafismo e as cores	Os traços são fracos ou fortes? As cores são escuras ou claras, desbotadas ou fortes?	Conforme as circunstâncias, eles revelam timidez, inquietação ou, então, violência, autoconfiança, ou, ainda, um desejo de afirmar-se e existir. As cores informam-nos sobre a tonalidade afetiva do sujeito. Tons escuros ou desbotados correspondem, geralmente, a um estado depressivo; claros ou violentos, a um humor menos sorumbático. As associações que o sujeito estabelece entre as cores frequentemente são muito importantes para a interpretação – cores "de menina" ou cores "de menino", cores feias, tristes, malvadas, de que eu gosto, de que eu não gosto, que fulano acha legal etc.

Por meio da análise e da interpretação do desenho, Françoise Dolto revela-nos a situação do sujeito com relação a si mesmo e ao mundo:

> O estudo de sua vida instintiva elucida-nos, por um lado, sobre sua vitalidade, seu apetite e equilíbrio, relativamente a seu metabolismo (instintos vegetativos), necessidade de ar, água, luz, comida; e, por outro, sobre sua agressividade, sua passividade (instintos animalescos), suas necessidades motoras e produtivas (Dolto, 1948).

3.2.4 Daniel Widlöcher (1929-2021): esboçar um retrato psicológico

A abordagem de Daniel Widlöcher é um pouco diferente do enfoque de F. Dolto. Para esse professor de psiquiatria e psicanalista francês, o interesse principal de um psicólogo, ao invés de ficar concentrado no desenho, deve, de preferência, incidir sobre o ato de criação porque

> o desenho infantil tem um fraco valor informativo: nada nos ensina a seu respeito e a única coisa que nos atinge é o seu valor de comunicação pessoal. Por intermédio desse testemunho, a criança revela não somente determinadas aptidões práticas (habilidade manual, qualidade perceptiva, boa orientação espacial), mas, sobretudo, características da personalidade (Widlöcher, 1965).

Para esse autor, o desenho é uma tarefa fácil de realizar, agradável, recorrendo principalmente ao imaginário, o que só faz aumentar o seu valor expressivo. Sem demasiadas instruções, no contexto do *desenho livre*, ele reflete a visão de seu autor e, por conseguinte, "constitui, de certa forma, uma abordagem projetiva". A criança fornece, assim, "certo retrato psicológico" de si mesma.

Para proceder a uma análise mais aprofundada do desenho – "expressão dos sentimentos e do caráter" –, Daniel Widlöcher sugere uma abordagem em três níveis.

3.2.4.1 O valor expressivo do desenho

Ele depende, em grande parte, do gesto gráfico. Os traços produzidos na folha já são um reflexo do temperamento, quase fisiológico, da criança, no momento em que ela está realizando o desenho. Há traços vigorosos, rápidos e até mesmo agressivos, correndo o risco de esburacar o suporte; e, pelo contrário, aqueles que se mostram hesitantes, limitam-se a tocar a folha com timidez, tornando-se quase invisíveis. Com raras exceções, e desde a mais tenra infância da criança que desenha, há uma concordância entre "a expressão gráfica e o humor, o caráter" (Widlöcher, 1965).

A utilização do **espaço** é um dos agentes do valor expressivo de um desenho. A posição do desenho na página é importante. No entanto, com razão, Daniel Widlöcher mantém grande reserva no que diz respeito às interpretações simbólicas ligadas ao uso da superfície gráfica; com efeito, embora existam significados singulares que correspondem a determinada criança, evidentemente, eles não são generalizáveis a todas as crianças.

3. O desenho livre: Como proceder à sua análise?

3.2.4.2 Os valores expressivos da cor

Na maior parte das vezes, a expressividade por meio das cores está intimamente ligada à expressividade pelo traço (*Tabela 3.2*), que pode ser duro ou elástico, forçar ou raspar o suporte, privilegiar os ângulos ou, então, as curvas. Assim, tanto os traços quanto as cores adquirem um valor de metáfora: "um rosto anguloso", "vermelho de raiva", "verde de medo" (Widlöcher, 1965).

TABELA 3.2 Sugestões para a interpretação das cores

Cores	Sugestões de D. Widlöcher para a interpretação
Combinações de cores	Certas combinações dão uma impressão de harmonia, de coerência; outras, pelo contrário, provocam um efeito de colisão.
Cores expressivas da luz e do céu	Elas acompanham sempre ideias de pureza e de virtude, de sabedoria divina.
Cores quentes	Elas são, em seu conjunto, um privilégio de crianças abertas, bem-adaptadas ao grupo.
Cores neutras	Elas caracterizam crianças fechadas, independentes e, quase sempre, agressivas.
Vermelho	É a cor preferida de crianças pequenas; mais tarde, ela exprime impulsos de hostilidade e disposições agressivas.
Preto	Expressa inibição, medo, ansiedade.
Alaranjado	Essa cor exprime, frequentemente, um estado de espírito feliz, descontraído.
Marrom	Muitas vezes, está ligado à necessidade de conspurcar.
Verde	Pode exprimir uma reação contra uma disciplina muito rigorosa.
Roxo	Com frequência, está ligado a tensões conflitantes.
Superposição de cores	Exprime um conflito de tendências.
Isolamento de cores	Revela rigidez e temor.
Mistura sem discriminação	Expressa imaturidade e impulsividade.

3.2.4.3 O valor projetivo

Para Daniel Widlöcher, a interpretação do desenho assemelha-se à do sonho; desse modo, convém evitar interpretá-lo referindo-se, quase mecanicamente, a uma *chave do estetismo*, na falta de uma *chave dos sonhos*. Considerando que não há nenhum código para decifrar o desenho, o acesso a esse registro de significado necessita "obter da criança associações de pensamentos, repetições de desenhos" (Widlöcher, 1965) –

sábia precaução que convida o médico a frear seu desejo interpretativo em proveito do aprofundamento da relação com seu jovem paciente.

Demonstrar discernimento a respeito de um desenho é também distinguir o que depende do desenvolvimento psicomotor, da maturação neurofisiológica, e o que está ligado à singularidade do funcionamento psicoafetivo do sujeito.

> Qualquer estudo da interpretação do desenho supõe previamente que saibamos em que medida o grau de maturações perceptiva, visual e intelectual interfere na escolha das formas e dos temas. Somente após estudar o desenvolvimento do gesto gráfico e, em um segundo momento, identificar como o desenho, antes de ser uma reprodução dos dados da percepção, é um sistema de escrita da criança, é que poderemos abordar o problema da interpretação (Widlöcher, 1965).

Baseando-se nos trabalhos de Françoise Minkowska (1882-1950) – psiquiatra e psicanalista francesa, de origem polonesa –, Daniel Widlöcher descreve dois tipos de criança: por um lado, a criança sensorial que "aprecia as acumulações, o que dá ao seu desenho uma impressão de extrema riqueza. [...] Tudo vive, tudo se agita" (Widlöcher, 1965); por outro, a criança racional para quem

> o desenho prevalece em relação às cores, as quais, ao serem utilizadas, servem apenas para enfeitar um elemento do desenho. A construção é, aqui, exata e equilibrada, mas estática, rígida. [...] A simetria predomina, enquanto o espaço está longe de ser preenchido, de modo que os objetos deixam entre si superfícies vazias (Widlöcher, 1965).

Obviamente, essa tipologia – explica o autor – apresenta desvantagens semelhantes àquelas de qualquer classificação binária; ela deve, portanto, ser utilizada com precaução, porque nossa prática clínica mostra que se trata de um *continuum* que vai da expressão guiada essencialmente pela emoção para uma certa racionalidade, muitas vezes, imbuída de rigidez. Não se deve esquecer que a finalidade das chamadas produções "anteparos" consiste justamente em filtrar, em colocar à distância, enfim, em criar um resguardo para evitar a expressão de sensações, de sentimentos mais profundos e de emoções.

3.2.4.4 O valor narrativo

Na maior parte das vezes, é a criança sozinha, mesmo quando o adulto lhe pede um desenho, que escolhe o tema, determinado normalmente por duas séries de motivações: "o desejo de representar tal objeto e o prazer de reproduzir certas cadeias gráficas habituais" (Widlöcher, 1965).

3. O desenho livre: Como proceder à sua análise?

Para Daniel Widlöcher, o valor narrativo estabelece também referências à atualidade, ao mundo exterior, mas talvez, sobretudo, ao universo imaginário da criança, que irá refletir-se no desenho. "Aquilo que ela é incapaz de nos dizer a respeito de seus devaneios, de suas emoções, em situações concretas, ela indica-nos por meio de seus desenhos" (Widlöcher, 1965).

É claro, observa ele, um único desenho não basta para ter acesso ao universo imaginário da criança – é preferível proceder a "uma análise comparativa de uma série de desenhos da mesma criança, buscando temas comuns".

DeL10

Esse lindo desenho (*imagem DeL10*) é o trabalho de uma garotinha de 6 anos e meio. Na sequência de uma mudança de casa, ela troca de escola e experimenta uma forma de ambivalência: o desgosto por ter deixado lugares conhecidos, coleguinhas apreciados, e o prazer de habitar um apartamento mais amplo, de ingressar em uma nova escola, na qual a mãe havia aprendido as primeiras letras.

Então, ela representa flores, bem-arrumadinhas, quase idênticas, a não ser pelos tamanhos, que são diferentes, como ocorre em todos os grupos de crianças. À esquerda, a flor de menor porte (observemos que essa menina está um ano adiantada) ainda não se integrou totalmente ao grupo. O sol dirige seu olhar benevolente na direção dela e as nuvens parecem bastante leves.

Com certeza, trata-se de um desenho otimista, cuja função consiste em preparar-se, mentalmente, para a mudança, para novos encontros e para as incontornáveis dificuldades de integração, mas com uma sólida confiança no fato de que todas as crianças assemelham-se e de que ela terá um bom começo de ano letivo nessa nova escola.

3.2.5 Jacqueline Royer (1912-2007): o desenho é uma linguagem (Royer, 1995)

Para Jacqueline Royer, o desenho é "uma linguagem universal" própria à humanidade inteira, sejam quais forem as épocas ou os lugares. Evidentemente, embora reconheça as especificidades culturais, essa especialista em psicologia infantil insiste, em seus textos, sobre as invariantes e os universais, designando-os como "a língua do desenho": eles transcendem os particularismos de natureza social, civilizacional e cultural. Assim, ela situa-se abertamente em uma perspectiva universalista que nos parece difícil de sustentar, tanto é que as especificidades culturais e educativas ainda permanecem – em nosso planeta, embora globalizado – tão arraigadas, além de infiltrarem as produções humanas não comerciais, entre as quais as das crianças.

Ao contrário, Jacqueline Royer descreve, sob outro ângulo, o desenho infantil como um "diário íntimo", "uma correspondência consigo mesmo" (Royer, 1995), que deixa o jovem desenhista ter acesso ao seu universo interior, a uma compreensão íntima de seu funcionamento psíquico. Ainda nesse aspecto, mesmo que o desenho seja um bom indicador da psicopatologia de uma criança, não achamos que, por si só, ele introduza à introspecção. Na realidade, seja qual for o suporte – brincadeira, desenho, conversa, psicodrama etc. –, é o próprio sujeito que carrega, ou não, capacidades suficientes de elaboração psíquica, aliás, as únicas capazes de permitirem aproximar-se de uma forma de autoanálise.

– **Método geral de tradução do desenho**

Sob essa terminologia, Jacqueline Royer elabora uma metodologia para a interpretação do desenho, baseando-se na analogia entre o desenho e a literatura: "À semelhança dos gêneros literários há também gêneros gráficos" (Royer, 1995). Por isso, em sua opinião, existem três formas para se ler um desenho:

– **A leitura rápida ou intuitiva.** Trata-se de um modo espontâneo de conhecimento que recorre à contemplação, intensa e passiva, da obra. O médico deve adotar uma atitude sem, *a priori*, a fim de sentir profundamente as emoções suscitadas pelo desenho. Para Jacqueline Royer, essa leitura rápida e intuitiva lança mão da perspicácia clínica, "que se alimenta da vivência inconsciente do terapeuta, mas também dos conhecimentos que ele tiver adquirido e de sua experiência" (Royer, 1995).

– **A leitura normativa.**

> O objetivo da leitura normativa do desenho consistirá em situar o autor do grafismo, tal como ocorre em uma aula de francês, na tentativa de situar o autor de um texto desconhecido, observando nele a presença de certas particularidades (vocabulário, construções de frases, expressão etc.), identificadas em textos muito conhecidos, como se fossem específicas de uma época, de um nível cultural, de uma região e de uma forma de lógica (Royer, 1995).

Aqui, em vez de enfatizar a singularidade da personalidade do sujeito que realiza o desenho, sublinha-se a comparação com os colegas no que diz respeito à qualidade da realização. Faz-se referência a uma padronização, ou seja, aos desempenhos de uma amostra de população análoga: "Será que a maneira de desenhar da criança examinada corresponde à maneira de desenhar das crianças da mesma idade? Ela está atrasada ou adiantada com relação a elas?" (Royer, 1995).

– **A leitura analítica.** Esta última etapa da análise do desenho infantil permite identificar "em que aspecto o sujeito em questão diferencia-se da massa, o que ele tem de peculiar e, até mesmo, de original, tornando-o um ser único". Ao retomar sua comparação do desenho com um texto literário, Jacqueline Royer escreve que "o primeiro trabalho do tradutor consistirá em observar particularidades nessa *página de escrita*" (Royer, 1995). Em seguida, obviamente, o *tradutor-psicólogo* irá debruçar-se sobre o tema do desenho, o "léxico" utilizado, e, depois, a forma, o movimento e, por fim, a cor.

3.2.6 Annie Anzieu (1924-2019): o psicanalista e a criança desenhista (Anzieu, A., 2008)

Annie Anzieu, psicanalista, utiliza o desenho da criança em seu trabalho terapêutico. Ela define o desenho como se situasse "em um nível intermediário entre a brincadeira e a fala"; além disso, considera que "a criança, desde que tem consciência de deixar um traço por intermédio de um instrumento, é capaz de utilizar esse meio como um equivalente das associações livres adotadas na análise dos adultos" (Anzieu, A., 2008). Aqui, a autora retoma a técnica empregada por Mélanie Klein na psicanálise infantil.

É claro que, no contexto específico do tratamento psicanalítico, Annie Anzieu nunca pede para a criança desenhar tal como ocorre na nossa prática do exame psicológico. Assim, além de papel e lápis, seus pequenos pacientes têm à disposição material de modelagem e brinquedos, a serem utilizados, ou não, por eles conforme seus desejos. A partir desse momento, ela notou que "o desenho surge como uma parte da expressão livre do paciente, inscrevendo-se no desenrolar do processo transferencial" (Anzieu, A., 2008).

A realização gráfica não pode ser, então, interpretada em si, mas somente observando a transferência no analista e no ambiente do qual o material de desenho faz parte.

Entre os textos de Annie Anzieu (1996, 2008), selecionamos, fora de seu contexto, algumas observações, reflexões e aforismos que nos fizeram refletir:

> O traço que limita um espaço reconhecível é definido tanto pelo interior quanto pelo exterior; no exterior, ele é percebido como o traçado dos limites de conteúdos interiores que ele contorna.

> Uma criança, cujos desenhos nos parecem agradáveis por serem "bem-feitos", não é necessariamente uma criança que está bem. [...] O próprio traçado do desenho pode ser um sintoma, assim como uma linguagem bastante elaborada: a bela linha de um invólucro pode esconder o caos ou o vazio.

> A beleza linear dos desenhos de algumas crianças durante a sua cura analítica leva o analista a correr o risco da sedução. [...] Seja qual for o sucesso do traçado, o analista deve encontrar ali o rastro dos fantasmas, dos conflitos psíquicos, dos objetos internos da criança.

> A folha em branco, representante do eu-pele – superfície de apoio como é, na origem, o envelope materno –, fornece um espaço superficial ao desenhista.

> O caráter de persistência estabelece a distinção entre o desenho e a fala: "verba volent".

> Por intermédio de suas transformações e de seus destinos durante a consulta, o desenho significa a possibilidade de uma continuidade do Ego e de suas manifestações. Assim, algumas crianças continuam e corrigem, completam, modificam um desenho durante várias consultas.

> Entre os materiais que organizam o desenho, a cor manifesta, em especial, os movimentos afetivos. [...] A cor confere-lhe sua tonalidade afetiva.

> Assim, são determinadas as habituais associações de calor (amarelo), frio (cinza, azul) e violência (vermelho).

> Uma separação nítida entre os espaços coloridos determina recipientes compartimentados contra a continuação afetiva manifestada pela atração de uma cor pela outra.

4

Expressões de sintomas pelo desenho

Os desenhos, seja qual for sua qualidade estética, são testemunhas bastante diretas do universo psíquico de seu autor. No entanto a análise deles permanece difícil, semeada de armadilhas: a crença em sobredeterminações – ou seja, acreditar "que a avaliação, seja ela superior ou inferior, ao valor real de um detalhe gráfico remete necessariamente a um significado inconsciente" (Guillaumin, 1959) –, assim como o desejo de fazer interpretações, muitas vezes pouco convincentes, quase sempre inverificáveis, acabam denegando o sujeito.

A correta abordagem profissional consiste em extrair uma significação do desenho apenas se ela estiver em conformidade com os outros dados oriundos das consultas e do exame psicológico.

4.1 AS FACETAS DA ANGÚSTIA E DA ANSIEDADE

De imediato é importante lembrar que não existem possibilidades de vida sem manifestações de angústia, que é consubstancial ao ser humano, acompanhando o seu desenvolvimento e a sua maturação psíquica. São sobejamente conhecidas as angústias de aniquilação dos bebês, as angústias de perda do objeto preferido e, por fim, as angústias de castração que emanam do complexo edipiano: todos esses diferentes tipos de angústia pontuam, com manifestações mais ou menos "barulhentas", os primeiros anos de vida de uma criança, sob a forma de momentos de aflição, choros, dificuldades para dormir, pesadelos, terrores noturnos, fobias.

A angústia está intimamente ligada à vida porque não existe desenvolvimento ou maturação sem as inevitáveis frustrações e os conflitos internos que engendram os afetos de angústia experimentados pelo Ego. Ansiedade e angústia referem-se ao sentimento da iminência de um perigo (muitas vezes incerto, indefinido), e mesmo que, para a angústia, o perigo possa ser considerado interno ao sujeito, enquanto para a ansiedade o perigo, real ou fantasiado, esteja situado no exterior, no ambiente próximo (família, escola, colegas) ou mais distante (aquecimento global, pandemia etc.), além de dar a impressão de ser impossível de combatê-lo ou reduzi-lo, na prática, ansiedade e angústia permanecem ligadas intimamente na medida em que o desenvolvimento da criança encontra-se sempre no exato cruzamento de fatores tanto endógenos, pessoais do sujeito, quanto exógenos, relativos ao seu ambiente (Golse, 2008).

Ang*1
Desenho feito por uma criança de 5 anos e meio com deficiência motora. "Um pássaro com um olho potente, muito perigoso, que vai atacar a Terra". Aparentemente, as angústias internas encontram uma saída nessa produção mediante o recurso à ansiedade relacionada às mudanças climáticas.

As manifestações de ansiedade em crianças são polimórficas e difíceis de caracterizar como patológicas: em primeiro lugar, a ansiedade continua sendo a companheira do desenvolvimento normal da criança e, como tal, parece ser muitas vezes transitória. Em seguida, a criança – que permanece um ser em processo de organização psíquica – pode apresentar episódios agudos com sintomas, comportamentos inusitados, sem que eles sejam a manifestação de uma patologia psíquica incipiente.

---

*Ang = Angústia [N.R.].

4. Expressões de sintomas pelo desenho

Estamos pensando em crianças, por exemplo, que quebrou a vidraça de uma porta francesa porque – sozinha em casa, numa noite de inverno – ela interpretou um reflexo como um monstro do qual tentou se proteger batendo nele; ou outro menino de 9 anos que ia para a aula com uma faca na mochila para se proteger de eventuais perigos, não identificados, indefinidos, no caminho para casa, *ao lusco-fusco**. Comportamentos que alertaram familiares e professores, exigindo uma consulta, no entanto não chegavam a sinalizar uma patologia, mas um episódio agudo de ansiedade.

4.1.1 Angústia e organização do Ego

Em outros termos, a angústia, companheira inseparável do desenvolvimento de todas as crianças e dos adultos, não carrega, em si, um caráter patológico.

> Ela revela os efeitos do trabalho psíquico quando o sujeito deve enfrentar determinadas situações: prova escolar, procura de emprego, tensão com um ente querido, luto etc. A capacidade para sentir e suportar a angústia sem se desorganizar, nem buscar eliminá-la a qualquer preço, demonstra uma suficiente *saúde* psíquica (Ferrant, 2007).

Assim, a angústia está presente em cada um e, se for tolerada e elaborada, dá testemunho de uma boa constituição psíquica.

Costuma-se distinguir medo, pavor e angústia. Os dois primeiros termos referem-se a um perigo real, não inventado: o medo é uma reação sadia que permite ficar vigilante em relação à existência do perigo e reagir combatendo-o ou evitando-o; quanto ao pavor, é o medo alçado ao seu paroxismo, quando ele petrifica e impede de reagir. A angústia, por sua vez, surge do confronto com um perigo interno:

> Os objetos considerados ameaçadores, causando o surgimento da angústia, são internos e, paradoxalmente, sem representação. O que faz a angústia surgir é a impossibilidade em que se encontra o sujeito para resolver totalmente, em seu benefício, uma situação de conflito interno entre os objetos de seu desejo e aqueles que o ameaçam com represálias. O que faz a angústia surgir é a impossibilidade em que se encontra o sujeito para representar a si mesmo no conflito (Birraux, 2009).

**No original: *entre chien et loup* – literalmente, entre o cachorro e o lobo; expressão usada para indicar o entardecer, ou seja, momento em que, devido à fraca luminosidade, é difícil distinguir entre um cachorro e um lobo [N.R.].

A angústia é um afeto experimentado diante de um perigo interno que a ausência de representação torna ainda mais inquietante. Por isso, nos desenhos infantis, ao invés de identificar uma encenação do conflito interno que é fonte de angústia, trata-se de avaliar, pela qualidade das produções, o nível de organização do Ego, de acordo com esta descrição da psiquiatra, psicanalista e professora universitária Annie Birraux:

> Desde [as angústias], arcaicas, de queda e fragmentação, estudadas de perto por Winnicott junto aos seus pequenos pacientes, até aquelas, mais tardias ontogeneticamente, de separação e castração, das quais Freud dá uma interpretação, daí em diante, clássica na psicanálise do pequeno Hans, o diferencial de qualidade desses estados, efetivamente não semelhantes em sua expressão – que pode ir desde agitação e choros até dificuldades para dormir, pesadelos e terrores noturnos –, é determinado essencialmente pelo nível de organização do Ego, ou seja, de seus mecanismos de defesa, da consciência que o sujeito tem de si mesmo e de sua capacidade para enfrentar situações que o ameaçam do ponto de vista fantasmático (Birraux, 2009).

As crianças não sabem descrever sua angústia – nem *a fortiori* os conflitos internos que a desencadeiam –, salvo por meio das manifestações somáticas, corporais, dores de cabeça, de barriga, faltas de ar, palpitações, tremores etc., que a acompanham. A criança sente um sofrimento confuso, doloroso, mas não consegue elaborá-lo, ou seja, verbalizá-lo, nem expressá-lo, mediante representações picturais. Na maior parte das vezes, sua vida interior é um mistério para ela; em compensação, o psicólogo escuta – o que é consubstancial à sua posição – o sofrimento da criança, tentando identificar o tipo e os conflitos internos que estão em sua origem. As ferramentas do terapeuta normalmente são a conversa, os testes projetivos, as brincadeiras e, é claro, o desenho.

No entanto, às vezes, a angústia associa-se a uma representação que adquire, então, um valor fobiogênico, descrito perfeitamente pela psicanalista infantil Annette Fréjaville:

> Nem todas as angústias tornarem-se fobias deve-se ao fato de que a fobia deriva de uma angústia anterior. Desde que investidos de forma pulsional, verifica-se a distinção entre o Ego e o objeto, então manifesta-se a angústia: se ela pode associar-se a uma representação e, depois,

4. Expressões de sintomas pelo desenho

assim lastreada, ser projetada no exterior, tornando-se medo, medo de algo, o lugar de projeção perceptivo torna-se um objeto fobiogênico. O sujeito pode, então, evitar a angústia desde que não encontre a percepção que suscita a fobia e contanto que a associação da angústia à percepção permaneça sólida (Fréjaville, 2010).

4.1.2 Desenhos de angústia

A angústia acompanha a vida adulta e o desenvolvimento da criança: não sendo, em si, patológica, ela pode ser, às vezes, tolerada, ligada a representações, ou submerge das barragens psíquicas. Experimentada, obviamente, pelas crianças, que sentem um sofrimento, para elas, difícil de representar a si mesmas e de compartilhar, inclusive através de um desenho.

Por ocasião de entrevistas com as famílias, elas frequentemente descrevem as crianças como muito vigilantes, até mesmo hipervigilantes, sensíveis ou hipersensíveis, às dificuldades da vida (pessoais ou profissionais) dos diferentes membros da família. O desejo dos pais é que elas fossem mais descontraídas, menos sérias, levando uma vida mais condizente com o que eles imaginam ser a despreocupação da infância; muitas vezes, os próprios pais foram crianças "ansiosas" e ainda exprimem múltiplas inquietações sobre a vida, a sociedade, o futuro. São crianças que se deixam afetar pelas grandes catástrofes mundiais ou pelos acontecimentos locais.

Uma delas, por exemplo, mencionou o falecimento de um diretor de escola que trabalhava em uma cidade vizinha. Na verdade, ela não o conhecia – aliás, nunca tinha ouvido falar a seu respeito –, ficara sabendo dessa informação durante uma competição esportiva entre escolas, e fez com que a notícia amadurecesse, produzisse frutos, acabando por comunicá-la vários meses mais tarde.

Outra menina, de 8 anos, contou que os dois acontecimentos mais marcantes para ela haviam sido o acidente do avião supersônico Concorde, em dezembro de 2000, e os atentados de 11 de setembro de 2001; ora, tendo ocorrido bem antes de seu nascimento, ela tinha visto as imagens do que foram, realmente, duas grandes tragédias, e as descreveu ao psicólogo.

Ang2

Desenho de um menino de 9 anos, que represente o acidente com a aeronave da Germanwings.

Esse menino de 9 anos de idade foi à consulta por sentir angústias muito intensas, que se manifestavam em casa, por temores à noite, no momento em que ia para a cama, e por pesadelos repetitivos. Garoto hipervigilante, ele tinha ficado muito impressionado com o acidente espetacular do voo 9525 da companhia Germanwings, ocorrido em 24 de março de 2015, nos Alpes, como desfecho do ato voluntário do copiloto. Muitas crianças tomaram conhecimento desse trágico acidente, no entanto ele ficou atraído mais do que outras por essa notícia e quis saber mais detalhes, questionando os pais, assistindo ao jornal televisivo, sendo profundamente afetado por esse acontecimento.

À proposta do psicólogo para realizar um desenho livre (*imagem Ang2*), obviamente é o acidente que é representado, com os helicópteros das equipes de resgate e um blindado da polícia, montanhistas. Ainda aqui, esse desenho – ingênuo no plano formal, embora evoluído no plano psicodinâmico – assume a função de um termômetro da angústia: seu nível é elevado para uma criança que apresenta evidentes capacidades psíquicas de elaboração.

Por que tais crianças são atraídas por acontecimentos trágicos? Por que imagens vistas no telejornal da noite provocam tamanha repercussão em sua psique? Por que ele é impelido a repetir tais imagens, às vezes, de forma compulsiva?

4. Expressões de sintomas pelo desenho

Na realidade, parece-nos que tais crianças são vulneráveis a uma angústia flutuante, cuja elaboração é, para elas, difícil, e à qual não conseguem associar nenhuma representação: tornam-se, assim, ávidas de representações e de acontecimentos graves à altura da angústia experimentada, a fim de serem capazes de colar palavras e imagens trágicas à sua vida interior, que vem a ser, então, mais compreensível e bastante delimitada.

4.1.2.1 A necessidade de representações

Ang3
Menino de 8 anos que representa os "motins no subúrbio", 1º desenho.
(Texto da ilustração, no alto, à esquerda: subúrbio)

É exatamente o caso desse menino de 8 anos, que realiza vários desenhos, colocando em cena motins no subúrbio (*imagem Ang3*), um veículo cuspindo fogo e um *rapper* na moda, e outros tantos elementos portadores de violência, de agressividade e, de certa forma, de destruição, que, a nosso ver, ajustam-se à angústia experimentada por seu Ego.

Esse garoto havia vivido situações de aflição e, certamente, não tinha contado, quando ainda era bebê, com pessoas a sua volta que lhe inspirassem confiança, permitindo-lhe a mentalização e a elaboração da angústia. Ele ainda então parecia estar sozinho, sem o apoio de um ambiente familiar ou terapêutico que o ajudasse a tratar um pouco da angústia. Então, em um movimento quase de desespero, ele buscou e colocou em cena, de forma compulsiva, representações que, em seu imaginário, correspondiam aos afetos de angústia experimentados.

Outra cena caótica de subúrbio (*imagem Ang4*), com uma pessoa carregando uma arma, jovens pulando do alto de prédios e – acrescentou ele oralmente, como se quisesse indicar, com maior precisão, o seu sofrimento – um bebê que se enforcou. Deve-se notar que o menino em questão não residia na periferia, mas tirava suas representações do telejornal da noite.

Ang4
Menino de 8 anos que representa os "motins no subúrbio", 2º desenho.

"Angústias de separação e castração vivem dissimuladas, travestidas, mas prontas para ressurgirem na primeira oportunidade e, antes de tudo, quando as situações atravessadas reatualizam, mais ou menos, as situações originais que as engendraram" (Birraux, 2009).

4. Expressões de sintomas pelo desenho

Ang5

Garoto de 6 anos, "um castelo em que os cavaleiros são submetidos à tortura".

Essa criança de 6 anos atualmente vive – e com intensidade – o conflito de separação dos pais. Nenhuma representação consegue acalmá-la, nem mesmo quando – por exemplo, nesse desenho (*imagem Ang5*) – ela ilustra um castelo maciço, protegido duplamente por muralhas com ameias, inatacável. Rapidamente, o desenho agita-se, desferem-se pancadas, jorra o sangue, além do comentário que acrescenta: "Trata-se de um castelo em que os cavaleiros são torturados durante três dias".

A angústia pode exprimir-se também nos detalhes, em conteúdos específicos; sublinhemos, por exemplo, aqueles que compõem, em Rorschach, o indício de angústia. "Existe um fator de recapitulação, que agrupa respostas evocando os detalhes das figuras humanas, as anatomias (*imagem Ang6*), as respostas sangue (*imagem Ang7*) e sexo" (Rausch de Traubenberg, 1970).

A angústia exprime-se também em desenhos que apresentam diretamente monstros assustadores e devoradores que atacam ou ameaçam atacar de forma direta as crianças.

Ang6

Menino de 9 anos que é vítima, segundo ele, da maldade gratuita dos outros. Muito ansioso, quase sempre irritado em casa, ele mostra suas angústias em um desenho sombrio e perturbador, com a expressão da agressividade (representação de uma faca manchada de sangue, dentes representados na cabeça da esquerda), angústia da morte (mancha de sangue à esquerda, inscrição evocando a morte, manchas escuras). Talvez, suplantado ou preocupado com seu desenho, o autor tenta tranquilizar-se, contrabalançar a atmosfera de ansiedade engendrada por ele, escrevendo, na parte de baixo da folha, à direita, "LOL" – do inglês *Laughing out loud* – expressão que, nas redes sociais, simboliza o riso, a diversão, a ironia.

Ang7

Três desenhos elaborados por uma menina muito jovem de 4 anos. Suas angústias manifestam-se, em particular, por pesadelos, pela impossibilidade de dormir sozinha (ela vai deitar-se na cama da irmã mais velha), além de múltiplas fobias. No desenho aparecem gatos – normalmente animais tranquilos e apreciados pelas crianças –, que se tornam nele monstros que cortam crianças com tesouras e as devoram. Como evitar fazer uma conexão do presente desenho com a história dessa criança, que foi doadora de medula óssea para sua irmã mais velha, que sofre de uma doença do sangue?

4. Expressões de sintomas pelo desenho

Esse desenho (*imagem Ang8*), elaborado por uma criança de 7 anos, é particularmente interessante pelo fato de representar um detalhe anatômico muito pouco comum: os pulmões. O personagem projetado no papel parece triste, usa um boné engraçado e é identificado como o pai do autor do desenho. A representação dos pulmões remete ao corpo, à sua interioridade e, por conseguinte, sinaliza a fragilidade do invólucro que o contém; aqui há um exemplo do funcionamento psíquico no processo primário.

Ang8

Menina de 7 anos e meio representa o pai com os pulmões.

> O funcionamento mental obedece a dois regimes: o dos processos primários lida com a circulação livre da energia, com processos automáticos de descarga e com o pensamento associativo descontrolado, enquanto o dos processos secundários sustém o Ego, instância de adaptação ao real, obstruindo o processo primário ao obrigá-lo a reter a descarga, a elaborar o pensamento e a levar em consideração as restrições da realidade na satisfação das necessidades pulsionais (Chabert, 2004).

4.1.2.2 Produções secundarizadas

Muitas vezes, os desenhos diferem de uma criança para outra pelos temas abordados e pelo nível de intensidade das angústias subjacentes, mas também pela qualidade das representações; algumas, como vimos anteriormente, mostram um carácter instintivo, direto, expressão do processo primário, enquanto outras lidam, por sua dimensão metafórica, com um acesso possível à simbolização e à "integração dos processos primários aos processos secundários, permitindo ligar as representações" (Anzieu & Chabert, 1961).

Ang9

Garoto de 7 anos e meio. Os fantasmas noturnos que voltam todas as noites e despertam quem está dormindo.

Essas produções, chamadas secundarizadas, colocam em evidência o trabalho do pré-consciente, ou, dito em outras palavras, elas são o resultado de uma elaboração psíquica, de uma representação no palco do pequeno teatro íntimo. O menino mostra-nos sua capacidade para fazer um roteiro, simbolizar e explicar, por metáforas em imagens, seu confronto com as frustrações e os conflitos inevitáveis da vida; assim, ele pode, para usar uma expressão comum, tomar distância em relação a eventos vivenciados por ele ou pelas pessoas a sua volta e, desse modo, amortecer o impacto deles em seu psiquismo.

4. Expressões de sintomas pelo desenho

Ang10

Menino de 8 anos. Num desenho que mistura humor e angústia, ele evoca suas dificuldades para adormecer devido, segundo ele, às representações, às imagens que incomodam as suas noites.

Eis o que é ilustrado nos desenhos (*imagens Ang9* e *Ang10*), realizados por dois meninos: o primeiro de 7 anos e meio e o outro de 8 anos. Trata-se de crianças que exprimem medos noturnos, que têm pesadelos, levando-os, às vezes, a correrem para a cama da mãe no meio da noite. Em ambos os casos, a vida não tinha sido fácil para as famílias, nem para as crianças: perda de referências, separação, preocupações em relação ao dia de amanhã etc. No entanto esses dois garotos também tinham em comum a capacidade de exprimirem-se por imagens, para simbolizarem e representarem, de maneira metafórica, as angústias que os obcecavam: o primeiro colocou em cena um fantasma ciclope, sorrindo, que atravessava a porta e dirigia-se para uma caminha, conforme é indicado pelas setas, a fim de aterrorizar o seu ocupante. O outro, por sua vez, elaborou um quadro com os elementos que lhe simbolizavam medo: um morcego, ossos e um zumbi. Os autores desses desenhos, de alguma forma, executaram uma obra cultural pelo fato de lançarem mão de elementos simbólicos da respectiva cultura para evocarem as suas angústias.

Ang11
Produção de um menino, de 8 anos, "um T-Rex fosforescente".

Esse desenho (*imagem Ang11*) foi realizado de acordo com os "cânones" dos processos secundários, de tal modo que se verifica a presença de todos os elementos simbólicos da angústia: a cor preta, símbolo da morte, e a ocupação de toda a folha, não deixando nenhum espaço para a ausência, para o vazio, o branco, além de evitar a emergência de afetos depressivos. Por fim, a representação de um esqueleto, igualmente um símbolo da morte, e, ainda por cima, um esqueleto fosforescente de um animal assustador: "um T-Rex fosforescente" – um desenho cujo objetivo, inconsciente, consistiria em transformar a angústia em medo porque, neste último, existe um elemento objetivo, identificável e inquietante; além disso, o medo é uma reação saudável que permite uma mobilização do sujeito para assegurar sua defesa.

Às vezes, os desenhos não exprimem diretamente elementos angustiantes, secundarizados ou não, mas as defesas implementadas para combater a angústia. Na verdade, a representação retrata a resposta, a proteção desenvolvida para garantir a integridade da criança. O desenho *Ang12* ilustra essa proteção simbólica.

4. Expressões de sintomas pelo desenho

Ang12

Menino de 6 anos, que tem uma personalidade bem-enraizada na realidade; no entanto seu imaginário é marcado pela ansiedade e pela agressividade. Os desenhos representam perigos ou, de preferência, proteções contra eles. Nas representações, mas também na vida real, esse menino é adepto do preceito – *a melhor defesa é o ataque* –, como mostra seu desenho de um submarino sólido que desenvolve pinças e outras armas prontas para agarrar e destruir qualquer perigo.

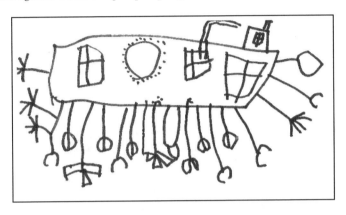

4.1.2.3 O recurso à intelectualização

Ang13

Menino de 8 anos desenha um "dinossauro feroz".

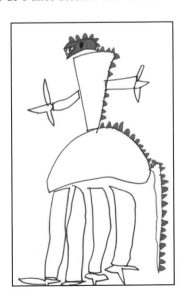

Ang14

Menino de 8 anos e meio representa "a pesagem da alma" no Egito Antigo. A intelectualização, o recurso ao seu conhecimento dos mitos egípcios, agem como poderosos meios de controlar angústias internas. Em compensação, à noite, durante o sono, as defesas ficam em repouso com a criança, que dorme, e as angústias ressurgem sob a forma de pesadelos.

Os dinossauros fazem parte de um dos temas, entre os mais representados e estudados, pelas crianças da fase de latência. Esses lagartos terrivelmente grandes, para retomar a etimologia grega, desapareceram da superfície terrestre há 66 milhões de anos; então, apesar do susto que podem causar as reconstituições esqueléticas, as representações pictóricas – além do filme *Jurassic Park: o parque dos dinossauros* (1993) –, não há absolutamente nenhuma possibilidade de encontrar um deles vivo em um bosque ou no cruzamento de duas ruas. O objeto de interesse parece ser perfeito: ele combina o calafrio da abordagem – pelo estudo, pelo desenho ou pela brincadeira – de verdadeiros monstros com a garantia da segurança completa do explorador. A *imagem Ang13* é um desenho, entre um grande número de outros, elaborado por um menino especialista em dinossauros.

A secundarização pode ser ainda um pouco mais aprofundada e adotar os parâmetros da História com H maiúsculo. Ao invés de um desenho inventado (*imagem Ang14*), trata-se da reprodução de uma lenda

4. Expressões de sintomas pelo desenho

do Egito Antigo: em um dos pratos da balança é depositado o coração de um homem morto e, no outro, uma pena de avestruz. A representação é inquietante em função da escolha do tema e do tratamento gráfico que privilegia o preto. Em compensação, são tomadas duas precauções contra um possível efeito de retorno de representação, correndo o risco de alimentar a angústia interna: trata-se, em primeiro lugar, não de uma ficção imaginada pelo autor do desenho, mas de uma lenda "histórica", e, em seguida, a cena aconteceu há vários milhares de anos, muito longe de nós e, portanto, provavelmente irreproduzível no real.

O autor desse desenho – A pesagem da alma – é, com certeza, um egiptólogo em potência; esse menino de 8 anos e meio explica, com erudição, que o defunto – conduzido por Anúbis (deus com cabeça de chacal) – apresenta-se perante o tribunal que irá decidir se ele é digno de ser aceito no mundo divino. Assim, graças à cultura, à intelectualização, no decorrer do dia as angústias podem ser controladas, elaboradas e sublimadas; em compensação, à noite, com o relaxamento do autocontrole, elas retornam mais vigorosas sob a forma de terrores noturnos.

Ang15

Esse garoto vulnerável, de 7 anos e 3 meses na época do encontro, vai manifestar-se em um conflito, durante o recreio, com outra criança que não o deixa sossegado. Representado em vermelho (personagem à esquerda), ele "ordena que Ares envie flechas" contra o seu perseguidor. Como bom conhecedor da mitologia, ele escolheu criteriosamente Ares – o deus da guerra na mitologia grega – para ajudá-lo. Observa-se uma discrepância significativa entre a falta de habilidade no tocante à representação gráfica e o tema implicando o conhecimento da mitologia.

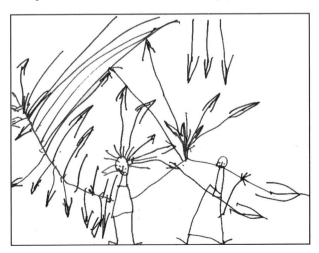

Quase sempre, o recurso à mitologia revela-se ineficaz para a resolução dos conflitos relacionais da vida. É claro que os deuses gregos continuam sendo preciosos para se pensar a complexidade das relações humanas – principalmente na família, para que alguém seja capaz de tomar alguma distância –, mas não conseguem resolver nada, nem intervir diretamente, no pátio da escola durante o recreio, como é representado no desenho *Ang15*.

4.2 IMAGENS DA DEPRESSÃO

A realidade dos transtornos depressivos infantis foi reconhecida tardiamente. "Os primeiros dados numéricos da depressão em crianças e adolescentes foram apresentados apenas em 1971, por ocasião do Congresso da União Europeia de Pedopsiquiatras, em Estocolmo" (Vantalon et al., 1999). Anteriormente, os profissionais da saúde, em sua maioria, negavam a existência da depressão infantil, em particular nas crianças de mais tenra idade: considerando serem elas seres em desenvolvimento, a maturação de suas instâncias psíquicas ainda estaria incompleta.

No entanto observações clínicas de crianças mostraram que elas podiam apresentar sintomas bastante semelhantes aos de adultos deprimidos; porém, de segundo o psicólogo Joël Croas,

> a semiologia dos transtornos depressivos infantis difere, em parte, da dos adultos, de modo que os sinais clínicos polimorfos e, às vezes, paradoxais, suscitam problemas específicos de nosografia e de semiologia depressivas, em que determinadas vertentes, tais como a desaceleração psicomotora observada no adulto, nem sempre são encontráveis ou, então, expõem-se sob uma forma "disfarçada", que é a da agitação com indícios maníacos (Croas, 2008).

Portanto os quadros clínicos da criança e do adulto não se superpõem de maneira exata, embora sejam notados paralelos (Petot, 2008): se, no adulto, a semiologia depressiva articula-se, principalmente, em torno da perda de interesse e da tristeza, verifica-se que, nas crianças, a melancolia está, na maior parte do tempo, ausente no plano sintomatológico, mas seria, na aparência, substituída pela irritabilidade. Obviamente, a criança também pode exprimir sua tristeza sob a forma de lamúrias e choros, do que é difícil consolá-la. A esses sintomas convém acrescentar a perda da autoestima, dificuldades de concentração, de memorização e de aprendizagem escolar, distúrbios das funções essenciais (sono, alimentação etc.) e, em certos casos, uma forma de inibição psicomotora.

O DSM-5* estabelece a distinção entre Transtorno depressivo caracterizado e Transtorno depressivo persistente; essas duas síndromes serão desenvolvidas um pouco mais adiante neste livro.

4.2.1 De que modo reconhecer os transtornos depressivos infantis?

Sobre o tema – *Les troubles dépressifs chez l'enfant: reconnaître, soigner, prévenir, devenir* [Transtornos depressivos infantis: reconhecer, tratar, prevenir, devir] –, a Conferência de Consenso[10], iniciada pela Fédération Française de Psychiatrie, apresentou como primeira questão: "De que modo reconhecer os transtornos depressivos na criança?" Os trabalhos dos especialistas e da banca permitiram ressaltar um conjunto consensual de sinais clínicos, aqui reproduzidos:

> O episódio depressivo infantil apresenta uma expressão clínica singular: face a uma criança retraída, com o rosto frequentemente sério, quase estático, ou com um ar ausente, é preciso ser capaz de buscar o humor depressivo. O mesmo vale em presença de uma criança descrita como irritável, agitada, recalcitrante e insatisfeita – convém igualmente pensar em jogar luz sobre a tristeza. Humor depressivo e tristeza, ou seja, as características de episódio depressivo, só podem ser percebidos por meio de uma escuta atenta e experiente (Conférence de consensus, 1997).

A expressão semiológica pode ser analisada a partir do discurso e do comportamento da criança, assim como das declarações dos pais. Com base no discurso da criança:

---

*Sigla inglesa para Diagnostic and Statistical Manual of Mental disorders [Manual Diagnóstico e Estatístico de Transtornos Mentais], sendo o número 5 usado para indicar que já foram feitas cinco revisões pela American Psychiatric Association (APA [Associação Psiquiátrica Americana], 2013; cf. também Martinhago & Caponi, 2019).

10. Conférence de consensus: les troubles dépressifs chez l'enfant : Reconnaître, soigner, prévenir. Devenir. 14-15 décembre 1995. Conclusões e recomendações disponíveis em: https://psychaanalyse.com/pdf/TROUBLES%20DEPRESSIFS%20CHEZ%20L%20 ENFANT%20-%20CONFERENCE%20(%2030%20Pages%20-%20274%20Ko).pdf [em francês].

As palavras da criança proferidas diretamente ou relatadas pelos pais são explícitas:

– "Não estou nem aí", "Não dou a mínima": falta de interesse e de prazer – "Não estou com vontade de nada", "Não sirvo para nada": perda da autoestima, desvalorização – "Não consigo fazer isso": impotência – "Eu sou ruim", "É culpa minha", "Estou com vergonha": sentimento de culpa, de vergonha – "Meus pais não gostam de mim": perda de amor, sentimento de desespero – com "Ninguém liga pra mim": às vezes, ideias de morte e de suicídio – "Não estou conseguindo, é difícil demais" – "Não entendo nada" – "Não sei, não me lembro".

Essa equivalência estabelecida entre as palavras da criança e a semiologia do médico não deve resumir-se a uma decodificação sistemática.

Assim, a dificuldade em concentrar-se e em pensar provoca uma fuga, uma recusa de realizar os trabalhos escolares, ou uma obstinação estéril que implica horas esquecidas, toda a noite, debruçado sobre os livros e cadernos, redundando em uma incapacidade para aprender e memorizar; em ambos os casos, o resultado é o fracasso escolar. Pelo contrário, o excesso de investimento e o êxito escolar não excluem a depressão.

A partir do comportamento da criança:

Embora os transtornos de comportamento mais turbulentos sejam os mais facilmente identificáveis, eles não são os únicos que devem ser levados em conta. Uma irritabilidade da criança e uma excitação transbordante, que leva a um esgotamento em detrimento das brincadeiras, às vezes estão em primeiro plano. Nota-se, então, a falta de interesse pelo contato com os outros. Esses sintomas alternam-se com momentos de retraimento e de inércia motora. Com a idade, a semiologia marcada por instabilidade, pela irritabilidade e pela raiva pode tornar-se preponderante com relação à inércia e ao retraimento.

É possível igualmente observar distúrbios do apetite: um comportamento anoréxico é mais comum na tenra infância, enquanto há um comportamento de bulimia ou uma tendência a beliscar em crianças mais crescidas ou pré-adolescentes. Eles sofrem também com dificuldades de sono, muitas vezes fazendo birra na hora de deitarem-se, recusando-se a ir para a cama ou tendo pesadelos.

A partir do discurso dos pais e das pessoas a sua volta:

"Ele já não é como antes", "Tenho dificuldade em reconhecê-lo". Essas frases, escutadas frequentemente, traduzem a perturbação dos pais ao perceberem o mal-estar do filho. Às vezes, a intensidade dos transtornos apresentados pela criança levam os pais a dizerem: "Ele nunca está contente", "Nunca concorda com nada", "É malcriado".

4. Expressões de sintomas pelo desenho

Essa conotação negativa dá-se no sentido de uma desvalorização e de uma depreciação da criança, e cria um verdadeiro círculo vicioso depressogênico, para o qual contribui o ambiente, tanto familiar quanto escolar. "Nada do que fazemos lhe agrada". Essas palavras demonstram a impotência experimentada pelos pais.

O quadro semiológico é compilado pelo médico, mas não se mostra necessariamente completo nem permanente. Na conversa a sós com a criança, o médico atribuirá grande valor à permanência das declarações – "não sei, não posso, não consigo" –, assim como à repetição delas em comentários negativos sobre o desenho – "não está bem feito, está feio" – ou, ainda, a uma sensibilidade exacerbada diante de brinquedos quebrados. Essas constatações a sós com a criança reforçam os dados da consulta com os pais e confirmam o provável diagnóstico.

Uma mudança progressiva – e, ainda, uma ruptura com o estado anterior da criança – constitui um elemento de orientação diagnóstica. A duração do episódio deve ser levada em conta, sendo variável de acordo com a idade.

Esse conjunto semiológico reúne os sinais característicos da depressão infantil.

Para evocar o episódio depressivo infantil é importante localizar, por intermédio de diversos modos de expressão, um sofrimento ligado à perda e ao sentimento de incapacidade; essa exigência torna obsoleta a noção de depressão dissimulada. Além disso, é imprescindível ressaltar que:

– A depressão, enquanto patologia, inscreve-se na repetição e/ou extensão temporal; ela deve ser reposicionada em uma compreensão global do desenvolvimento infantil.

– Os períodos depressivos, de tempo limitado, podem ser compreendidos como uma organização da vida ou da sobrevivência, uma tentativa para obter uma resposta adequada das pessoas que estão em volta, um processo de luta que coloca a criança em ação, de forma consciente ou inconsciente, para preservar a sua pessoa.

4.2.2 O transtorno depressivo caracterizado ou episódio depressivo

A expressão "episódio depressivo" evoca um momento depressivo, um período, um acidente imprevisto; o aspecto transitório, temporário, do episódio depressivo, está em primeiro plano, de modo que a fase de abatimento não costuma prolongar-se.

Evidentemente, o humor depressivo e a tristeza estão presentes, mas, com frequência, é difícil identificá-los de imediato. Vários sinais clínicos devem chamar a atenção do psicólogo:

- Um comportamento em que a inibição e uma forma de desaceleração psicomotora sejam predominantes. Contudo, geralmente, os sujeitos apresentam sinais de agitação, de instabilidade e de provocação; às vezes, esses momentos de agitação alternam-se com outros em que é predominante o abatimento, o retraimento em si e, inclusive, o encolher-se sob o edredom ou no sofá em frente à televisão. Na sala de aula, alunos são descritos como se estivessem psicologicamente ausentes, apesar de estarem fisicamente presentes, e incapazes de acompanhar a aula.
- Um estado de espírito em que, na maioria dos casos, predomina a irritabilidade, às vezes ao lado de explosões de raiva.
- É difícil constatar a expressão direta da tristeza; o profissional precisa de várias sessões e de muito tato para abordá-la em uma estrutura que inspire confiança.
- A perda de prazer e de interesse, acompanhada por um nítido predomínio de tédio. A anedonia, que leva o sujeito a deixar de sentir prazer nas atividades das quais desfrutava antes da ocorrência do episódio depressivo. Extingue-se o prazer em pensar, em especular intelectualmente, abrindo as portas para a desvalorização de si. Perda da curiosidade em relação às disciplinas ensinadas no ambiente escolar. O período da preparação dos deveres de casa, à noite, assume a forma de uma longa travessia feita de sofrimento, que resulta em muito pouco aprendizado.
- As queixas de natureza somática são habituais, assim como os distúrbios do apetite e do sono.

Assim, o episódio depressivo caracteriza-se pela perda do prazer de desejar, do prazer de pensar, do prazer de investimento em relação direta com a vivência de uma perda (óbito, separação, mudança de residência etc.). O próprio termo "episódio", agregado ao adjetivo "depressivo", evoca um momento de vida, um incidente da vida que não inclui a vida inteira e que, em determinado momento, será superado.

Na origem do episódio depressivo há uma perda: seja um luto, o óbito de avós, a separação dos pais ou até mesmo eventos menos relevantes, tais como uma mudança de casa ou de escola, a morte de um animal de estimação etc. O episódio depressivo ocorre, então, gradualmente, mas

4. Expressões de sintomas pelo desenho

o comportamento da criança passa por uma nítida modificação em relação à situação anterior.

4.2.3 Digressão em busca de compreensão do bebê

Parece sempre apropriado – ao evocar o episódio depressivo da criança ou do adolescente – fazer uma digressão pela reação do bebê à separação de seu objeto primário de apego. Vejamos, em primeiro lugar, o psicólogo, psiquiatra e psicanalista britânico John M. Bowlby (1907-1990), que se debruça sobre as reações da criança à separação materna. Ele observa três fases progressivas:

- Uma fase de protesto durante a separação: a criança chora, fica agitada, procura os pais, reclama a presença deles (principalmente na hora de dormir). Ela fica inconsolável; em seguida, dois ou três dias depois, o choro diminui.
- Em uma fase de desespero, ela recusa a alimentar-se, a vestir-se, permanece retraída, inativa, como em estado de luto profundo.
- Por fim, uma fase de desapego, que leva a criança a evitar a rejeição, seja da presença de cuidadores, de comida ou de brinquedos (Bowlby, 1979).

No documentário de Paule Zajderman, produzido em 1991 – *Tant qu'il y aura des bébés** –, essas fases são particularmente bem ilustradas por uma longa sequência, que apresenta um caso clínico de depressão grave de um neném de 10 meses hospitalizado: havia nove dias ele recusava toda a espécie de alimentação, dando a impressão "de que nenhum sopro de vida passava por ele", além de ter feito com que – indica com precisão a psicóloga do serviço – a equipe de atendimento se tornasse totalmente impotente. Em reuniões de equipe, as enfermeiras de berçário chegaram a dizer que se tratava de uma "criança que tinha deixado de lutar pela vida" (Zajderman, 1991). Então que ajuda poderia ter sido dada a esse bebê?

Em primeiro lugar, a equipe de cuidados, ao invés de focar no sintoma da recusa alimentar, tentou fazer com que o neném "voltasse a

---

*Literalmente: Enquanto houver bebês. Cf. também *O começo da vida*, sob a direção de Estela Renner – as relações que se estabelecem durante os primeiros anos de vida do bebê e a influência delas no desenvolvimento físico, emocional e social das crianças. Disponível em: https://www.fmcsv.org.br/pt-BR/impacto/o-comeco-da-vida/ [N.R.].

encontrar o apetite" (Zajderman, 1991), levando-o a redescobrir o prazer do corpo por meio do banho, da fala e dos brinquedos. Em seguida, uma sopa foi preparada na frente dessa criança de peito, que participou de tal atividade ao colocar os dedos no prato e, mediante ajuda, ao levá-los à boca. Parecia que naquele momento, após dois meses de hospitalização, "ela estava redescobrindo, paladar, tato, odores, calor, frio" (Zajderman, 1991) ou, dito por outras palavras, estava redescobrindo os prazeres sensoriais.

A partir da apresentação desse caso clínico de depressão infantil vamos levar em consideração, primeiramente, a impotência da equipe. Qualquer profissional que tenha trabalhado com crianças ou adolescentes deprimidos foi capaz de observar essa impotência para agir por parte da família e das pessoas mais próximas, além de experimentar uma situação semelhante. Em seguida, chamemos a atenção para a importância de não enfocar o sintoma e, por fim, observemos que os cuidados levam tempo antes da constatação de uma melhora perceptível.

4.2.4 Episódio depressivo e desenho

As primeiras manifestações de um transtorno depressivo em uma criança exprimem-se pela recusa de desenhar – "Não sei desenhar", "Não tenho nenhuma ideia" –, ou, pelo sentimento de ter fracassado: "Não vale nada", "Está malfeito"; e tantas outras atitudes e falas que remetem para um humor depressivo e para a perda da autoestima.

4.2.4.1 A mais direta expressão da depressão

Quando a criança aceita desenhar, pode-se também analisar sua produção tendo em vista o tratamento clínico da depressão. Antes de tudo, no plano formal: desenhos restritos, inanimados, sem personagens (*imagem Dep1*), realizados com cores escuras. Os temas fazem referência a perdas (*imagem Dep2 e Dep3*), a dificuldades de todo o tipo, inclusive escolares (*imagem Dep4*); com o tempo, à extenuação das coisas: personagem doente, natureza morta, árvores cortadas etc. Deve-se notar também a atitude da criança que, durante o desenho, não parece sentir nenhum prazer em dividir com outra pessoa elementos pessoais ou alguma fantasia que fale sobre si mesma.

4. Expressões de sintomas pelo desenho

Dep*1

A casa, que se apoia nas beiras da página, está vazia: nenhum sinal de vida, além de um tiquinho de fumaça saindo da chaminé. A garotinha, de 7 anos, autora dessa representação, não teve prazer nem energia, em realizá-la. O desenho, pálido, é parecido com o seu rosto sem expressão.

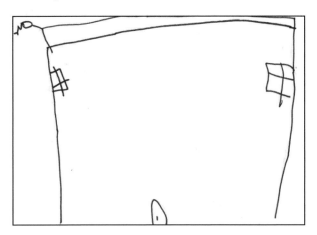

Dep2

Desenho de um menino de 7 anos. Após a hospitalização da mãe, ele apresenta um transtorno depressivo caracterizado. Um personagem perdido na floresta.

---

*Dep = Depressão [N.R.].

139

É um garotinho de 7 anos quem realiza um desenho (*imagem Dep2*) sem instruções. Um acontecimento familiar, ocorrido recentemente, é identificado: a mãe está doente, hospitalizada, correndo risco de vida.

Observa-se que o personagem está sozinho, perdido na floresta. O traço é leve, cinza, o corpo é desenhado em transparência, através das roupas, como se fosse visto em uma imagem de radiologia. A doença e a angústia de perda do primeiro objeto de amor parecem ter sido deslocadas e condensadas no próprio personagem.

Deve-se observar que a representação de perfil denota boas competências cognitivas.

Dep3
Desenho de um menino de 6 anos com transtorno depressivo caracterizado. Um coelhinho perdido, à noite, na floresta.

O desenho (*imagem Dep3*) foi elaborado por um menino de 6 anos que, desde a separação dos pais, é vítima de uma estrita guarda compartilhada. Ou seja, os dois universos em que vive são estanques, os pais nunca se encontram na presença dele, nenhum brinquedo, nem roupa, são levados de uma casa para a outra porque a troca das semanas ocorre na escola. Apenas seu cobertorzinho, modesto objeto contrafóbico, encontra lugar em sua pasta.

4. Expressões de sintomas pelo desenho

Desde a separação, desde a perda de sua vida familiar anterior, esse garoto tornou-se enurético, tem um fio de voz, é assediado na escola; em suma, ele está regredindo. Seu desenho é o de um coelhinho perdido à noite na floresta. Na parte inferior, um ponto vermelho simboliza, certamente, a luz, o calor, um lar que será bastante difícil de alcançar. Uma sombra, uma forma de coelho indeterminado (será um macho ou uma fêmea?) é esboçado perto desse ponto vermelho.

Essa representação, transparente, é muito enternecedora, mais eloquente do que um longo discurso para capturar os sentimento de perda, de solidão e de falta de perspectivas experimentado por essa criança.

Dep4
Desenho de um menino de 6 anos. Ele aparece em uma espécie de bolha, "atacada" pelas letras que devem ser aprendidas – com dificuldade para ele – , no 1° ano do ensino fundamental.

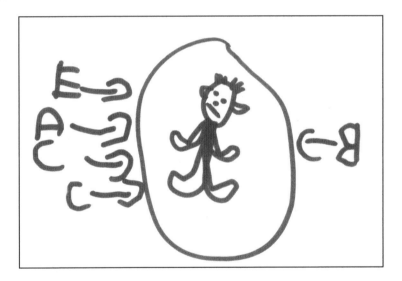

Realização (*imagem Dep4*) de um menino escolarizado no primeiro ano do ensino fundamental com grandes dificuldades de aprendizado da leitura. Ele não consegue memorizar elementos de leitura, diz que "é burro" e acaba jogando a toalha. Na maior parte das vezes, quando a escola, ou melhor, os resultados escolares baixam, eles podem ser considerados como um indicador e até um sintoma da ocorrência de um transtorno depressivo. No caso dessa criança, aventamos a hipótese de que o fracasso nos primeiros passos em leitura desempenha o papel de um fator causal.

Interpretamos esse desenho como o autorretrato de uma criança perseguida pelo aprendizado das letras.

Deve-se notar que a representação, bastante secundarizada e simbólica, parece ser, nesse caso, um bom prognóstico.

4.2.4.2 A expressão da luta contra a depressão

Com frequência, observa-se também, nas produções verbais, lúdicas e gráficas, realizações que ilustram não diretamente um transtorno depressivo, mas os efeitos da luta contra ele. O desenho destaca os mecanismos defensivos mobilizados a fim de evitar que o sujeito fique submerso pelos afetos depressivos: podem ser desenhos sobrecarregados (*imagens Dep5 e Dep6*), preenchidos até a borda, não deixando nenhum espaço em branco, vazio, tão propício ao surgimento de representações portadoras de pensamentos tristes e dolorosos.

Dep5
Desenho de uma menina de 5 anos. Ele não representa diretamente elementos depressivos, mas a luta contra a depressão.

Desenho de uma criança de 5 anos (*imagem Dep5*), que representa a si mesma em uma casa, traçada rapidamente no interior de uma bola de neve, que, por sua vez, não para de cair. Aqui, mais uma vez, um acontecimento

4. Expressões de sintomas pelo desenho

deflagrador é identificado: essa garotinha vivenciou dramaticamente a tentativa de suicídio da mãe, seguida de uma longa hospitalização.

O rosto está triste, a menina representada está duplamente confinada: em casa, mas também no frio branco da bola de neve. Observa-se que o desenho inteiro está repleto de neve e que não há espaço livre, vazio, para sentir os afetos dolorosos. Ao absorver-se no preenchimento da folha, essa criança evita a ocorrência de sentimentos depressivos.

Dep6
Desenho livre de uma menina de 8 anos gravemente enferma. Aqui, mais uma vez, é mostrada a luta contra os afetos depressivos.

Essa menina de 8 anos (*imagem Dep6*) sofre de uma doença grave; ela aguarda um transplante de rim e passa uma grande parte do tempo no hospital, em diálise. Ela vive com suas angústias da morte e recebe também as dos pais. Perante o desânimo, os afetos depressivos, a melancolia que, às vezes, invadem-na, ela implementa mecanismos de saída dessa situação que assumem a aparência de uma forma de negação da realidade: tudo é bacana, a vida é bela, como é demonstrado pelo desenho. Há uma casa, uma piscina, flores multicoloridas, uma chuva não muito grossa reforçada por um magnífico arco-íris e, ainda mais no alto, pássaros voando no céu.

No entanto aventamos a hipótese de um mecanismo de defesa do tipo maníaco contra o ressurgimento dos afetos depressivos. Nenhum espaço em branco, nem livre, deixa lugar para a melancolia. O que observamos, às vezes, em crianças ou adultos que preenchem o espaço por suas falas ou por seus movimentos, vemos também no desenho dessa garotinha.

Existem, ainda, ilustrações em que um personagem, enquanto avatar do sujeito desenhista, é ridicularizado; em termos mais exatos, instaura-se um jogo que alterna movimentos no sentido de uma ênfase ou de sentimentos nobres, reprimidos rapidamente por uma ironia mordaz, representada, muitas vezes, sob a forma de detalhes negativos, de zombarias voltadas para si mesmo, que rebaixam as aspirações do personagem central do desenho.

Dep7
Desenho de um menino com 9 anos.

O menino desenhista (*imagem Dep7*) tem 9 anos de idade. Ele gostaria de se tornar bombeiro, assim como o pai de um de seus coleguinhas. Certamente, ele é sensível ao prestígio ligado ao uniforme e ao equipamento, mas, sobretudo, parece que ele tem, no fundo de si mesmo, o que poderíamos chamar de "uma pulsão altruísta", ou seja, uma disposição a interessar-se pelos outros e a ser generoso. Observamos, porém, no desenho em questão, bem como no decorrer de nossos encontros com esse garoto, que ele nunca consegue exprimir plenamente seu altruísmo e sua generosidade, sendo sempre rapidamente reprimidos.

4. Expressões de sintomas pelo desenho

Assim, nesse desenho ele coloca em cena uma intervenção de bombeiros em um acidente de circulação. O veículo está em chamas e os "soldados do fogo" chegam, com a sirene ligada, ao local da ocorrência. Não se sabe se foi por excesso de velocidade ou por erro de cálculo, mas o caminhão dos bombeiros atropela um dos acidentados, cortando-o ao meio. Desse lado da estrada percebem-se apenas as pernas do infeliz.

A compaixão, a fraternidade, enfim, a humanidade desse menino, segundo parece, nunca chegam a manifestar-se totalmente. A ironia – ou seja, o escárnio, dizendo o exato oposto do que ele deseja profundamente –, a caçoada e a chacota vêm sempre impor obstáculos, impedindo a expressão de bons sentimentos. O medo de ser levado ou submerso pela emoção é muito forte; é preferível rir dela, ser zombeteiro e gracejar ao invés de correr o risco de ser afetado. Aqui, trata-se realmente de um modo defensivo contra a depressão.

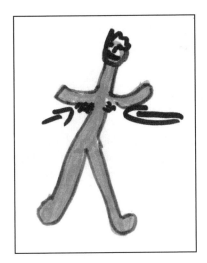

Dep8
Desenho de um menino de 9 anos, marcado pela ironia voltada contra si mesmo.

De novo, é a ironia que aparece, em primeiro plano, nesse autorretrato (*imagem Dep8*), realizado por um garoto de 9 anos. Setas apontam as axilas do personagem, nas quais aparece uma importante pilosidade. Nesse desenho, a zombaria voltada contra si mesmo é um bom indicador do sentimento de depreciação; ela não deve ser confundida com bom humor, que é sempre bem-vindo, e revela-se ser um mecanismo valioso e de elevado nível de saída da situação. No caso desse menino, o escárnio e a ironia são recorrentes e aparecem como um rígido processo defensivo.

4.2.4.3 A expressão dos afetos depressivos manifesta-se por meio do comentário a respeito do desenho

Às vezes, o desenho dá a impressão de não servir para uma interpretação, mas o comentário dá-nos as chaves para sua compreensão.

4.2.5 O transtorno depressivo persistente

Por vezes, a sintomatologia depressiva persiste ao longo do tempo; no entanto, em adolescentes, parece tratar-se de uma sintomatologia instável, muitas vezes marcada pelo fracasso escolar e até pelo abandono da escola. As pessoas mais próximas da criança – pais, professores – também percebem uma forma de instabilidade, de irritabilidade, no seio da família, de oposição na sala de aula, esboçando um quadro de distúrbio do caráter ou de comportamento.

Na obra em comum, Daniel Marcelli e David Cohen – professores de psiquiatria da criança e do adolescente e diretores de serviço de pedopsiquiatria em centros hospitalares – afirmam que "determinados comportamentos aparecem como testemunhas diretas de um sentimento de culpa ou de uma necessidade de punição [...] lesões repetidas, castigos incessantes na escola. [...] Nestes casos, prevalece a atitude de compreensão empática relativamente à descrição semiológica" (Marcelli & Cohen, 2009).

Dep9
O desenho, feito por um menino de 6 anos, é colorido (cf. o caderno colorido), mas exprime as angústias de morte sob a forma de uma possível reparação: "Uma máquina... Quando você morre, aperta o botão e, então, você está no ventre de uma mamãe e começa uma nova vida".

4. Expressões de sintomas pelo desenho

O DSM-5 designa essa síndrome como Transtorno depressivo persistente ou Distimia, dando sua descrição em algumas linhas: "Humor deprimido presente durante quase o dia todo, mais de um dia em cada dois, relatado pelo sujeito ou observado por outros, e pelo período de, no mínimo, um ano, para crianças e adolescentes" (cf. também, https://www.abrata.org.br/distimia-uma-forma-da-depressao/).

Não é fácil chegar a tal diagnóstico porque os artifícios comportamentais são numerosos e significantes. Uma aliança empática, como indicado anteriormente, revela-se necessária para compreender a criança que não deixa de sentir constantemente – e, às vezes, exprime – um sentimento de desesperança.

Desenho feito por um jovem adolescente matriculado no 6º ano do fundamental. A separação familiar, que já tinha três anos, continuava conflituosa, com uma longa disputa judicial. A criança, chamada Victor no desenho, desenvolve comportamentos de oposição na escola que a tornam insuportável: devolve folha dos exercícios em branco, é insolente com os professores, falsifica o caderno de atividades destinado aos pais, é expulso da sala de aula e frequentemente da escola. Ele mostra uma lucidez imbuida de sofrimento quando evoca seu comportamento na escola: "Digo a mim mesmo que talvez haja uma razão e dou-me conta de que a culpa é minha. O que é que eu fiz para ser expulso?" No seio da família, ele julga de maneira ríspida, não suas próprias atitudes, mas as dos pais: "É fácil discutir à noite no telefone e desligar dizendo 'Porra!'. Mas o que acontece na escola no dia seguinte comigo?"

Outros comportamentos sintomáticos são observados: ele não chega a fugir de casa, mas às vezes entra em um trem e sai bem na hora em que toca o sinal para fechar as portas, ou fica vagando e chega atrasado à escola. Ele também rouba bombons ou pequenos objetos mesmo recebendo uma mesada.

Uma compreensão empática permite ao psicólogo avaliar o grau de seu desespero, bem representado nos desenhos (*imagens Dep10 e Dep11*).

Dep10

Primeiro fragmento do desenho de um jovem adolescente de 11 anos e meio. O prenome foi alterado.

Ele xinga um camarada, que lhe responde com um soco, dando início a uma briga.

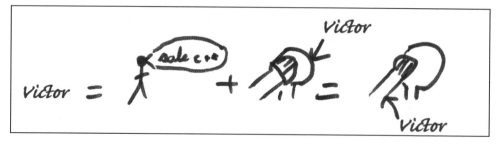

Dep11

Segundo fragmento do desenho de um jovem adolescente de 11 anos e meio.

Na sala de aula, ele apresenta uma atitude insuportável, como indicado no caderno de atividades destinado aos pais. Outro X foi inscrito nesse caderno, o que vai implicar uma hora de castigo; além disso, ele é expulso da sala. Ele banca o valentão, andando pelos corredores do escola; em seguida, no caminho para sua casa, sente-se desanimado, chega a ferir-se e, sozinho, em casa, começa a chorar de desespero. Seus pais nunca o tinham visto chorar.

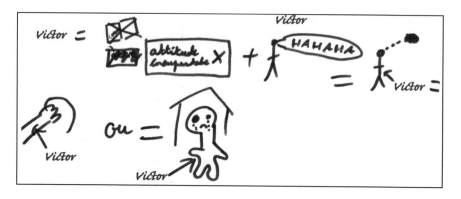

O desenho *Dep12* mostra a não elaboração da separação dos pais que, no entanto, já ocorreu há três anos. As defesas contra os afetos depressivos são significativas: espaço totalmente ocupado sem um espaço em branco, à semelhança do que ocorre na vida agitada da menina, que fala para não deixar momentos vazios propícios a ressurgências melancólicas. A alegria que parece dominada no desenho está conectada a um passado que já não existe, como uma negação da separação dos pais. Na verdade, o desespero está ali, por perto, à espreita, como uma ameaça.

4. Expressões de sintomas pelo desenho

Dep12

Menina de 7 anos bastante afetada pela separação dos pais, que ocorreu há três anos. O desenho está saturado de cores, coloração rápida, abundância de flores, sem espaço para permitir a expressão de afetos melancólicos. O tema idealiza o passado em que ela, ainda bebê, em seu berço, é colocada entre seus lindos e jovens pais. Os corações ligados indicam todo o amor que unia a família.

4.3 O TRAUMA PSÍQUICO

Em todas as situações de crise – e, em especial, nas de guerra –, o desenho livre ou com instruções está ligado intimamente aos primeiros tratamentos profiláticos oferecidos a crianças que tenham vivenciado ou sofrido acontecimentos dramáticos, que podemos supor traumáticos, ou seja, potencialmente portadores de traumas psíquicos. Para os profissionais da saúde trata-se, então, "de iniciar um trabalho de reconstrução psíquica" (Bacqué, 2000), de "suscitar um primeiro movimento para se livrar da agonia psíquica" (Gannagé, 1999), de lançar "uma boia salva-vidas para exprimir o sofrimento e um pedido de ajuda" (Ripa, 2006), de favorecer "uma elaboração progressiva dos acontecimentos de que haviam sido vítimas" (Coq & Cremniter, 2004) ou de empreender "uma terapia catártica" (De Clercq & Lebigot, 2001). "Para crianças afetadas por guerras, o desenho, graças às suas qualidades projetivas, constitui um meio de expressão de destaque, favorecendo uma elaboração progressiva dos acontecimentos de que haviam sido vítimas" (Coq & Cremniter, 2004).

Se um grande número de pesquisas e de textos referem-se a acontecimentos de guerra (Líbano, Kosovo, Ruanda etc.), é, obviamente, em

Compreender e interpretar desenhos infantis

ligação aos terríveis saldos desses conflitos: milhares de mortos e um número ainda maior de feridos e de refugiados, além de destruições maciças. No entanto o horror e a amplitude dos fatos não devem ocultar o aspecto sempre singular do trauma psíquico:

> Não se deve enfatizar a descrição fatual dos acontecimentos ou, dito por outros termos, o acontecimento traumático, mas a vivência do acontecimento pelo sujeito, observando bem, ao mesmo tempo, sua dificuldade em verbalizar o eventual encontro com a realidade da morte. [...] O que é traumático não é o acontecimento e, sim, a vivência subjetiva do sujeito que foi sua vítima (De Clercq & Lebigot, 2001).

Há o sentimento de um choque emocional violento por "efracção da paraexcitação" (Freud, 1920): "um afluxo de excitação que é excessivo em relação à tolerância do sujeito e à sua capacidade para controlar e elaborar psiquicamente essas excitações" (Laplanche & Pontalis, 1967).

4.3.1 A imagem traumática

A imagem traumática irrompe no psiquismo ainda insuficientemente estruturado da criança, fixando-se ali como um corpo estranho inabordável, não elaborável, portador de uma sucessão de sintomas; ela acaba impondo-se à consciência nos momentos de vigília (em que a criança está acordada) e, em especial, durante o sono, sob a forma de pesadelos repetitivos. É "a morte que penetra" (Lebigot, 2006), não uma morte secundarizada, encenação de ritos culturais ou cultuais, mas a morte bruta, acompanhada por sons surdos, gritos, tremores, cheiros de pólvora e de cadáveres, visão de sangue, sensações somestésicas intensas e novas, que levam a temer a sua própria aniquilação. Não há espaço para o medo porque o pavor é predominante e coloca a criança em presença "do vazio, do nada, em situação em que o sujeito fica como se estivesse abandonado, principalmente pela linguagem [...]" (Lebigot, 2006).

4.3.2 Trauma e desenho

As abordagens clínicas – em especial, as infantis – atribuem uma importância primordial ao desenho, proposto em todas as situações traumáticas e, obviamente, naquelas de guerra, desde o engajamento de Françoise e Alfred Brauner, em 1937, com crianças da Espanha. Em quase todas as situações potencialmente traumáticas, o desenho é proposto como meio terapêutico às crianças de Ruanda, do sul do Líbano, do Haiti, dos atentados em Paris e

4. Expressões de sintomas pelo desenho

em Nice, assim como a todas aquelas que foram vítimas de um acidente, de maus-tratos, ou foram testemunhas de uma ação traumática.

Tra*1

Desenho de uma menina de 9 anos que evoca as angústias de um episódio de guerra.

Esse desenho[11] (*imagem Tra1*) foi realizado por uma menina de 9 anos que havia sofrido, no vilarejo onde morava, na Argélia, as destruições dos ataques perpetrados pelo exército em guerra contra o GIA (Grupo Islâmico Armado). Nesse "desenho livre", ela elabora espontaneamente uma composição em que se misturam elementos da realidade (árvores queimadas, um avião largando bombas), elementos fantasiosos (tubarão voador, dragões), elementos simbólicos (voo de pássaros negros) e, por fim, uma fantasia para uso defensivo (uma menina em cima de uma prancha de *skate*). Esse último componente evoca uma defesa do tipo maníaco: evitar, por meio das brincadeiras – inclusive as mais incongruentes –, os afetos depressivos ligados às representações de destruição.

---

*Tra = Trauma [N.R.].

11. Os desenhos aqui apresentados são os de crianças que viveram situações dramáticas de agressão e de guerra. Todas elas guardaram sequelas traumáticas de tal situação. Nenhuma se beneficiou – no próprio local ou em um lapso de tempo suficientemente curto – de consultas, nem de ajuda psicológica. Foi apenas mais tarde, após obterem asilo político na França com suas famílias ou serem acolhidas por parentes, que elas começaram um trabalho psicoterapêutico.

4.3.2.1 Como um anteparo diante do sofrimento

Desde então, encontros com crianças que tenham vivido acontecimentos traumáticos sempre se baseiam, em determinado momento, em desenhos. É o que fazem M. De Clercq e F. Lebigot, convocados "para dar assistência às crianças do sul do Líbano sobreviventes dos bombardeios israelenses do final de abril de 1996". E "a título de complemento de aprofundamento clínico e de terapia catártica", esses psicólogos pedem para que elas façam três desenhos inspirados nos trabalhos dos Brauner: "Faça um desenho de você com sua família antes da guerra; faça um desenho de você com sua família no decorrer da guerra; faça um desenho de você com sua família como você gostaria que viessem a ser mais tarde".

Uma instrução precisa apresentar a vantagem de ajudar as crianças, com a progressividade do tema e a associação à família, a exprimirem diretamente o horror vivenciado – aviões negros, céu escuro, bombas, mísseis, carros e casas arrasados, mortos, feridos, sangue, todo esse conjunto sendo tratado com cores apropriadas: vermelho, alaranjado e preto, "cor do sangue, do fogo e da morte" (De Clercq & Lebigot, 2001).

Tra2
Desenho de uma menina de 6 anos. Ela viveu a violência paramilitar no Haiti.

4. Expressões de sintomas pelo desenho

Não se trata, portanto, de desenhos "livres", porque eles, na maior parte do tempo, adquirem a forma de produções estereotipadas que, no fim das contas, são banais e encobrem, com um anteparo artificial, o sofrimento. "As crianças, ao ficarem livres para escolher o tema de seus desenhos, não representam a guerra a não ser em uma fraca proporção (5% dos casos)" (Coq & Cremniter, 2004).

Esse desenho[12] (*imagem Tra2*), feito por uma haitiana de 6 anos, ilustra um aspecto importante do trauma psíquico: a síndrome de repetição das angústias ligadas ao acontecimento traumático inicial. Esse último havia sido a entrada brutal e violenta de uma milícia paramilitar na pré-escola daquela criança: gritos, pancadas, professora atirada para o chão, medo.

A reiteração da experiência traumática surge, obviamente, em pesadelos (ela acorda aos prantos, cai da cama e, então, precisa ser acalmada durante um longo momento), na vida cotidiana (se uma porta bate ou uma voz mais alta é ouvida, ela é tomada de pavor), e também no desenho. Observa-se o caos, uma confusão que invade a superfície da folha. A garotinha desenha personagens com olhos vazios, rostos como são imaginados nos pesadelos, formas indeterminadas e inquietantes, além de acrescentar séries de manchas e de pontos, para os quais ela foi incapaz de fornecer uma explicação durante a conversa com o psicólogo.

4.3.2.2 Os desenhos-trapaça

O que a psicoterapeuta Helène Romano designa como "desenhos-trapaça" são "desenhos sem vestígio aparente do trauma sofrido, embora o fato de tratar as crianças, de imediato ou ulteriormente, ateste a realidade e a intensidade da ferida traumática subsequente ao acontecimento" (Romano, 2010).

> Empreendemos um estudo (Romano, 2009) junto a 87 crianças com idades entre 5 meses e 17 anos e mergulhadas em luto após acontecimentos extremamente traumáticos [...]. Entre essas crianças, 65 produzem desenhos totalmente dissonantes com relação ao horror que elas tinham acabado de sofrer: um grande sol com um magnífico sorriso é desenhado por Fouziane (8 anos) que acabara de perder sua irmãzinha de dois anos, queimada viva à sua frente; Marie (11 anos), sobrevivente do tsunami, desenha uma cena bucólica representando

---

12. Fazemos questão de agradecer, em especial, a Alain Guérin, psicólogo na cidade de Saint-Ouen, França, que nos entregou vários desenhos de crianças que tinham sofrido traumas.

o passeio de uma família na floresta, enquanto o pai e a madrasta haviam sido levados pela onda; Benjamin (9 anos) faz um buquê de flores e de corações pouco depois de descobrir o corpo do pai, que se suicidara com uma bala no crânio (Romano, 2010).

Na realidade, são desenhos insignificantes em comparação ao contexto e ao sofrimento experimentado pelos autores: traçados banais que indicam a impossibilidade de exprimir o horror e a dor, além de revelarem que uma elaboração psíquica é impossível.

Tendo chegado à França em companhia do pai, essa menina zairense, de 8 anos, apresenta uma grande desorganização psíquica. Ela chora com bastante frequência, tanto em casa quanto na escola, e não consegue dedicar-se à aprendizagem escolar. O pai faz alusão a uma infinita tristeza que afeta principalmente a filha mais velha e a si mesmo. Ele descreve também pesadelos recorrentes, que invadem as noites, desde que a mãe dessa menininha foi morta na frente dela. Seu desenho (*imagem Tra3*) mostra-nos que os elementos depressivos instalam-se com o traumatismo.

Tra3
Desenho de uma menina zairense de 8 anos.

Observa-se, igualmente, de uma produção para a outra, a repetição da mesma tentativa de representação da mãe, que continua sendo

4. Expressões de sintomas pelo desenho

esboçada em um fundo azul puro, rodeado por um segundo plano vermelho-sangue. O que parece especialmente comovente para o psicólogo que a recebe é a forma de impossibilidade, de impotência, apesar de muitas tentativas, de representar o rosto da mãe que, inexoravelmente, parece apagar-se da memória.

Deve-se notar as manchas pretas, cuja explicação lhe escapa, e que se repetem constantemente em seus desenhos.

4.3.2.3 A necessidade de propor uma instrução

Um exemplo disso são os desenhos de meninos kosovares acolhidos com suas famílias na França, em abril de 1999.

> Entre os vinte desenhos realizados, 18 representam uma casa, tema escolhido frequentemente, de maneira espontânea, pelas crianças (quase tanto quanto um personagem). Para a criança, a casa evoca a problemática do dentro-fora, correspondendo, então, à representação de um invólucro protetor face ao exterior, mas também face às turbulências pulsionais (Coq & Cremniter, 2004).

Enquanto as primeiras representações gráficas são irrelevantes e banais, a evolução dos temas e desenhos, que passam a ter personagens com maior frequência, mostra aos psicólogos que seus esforços estão produzindo algum efeito.

Para o psiquiatra infantil Michel Grappe, "a criança, ao invés da guerra [...], desenha o seu trauma pessoal, que se mistura com a guerra, mas não necessariamente" (Grappe, 2006). Para que surja um desenho dos acontecimentos é necessária uma instrução. É o que faz Serge Bacqué com crianças de Ruanda ao abrir um ateliê de expressão por meio de desenho, no intuito de permitir, após o genocídio, que elas iniciem um trabalho de "reconstrução psíquica". Ali, as representações no papel, sobre o tema do genocídio,

> atribuem um amplo espaço à representação do sangue: sangue jorrando como gêiseres, charcos de sangue espalhando-se, grandes gotas de sangue escorrendo. Acontece de o único elemento colorido de um desenho ser o sangue ou de a cor vermelha acabar contaminando todos os motivos representados, chegando até a revestir a totalidade da página. Sem dúvida, há ali referências a cenas reais das quais aquelas crianças teriam sido testemunhas [...]. Outros desenhos chamam a atenção pela impressão de caos que emana deles (Bacqué, 2000).

Tra4.
Desenho feito por um jovem sérvio de 8 anos de idade.

O trauma viajou com o garotinho, 8 anos: ele ainda permanece ali, vivaz, desde a noite de bombardeios que ele presenciou na Sérvia. Na França ele está em segurança, mas o pavor e, em seu caso, a raiva, estão intactos e manifestam o sobressalto e o sentimento de culpa experimentados.

Na escola, o menino não consegue aprender a ler nem mesmo a falar francês; segundo parece, ele defende-se contra o efeito depressivo do trauma, recorrendo a um forte temperamento, a uma extrema raiva, constantemente manifestada, contra o mundo inteiro.

Entendemos seu desenho (*imagem Tra4*) como uma figuração do lugar ocupado pelo trauma no aparelho psíquico: não elaborável, ele bloqueia todo o processo de simbolização. Ele assemelha-se àquela árvore morta, sem folhas, que preenche todo o espaço. A vida, que não deixa de fluir, só consegue organizar-se nos espaços periféricos, tais como as pequenas árvores coloridas e os passarinhos.

"Regarder la guerre à hauteur d'enfant" [Assistir à guerra sob o ponto de vista de uma criança] é o projeto de Zérane Girardeau – diretora artística e criadora de projetos associativos –, que coletou desenhos infantis sobre um século de guerra, desde a Primeira Grande Guerra até a Guerra da Síria.

> Os desenhos, afrescos narrativos ou determinados instantes, têm um poder evocativo chocante e profundamente preocupante. Eles "relatam" uma realidade de massacres, facões, bombas, sangue, destruição e terror como raramente vemos. Enquanto verdadeiros "vestígios" do horror, eles são um desafio para nós, outras testemunhas: que tipo de respostas de natureza jurídica e terapêutica seria possível encontrar para construirmos juntos o futuro? (Girardeau, 2017).

4.3.2.4 Desenhar para elaborar o impensável

Na sequência dos atentados que enlutaram a França em 2015 – e, em particular, após os ataques de 13 de novembro* –, numerosas crianças, imersas no banho de ansiedade em que estava envolvido o seu ambiente, tiveram de enfrentar, na maior parte dos casos, pela primeira vez, a morte. Não vamos nos esquecer de que

> a morte real, a verdadeira morte, a morte concreta, é uma realidade distante. Ela desperta o interesse delas sem que elas cheguem a pensar que, por sua vez, possam morrer; desse modo, ficam particularmente transtornadas quando atinge um de seus colegas, uma criança ou um adolescente de idade semelhante à sua. Para elas, a morte é, principalmente, uma história apaixonante repleta de mistério e de perigo, uma realidade que chega a preocupar mesmo as pessoas grandes, sem afetá-las pessoalmente (Hanus & Sourkes, 1997).

Mas aqui, em razão dos ataques, as numerosas vítimas com a idade dos pais levam-nas a sentirem intimamente, em suas mentes e em seus corações, que também podem ser vítimas de uma situação semelhante. Circunstância agravante: a morte nos ataques é apresentada com uma intenção assassina.

---

* Nessa noite, em Paris e no subúrbio norte, em Saint-Denis, eles consistiram em seis fuzilamentos em massa – o mais mortal, com 89 vítimas, no teatro Bataclan –, três explosões e uso de reféns até o início da madrugada do dia seguinte: ao todo, mais de 180 mortos (incluindo os oito terroristas) e mais de 350 pessoas feridas. Cf. Fernandes (2015) [N.R.].

E, em seguida, as medidas de segurança – policiais na esquina das ruas, diante das escolas, exercícios de segurança nos estabelecimentos escolares – colocam-nas de sobreaviso quanto ao fato de que nada mais é seguro e tudo pode acontecer.

Os desenhos a seguir foram enviados pelos pais de dois meninos para serem analisados no decorrer do programa Les Maternelles [pré-escolas] do canal France 5.

Tra5
Os atentados de 13 de novembro de 2015, vistos por uma criança de 10 anos.

Esse desenho (*imagem Tra5*) mostra grande sensibilidade por parte do autor. O terrorista é representado sob a aparência de uma pessoa agressiva: cabelos em pé na cabeça, barba feita em ponta e presença de dentes. E há, ainda, a arma apontada, que envia um projétil contra a barriga de uma pessoa nua, por ser inocente, com as mãos superdimensionadas erguidas acima da cabeça como um sinal de paz, de rendição.

A análise formal do desenho suscita nosso interesse pelos comentários escritos: o primeiro – "snyper" – parece inadequado para a situação, mas aponta diretamente, como se fosse necessário, para o agressor. Por sua vez, a data – 13 de novembro – contextualiza o desenho e o "PAN!", com a tipografia caprichada e o ponto de exclamação, traz certo distanciamento em relação ao conteúdo representado. De alguma forma, o desenhista mostra sua capacidade para recorrer aos códigos culturais dos gibis a fim de exprimir, em melhores condições, a sua visão dos atentados.

4. Expressões de sintomas pelo desenho

Tra6
Desenho de uma menina de 6 anos. A vida não se desenrola em linha reta.

Já outro desenho (*imagem Tra6*), produzido por uma menina de 6 anos, ilustra o tema da insegurança – nada nunca é seguro, tudo pode acontecer. Um animal minúsculo, no canto inferior à direita, apresta-se a entrar no caminho que, eventualmente, vai conduzi-lo para casa. A estrada é sinuosa, passando perto da ameaça de morte (no canto inferior, à esquerda). E, então, a via divide-se em dois sentidos: à esquerda, ela conduz com segurança até o domicílio, ao passo que a da direita vai para a sala de espetáculos junto à qual se esconde uma criatura ameaçadora.

Observemos que no canto inferior, à esquerda, um caminho tem início na morte e extrapola a página. A mãe dessa criança interpretou tal elemento, em um plano simbólico, como a manifestação da possibilidade de uma vida após a morte.

Obviamente, essa garota mostra-se capaz de tratar o assunto da segurança da vida em um nível metafórico; desse modo, ela indica que dispõe, apesar de sua tenra idade, de possibilidades de elaboração já amadurecidas.

5

Violências, entre outras, de natureza sexual

A criança, no sentido jurídico do termo, é a pessoa com idade inferior a 18 anos, tanto na França quanto para a Convenção sobre os Direitos da Criança (cf. adiante), ou seja, um menor de idade. Para os psicólogos, a infância continua sendo aquele período que vai do nascimento até o advento da adolescência.

Do ponto de vista jurídico, a criança – que é, na essência, vulnerável – usufrui do direito fundamental à proteção "a fim de garantir o respeito à sua integridade física e sexual" (Rosenczveig, 2019). Proteção necessária na medida em que um grande número de crianças e adolescentes – que encontramos no decorrer de nossa prática profissional – continuam sendo vítimas de violência de naturezas física, moral e sexual*.

5.1 UM CONSENSO QUASE PLANETÁRIO

A Convenção sobre os Direitos da Criança (CDC) foi adotada por unanimidade, em 20 de novembro de 1989, pela Assembleia Geral da

---

*A propósito cf. "Proteção de Crianças e Adolescentes contra as Violências". Disponível em: https://www.unicef.org/brazil/protecao-de-criancas-e-adolescentes-contra-violencias [N.R.].

ONU**. No decorrer dos anos ela foi completada por três protocolos facultativos: o primeiro diz respeito ao Envolvimento de Crianças em Conflitos Armados; o segundo sobre a Venda de Crianças, a Prostituição Infantil e a Pornografia Infantil; e o terceiro estabelece um Procedimento de Comunicações (mecanismos nacionais e regionais que permitem a qualquer criança apresentar denúncias pela violação de seus direitos), consagrando a competência de um Comitê dos Direitos da Criança**. Trata-se de uma convenção quase planetária pelo fato de ter sido adotada por todos os países, exceto os Estados Unidos[13]; entre os primeiros signatários estão França, Bélgica, Itália, Brasil e Benin. Convém sublinhar que se trata de um texto vinculativo para os Estados signatários; evidentemente, em alguns países as práticas nem sempre correspondem às intenções declaradas.

Desse importantíssimo documento vamos considerar, em particular, dois artigos que dizem respeito diretamente ao nosso propósito neste capítulo:

Artigo 19

Os Estados-Partes devem adotar todas as medidas legislativas, administrativas, sociais e educacionais apropriadas para proteger a criança contra todas as formas de violência física ou mental, ofensas ou abusos, negligência ou tratamento displicente, maus-tratos ou exploração,

---

** Entrou em vigor em 2 de setembro de 1990 e foi ratificada pelo Brasil em 24 de setembro de 1990. Disponível em: https://www.unicef.org/brazil/convencao-sobre-os-direitos-da-crianca Cf. também *Estatuto da Criança e do Adolescente* (ECA), Lei Federal n.º 8.069, de 13 de julho de 1990: regulamenta o artigo 227 da Constituição Federal que define as crianças e os adolescentes como sujeitos de direitos, em condição peculiar de desenvolvimento, que demandam proteção integral e prioritária por parte da família, da sociedade e do Estado. Disponível em: https://www.gov.br/mdh/pt-br/navegue-por -temas/crianca-e-adolescente/publicacoes/o-estatuto-da-crianca-e-do-adolescente [N.R.]. *A propósito desses 3 protocolos: • Envolvimento de Crianças em Conflitos Armados - aprovado pela ONU em 2004, foi promulgado pelo Governo Brasileiro por meio do Decreto 5.006/2004. Disponível em: https://www.unicef.org/brazil/convencao-sobre-os -direitos-da-crianca#protocolo_conflitos • Venda de Crianças, a Prostituição Infantil e a Pornografia Infantil - adotado pela Assembleia Geral das Nações Unidas em 2000, foi promulgado pelo Governo Brasileiro por meio do Decreto 5.007/2004. Disponível em: https://www.unicef.org/brazil/convencao-sobre-os-direitos-da-crianca#protocolo_venda • Procedimento de Comunicações - adotado pela Assembleia Geral da ONU em 2011, foi ratificado pelo Brasil por meio do Decreto 85/2017. Disponível em: https://www.uni cef.org/brazil/convencao-sobre-os-direitos-da-crianca#protocolo_comunicacoes [N.R.].
13. Assinada pelo Presidente Clinton, essa Convenção ainda não foi ratificada pelo Senado dos EUA.

5. Violências, entre outras, de natureza sexual

inclusive abuso sexual, enquanto a criança estiver sob a custódia dos pais, do tutor legal ou de qualquer outra pessoa responsável por ela.

Artigo 34

Os Estados-Partes comprometem-se a proteger a criança contra todas as formas de exploração e abuso sexual. Para tanto, eles devem adotar, em especial, todas as medidas em âmbitos nacional, bilateral e multilateral que sejam necessárias para impedir:

– o incentivo ou a coação para que uma criança dedique-se a qualquer atividade sexual ilegal;

– a exploração da criança na prostituição ou em outras práticas sexuais ilegais;

– a exploração da criança em espetáculos ou materiais pornográficos.

Essa convenção internacional desempenha, na história da humanidade, um papel tão considerável e até superior ao da Declaração dos Direitos Humanos de 1789. Ela não se contenta em afirmar direitos, mas confere-lhes sentido, além de contribuir para uma dinâmica no terreno em favor dos direitos reais das crianças. Conscientemente ou não, no exercício de nossas funções – enquanto político, profissional, ativista ou mero cidadão –, devemos fazer referência, com regularidade, a esse texto (Rosenczveig, 2019).

5.2 VIOLÊNCIAS DE NATUREZA FÍSICA E/OU MORAL

Durante muito tempo, na França, foram toleradas as violências leves exercidas sobre as crianças pelos pais, em nome de sua missão e do poder que lhes é conferido por lei. Tal atitude deixou de ser possível desde a lei de 10 de julho de 2019 sobre a proibição das violências correntes na área da educação, a qual preconiza uma autoridade parental livre de violência, desde seu artigo 1º: "A autoridade parental exerce-se sem violências físicas ou psicológicas".

Efetivamente, essa lei é um grande passo em frente, elogiada pelos profissionais dedicados à infância, categoria da qual fazemos parte. No entanto persiste o uso das mais graves violências:

No seio das próprias famílias, 72 crianças são mortas por ano. Um relatório assustador da Inspection Générale des Affaires Sociales [Inspecção-Geral dos Assuntos Sociais] mostra que esse número, infelizmente, não está diminuindo. Além disso, mais da metade das crianças em questão sofreram violências graves e repetidas antes de sua morte [...] muitas vezes detectadas – e isso é o pior! – por profissionais (resposta do secretário de Estado ao ministro das Solidariedades e da Saúde, publicada no DO Sénat de 19/02/2020).

Além dos infanticídios, continuam sendo exercidas violências repetidas que provocam sofrimentos e são sempre deletérias para o desenvolvimento da criança. Para um grande número delas, as violências de natureza moral e as humilhações fazem parte das violências cotidianas.

Às vezes, encontramos essas crianças em consulta; muitas vezes, por medo, vergonha ou lealdade, elas não denunciam diretamente as violências de que são vítimas. Elas têm dificuldade em expressá-las com palavras ou evitam falar a esse respeito, no entanto o desenho dá-lhes a oportunidade de manifestar uma experiência dolorosa.

Vio*1

Esse fragmento do desenho foi feito por um menino de 11 anos. Inicialmente, ele não diz nada, talvez mostre uma forma de espanto diante do que acaba de produzir. Em seguida, a partir de uma observação da psicóloga sobre as mãos desproporcionais do personagem, ele responde com precisão: "É um segredo que deve ficar entre nós. Você não deve falar com ninguém a esse respeito. Trata-se da mamãe". E acrescenta: "Fico com medo quando ela me bate". Ele continua confidenciando que já contou para a mãe que tem medo dela, mas depois disso não ocorreu nenhuma mudança.

As situações propostas (*imagens Vio1, 2, 3, 4, 5*) representam as violências cometidas contra a criança por um agressor bem identificado, pai ou mãe. Por vezes, a última torna-se cúmplice passiva das violências exercidas pelo outro progenitor. Também há famílias em que a violência é estrutural e cotidiana. Não existe um agressor designado, mas uma constelação de sujeitos cujas relações são marcadas pela agressividade, pela violência verbal e, às vezes, também por espancamentos.

***Vio** = Violências [N.R.].

5. Violências, entre outras, de natureza sexual

A série de desenhos a seguir ilustra violências intrafamiliares, talvez as mais numerosas. Nós, no entanto, não ignoramos o assédio na escola ou nas redes sociais, ou a chantagem. Muitas vezes, recebemos em consulta adolescentes ou jovens adolescentes vítimas dessa violência, mas não dispomos de desenhos para demonstrá-la porque essas vítimas raramente exprimem-se – para não dizer, nunca – por meio do desenho.

As mãos grandes e o braço comprido podem levar-nos a pensar nas violências sofridas, por isso um *tapa* é sempre possível.

Vio2
Desenho rapidamente traçado por um garoto de 5 anos. Das consultas emerge o sentimento de uma criança que sofre. Na família, assim como na escola, existem momentos de alívio, que ele é incapaz de controlar, para colorir seu comportamento. Depois de ter desenhado, em companhia do psicólogo, ele não consegue dizer uma palavra a respeito do desenho nem experimentar qualquer sentimento de culpa. Agitado, agressivo, ele provoca seus pais; dá mostras de violência desde a creche – dava pancadas e mordidas. O pai é descrito pela mãe como alguém muito violento, em palavras e ações, com o filho. O desenho representa a violência do pai que, servindo-se de sua mão, bate no rosto do filho, que faz xixi... com medo, pânico, dor?

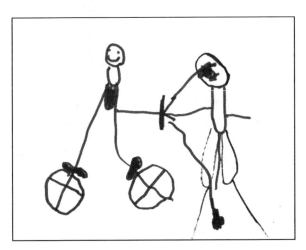

5.3 VIOLÊNCIAS SEXUAIS, INCESTO

Em muitos países – e particularmente na França – ocorreu a liberação da fala para denunciar – às vezes, muitos anos depois da ocorrência e quase sempre à custa de grande sofrimento – as violências sexuais sofridas durante a infância[14]. Além da fala, foi libertada a escuta dos profissionais e de toda a sociedade diante dessas revelações que acontecem anos depois dos fatos: "A libertação da escuta – mais do que da fala – permite hoje, e isso é realmente recente, a consideração das revelações tardias – pela sociedade e pela justiça – qualquer que seja a forma assumida por elas" (Eliacheff, 2021).

Vio3

Menino ansioso, de 10 anos, que vive em um ambiente familiar no qual as violências verbais ocorrem entre os pais, entre pais e filhos e entre os irmãos. Seu primeiro desenho representa uma refeição em família na qual pipocam um xingamento – "Você é um zero à esquerda" –, a gritaria dos pais – "Fiquem quietos!", "Calem-se!" –, além de um imparável falatório dos outros filhos. O autor atribui a seu desenho este título: "A violência não resolve nada".

Os profissionais dedicados à infância – categoria da qual fazemos parte – recebem confidências de jovens vítimas, identificam situações de controle, acompanham em psicoterapia crianças e adolescentes abusa-

---

14. "Se você falar, estou ferrado. Sinto vergonha demais. Por gentileza, ajuda-me a dizer-lhe não" (Kouchner, 2021). Cf. também, Valentim (2023); Habigzang (2008); Zavaschi (1991) [N.R.].

5. Violências, entre outras, de natureza sexual

dos sexualmente no seio da família ou no interior de instituições, mas nem sempre têm uma visão exaustiva da situação. Estudos, comitês e livros recentes têm levado ao conhecimento de um maior número de pessoas a amplitude de tal fenômeno.

A Commission Sauvé – nome do presidente da Ciase [Comitê Independente sobre os Abusos Sexuais na Igreja (na França)*] – empreendeu uma pesquisa aprofundada sobre as violências sexuais cometidas no seio da Igreja Católica no período entre 1950 e 2020. A situação é devastadora, com 216.000 vítimas agredidas sexualmente por membros do clero – até 330.000 se for incluído o número de leigos ligados à Igreja.

Em 2020, o instituto de sondagens, IPSOS, por conta da Associação Face à l'inceste [Face ao incesto], entrevistou uma amostra representativa de 1.033 pessoas. No caso concreto, de novo, os resultados revelam um aumento em relação a pesquisas anteriores, já que 10% da população declarou ter sido vítima de incesto durante a infância, sendo que 78% das vítimas eram mulheres. Aliás, esses números são consistentes com os da pesquisa da população geral realizada pelo Inserm** para a Comission Sauvé, que havia mostrado que na população adulta da França, 5,5 milhões de mulheres e de homens tinham sido vítimas de violências sexuais na infância, ou seja, 1 em cada grupo de 10. Observemos que os mais vulneráveis – estamos pensando nas crianças com deficiência – são também mais frequentemente vítimas de tal violência (2,9 mais vezes).

---

*Em relação ao Brasil, cf. Gusmão e Morgado Braga (2023). Resultado de três anos de pesquisas desses dois jornalistas investigativos: pelo menos 108 membros do clero estiveram envolvidos em abuso sexual de 148 crianças, adolescentes ou pessoas com deficiência intelectual em 96 cidades de 23 estados. Cf. https://www1.folha.uol.com.br/folha-social-mais/2023/06/livro-traz-panorama-inedito-sobre-pedofilia-na-igreja-catolica-no-brasil.shtml [N.R.].

**Sigla de Institut National de la Santé et de la Recherche Médicale [Instituto Nacional da Saúde e da Pesquisa Médica] [N.R.].

Vio4

Este segundo desenho – intitulado por seu autor de "Violência na TV, bom entendimento na família" – mostra a família em paz. De fato, toda a família reunida assiste, em clima de alegria, a um filme de violência, como se a violência tivesse de exprimir-se sempre nessa família, de uma forma ou de outra. Durante a entrevista, esse garoto relaxa um pouco e evoca a situação de extrema violência do atentado no Bataclan; lembra-se de uma criança que se escondeu nos camarins, debaixo das chaminés, tendo escapado da morte. Daí tira a seguinte lição: "Uma criança que sabe virar-se, que tem imaginação, pode sobreviver". "Mas você diz para si mesmo que pode morrer a qualquer momento onde estiver, há sempre a possibilidade de morrer. A qualquer momento pode ocorrer alguma alteração". Por meio dessa observação lúcida e dolorosa, ele expõe suas angústias. Em seguida, volta a falar da família e acrescenta: "Há coisas pelas quais o mundo passou, por exemplo, os atentados, e outras que nós sofremos todos os dias, ou seja, as brigas na família".

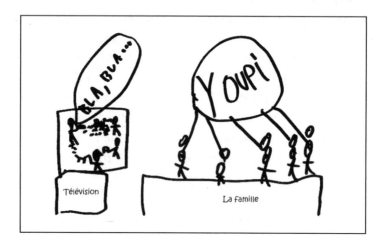

Em 23 de janeiro de 2021, o presidente francês anunciou a criação de uma Commission indépendante sur l'inceste et les violences sexuelles faites aux enfants (CIIVISE [Comitê independente sobre o incesto e as violências sexuais perpetradas contra crianças]), e nomeou como seus presidentes: Édouard Durand, juiz de Direito titular da Vara da Infância e da Juventude, e Nathalie Mathieu, diretora-geral da Association Docteurs Bru*.

---

*Associação Docteurs Bru foi criada em 1994 pela Dr.ª Nicole Bru, presidente dos laboratórios farmacêuticos UPSA, para acolher meninas e adolescentes vítimas de incesto e de violências sexuais. Cf. https://www.associationdocteursbru.org/qui-sommes-nous/association/ [N.R.].

5. Violências, entre outras, de natureza sexual

O objetivo desse Comitê é duplo: em primeiro lugar, conhecer e divulgar a amplitude de tais violências cometidas contra crianças e seus mecanismos, além de conscientizar a sociedade e os profissionais dedicados à infância para esse fenômeno; e, em segundo lugar, formular recomendações para fortalecer a cultura da prevenção e da proteção das crianças no âmbito das políticas públicas. O apelo lançado pela CIIVISE recolheu, em alguns meses, um número superior a 10.000 testemunhos. As conclusões provisórias publicadas em março de 2022 indicam que

> é possível estimar, anualmente, um total de 160.000 crianças vítimas de violências sexuais; assim, devemos ir à procura delas para protegê-las. Essa é a urgência e é a razão pela qual a identificação desse tipo de violência, assim como a segurança e o cuidado das crianças vítimas, devem ser mencionados antes da prevenção que, no entanto, não deixa de ser absolutamente indispensável (CIIVISE, 2022).

Vio5
Desenho de um menino de 5 anos, uma criança que "faz birras". Seu pai é muitas vezes brutal em palavras e gestos com o filho, e também violento contra a esposa. O pai justifica tal atitude ao filho sob o pretexto do estresse no trabalho. Por sua vez, esse menino parece muito inibido na escola.

Não se limitando ao confronto entre a vítima e seu abusador, o incesto acaba deixando sua marca, durante muitos anos, em toda a família: eis o que Camille Kouchner descreve com precisão no livro já mecionado, *La familia grande*. Não se trata aqui de uma família necessitada que estivesse recebendo os benefícios da assistência social; ao invés disso, o drama desenrola-se na grande burguesia, em que os protagonistas são um renomado cientista político, uma diretora do departamento de livros do ministério da Cultura, uma atriz de cinema, um ministro e crianças que são bem-sucedidas nos estudos. Mas o impacto desse texto reside em uma verdade que transcende as classes sociais. Há esse adolescente de 14 anos sob a influência de um padrasto – não importa se o adulto obtém o poder mediante sua aura, inteligência ou força física – que o obriga a praticar felações. Há a vergonha experimentada pela vítima, que confidencia seu infortúnio à irmã gêmea: "Guarda este segredo. Foi o que prometi a ele, então você vai me prometer também. Se você falar, estou ferrado. Sinto vergonha demais. Por favor, ajude-me a dizer-lhe não" (Kouchner, 2021). Então um véu é colocado sobre o que deve ser escondido sem que deixe de constituir um veneno.

Assim, os adolescentes crescem com a negação como remédio, têm conhecimento do que se passa e, ao mesmo tempo, ignoram. Ele deseja construir sua vida, esquecer o sofrimento, assim como todos os fatos e lugares que o reativam. Por sua vez, a irmã gêmea, vítima colateral, carrega os estigmas: sente-se asfixiada, torna-se anoréxica.

Passaram-se anos. Por seu turno, acabaram sendo pais e, para proteger os próprios filhos, decidem finalmente falar sobre o assunto com a mãe. Mas por que esperar tantos anos para compartilhar esse sofrimento? Certamente, para evitar o que mais temiam: a ruptura definitiva da família e, em particular, o rompimento com a mãe. Mas o que tinha que acontecer, aconteceu. Com a libertação da fala, a mãe diz ao filho: "Você sabe que ele está arrependido. Vive atormentado. Mas ele acabou reconsiderando as coisas, é claro, você já devia ter mais de 15 anos. Não chegou a haver sodomia, nem felações, mesmo assim é algo muito diferente" (Kouchner, 2021). E para a filha: "Vi o quanto você amava meu homem. Eu soube imediatamente que você tentaria roubá-lo de mim. Sou eu a vítima" (Kouchner, 2021). Depois dessas palavras, a temida ruptura torna-se irreversível.

5.4 O QUE DIZ A LEI?

O Código Penal francês define três tipos de infração:
– O estupro (art. 222-223ss.): todo ato de penetração sexual, seja qual for sua natureza, cometido contra outra pessoa ou contra o próprio autor, por violência, coação, ameaça ou surpresa.

5. Violências, entre outras, de natureza sexual

- A agressão sexual (art. 222-29): a agressões sexuais, salvo o estupro, são punidas com sete anos de prisão e 100.000 € de multa[15].
- A importunação sexual (art. 227-25): fora dos casos de estupro ou de agressão sexual previstos na seção III do capítulo II do presente título, o fato de alguém, maior de idade, exercer uma importunação sexual em alguém com idade inferior a 15 anos é punido com sete anos de prisão e 100.000 € de multa.

A lei de 21 de abril de 2021[16], que visa proteger os menores de idade em relação a crimes e delitos sexuais, assim como ao incesto, constitui um importante avanço da legislação que vem sendo reivindicado há vários anos pelos magistrados, um dos quais – em que estamos pensando –, J.-P. Rosenczveig[17]. Os juízes deixam de ser obrigados a estabelecer uma violência, uma coerção, uma ameaça ou uma surpresa para constatar e punir o estupro ou a agressão sexual; portanto deixou de ser levado em conta o consentimento da criança com idade inferior a 15 anos e, nos casos de incesto, com idade inferior a 18.

Quatro novas infrações são criadas no Código Penal para punir atos sexuais perpetrados contra crianças:

- o crime de estupro cometido contra criança com idade inferior a 15 anos, sancionado com 20 anos de prisão;
- o crime de estupro incestuoso contra criança (com idade inferior a 18 anos), sancionado com 20 anos de prisão;
- o delito de agressão sexual contra criança com idade inferior a 15 anos, punível com 10 anos de prisão e multa de 150.000 €; e

---

15. No Brasil, a agressão sexual é definida pelo artigo 213 do Código Penal – Decreto-Lei n.º 2.848/40: "Constranger alguém, mediante violência ou grave ameaça, a ter conjunção carnal ou a praticar ou permitir que com ele se pratique outro ato libidinoso" (Redação dada pela Lei n.º 12.015, de 2009). E no artigo 226 do Título VI, que trata dos crimes contra a dignidade sexual, estipula que "a pena é aumentada de metade se o agente é ascendente, padrasto ou madrasta, tio, irmão, cônjuge, companheiro, tutor, curador, preceptor ou empregador da vítima ou que, por qualquer outro título, tem autoridade sobre ela" (Redação dada pela Lei n.º 11.106, de 2005) [N.T.].

16. Cf. https://www.vie-publique.fr/loi/278212-loi-21-avril-2021-violences-sexuelles-sur -mineurs-et-inceste.

17. Juiz de Direito titular da Vara da Infância e da Juventude em Bobigny (cidade a nordeste de Paris, sede do departamento de Seine-Saint-Denis).

– o delito de agressão sexual incestuosa contra criança (com idade inferior a 18 anos), punível com 10 anos de prisão e multa de 150.000 €.

O texto completa também a definição de estupro, mencionando atos bucogenitais, além de estender o perímetro do incesto a tios(as)-avós.

Por fim, a lei não altera o prazo de prescrição para crimes sexuais perpetrados contra crianças, que permanece fixado em 30 anos a partir da maioridade da vítima, ou seja, até os 48 anos. No entanto, um princípio de "prescrição móvel" é introduzido: o prazo de prescrição para o estupro cometido contra uma criança pode ser, dali em diante, prolongado se a mesma pessoa estuprar ou abusar sexualmente de outra criança até o prazo de prescrição relativo a essa nova infração.

Esse princípio da prescrição móvel aplica-se também aos delitos sexuais contra crianças (agressões e abusos sexuais). A prática de uma nova infração pode prolongar o prazo da prescrição com respeito a uma infração antiga.

5.4.1 A sanção penal do incesto

Desde 2016, o incesto é considerado enquanto tal pela lei francesa.

(Art. 222-22-3)

Os estupros e as agressões sexuais são considerados incestuosos quando cometidos por/pelo:

1° Um ascendente.

2° Irmão, irmã, tio, tia, tio-avô, tia-avó, sobrinho ou sobrinha.

3° Cônjuge, concubino de uma das pessoas mencionadas em 1° e 2° ou o parceiro vinculado por um pacto civil de solidariedade a uma das pessoas mencionadas em 1° e 2°, exercendo sobre a vítima uma autoridade de direito ou de facto.

5.4.2 Punição civil por incesto

Retirada do poder paternal do agressor.

(Art. 222-31-2)

Quando o estupro incestuoso ou a agressão sexual incestuosa são cometidos contra uma criança por uma pessoa com autoridade parental sobre a vítima, o juiz deve decidir a retirada total ou parcial dessa autoridade, incluindo a retirada do exercício dessa autoridade na medida em que diga respeito a outras crianças, irmãos e irmãs, da vítima.

5.5 IR À PROCURA DAS VÍTIMAS-CRIANÇAS PARA PROTEGÊ-LAS

> Ir à procura das vítimas-crianças é, portanto, uma atitude voluntarista de cada adulto e da instituição em que ele trabalha. Em vez de esperar que a criança revele as violências, trata-se de permitir que ela faça tal denúncia estabelecendo um clima de confiança (CIIVISE, 2022).

Numerosos profissionais dedicados à infância reivindicam tal atitude, mas a determinação, inclusive com as melhores intenções, é insuficiente para identificar, intervir e, em última instância, proteger a criança; sem sua confiança espontânea, os indícios de uma agressão sexual hão de permanecer tênues, pouco específicos.

No dia 16 de novembro de 2021, propusemos, em companhia da psiquiatra infantil, psicanalista e escritora Caroline Eliacheff, no âmbito da APPEA[18], um webinário intitulado Violences sexuelles, inceste: rarement exprimés par le langage, les indices de souffrance que les psychologues doivent décrypter [Violências sexuais, incesto: manifestados raramente pela linguagem, os indícios do sofrimento que devem ser decifrados pelos psicólogos]. Nosso objetivo consistia – e continua sendo – em partilhar com os profissionais dedicados à infância indicadores e sinais, muitas vezes bastante fracos, suscetíveis de chamar a atenção do terapeuta.

5.5.1 Sinais polissêmicos

O primeiro dos casos, o mais evidente, continua sendo o desvelamento. Trata-se de uma criança ou de um(a) adolescente que, no decorrer de uma entrevista, evoca, direta ou indiretamente, a agressão sexual ou os efeitos dela. Chegamos a conhecer uma jovem adolescente de 12 anos que, no final da segunda sessão de uma avaliação psicológica, enquanto o psicólogo, depois de lhe dizer que tinha gostado de trabalhar com ela, de conhecê-la, perguntou-lhe se gostaria de dizer alguma coisa antes de despedirem-se, proferiu um lacônico: "Meu tio vai longe demais". Essa afirmação concisa foi o suficiente para colocar de sobreaviso o psicólogo e ele retomar a entrevista.

---

18. Sigla de Association Francophone de Psychologie et Psychopathologie de l'enfant et de l'adolescent [Associação Francófona de Psicologia e de Psicopatologia da Criança e do Adolescente].

Durante tal desvelamento, a postura do terapeuta deve ser imbuída pela benevolência para com as atitudes suscetíveis de acompanharem o relato do ocorrido: às vezes, elas podem parecer contraditórias à gravidade dos fatos. Por exemplo, um adolescente pode banalizar os fatos, dissimulá-los mediante um discurso factual sobre outros assuntos, atribuí-los a uma pessoa do círculo de suas relações, ou, ainda, "ter uma atitude provocadora, agitada, em permanente oposição ao interlocutor e, ao mesmo tempo, demonstrar confiança e pedir ajuda ao terapeuta" (HAS [Haute Autorité de Santé], 2011).

Por outro lado, os sintomas do comportamento são raramente característicos de violências sexuais por serem polissêmicos e suscetíveis de ocorrerem em diversos contextos. No entanto, uma atenção particular deve ser prestada quando estão associados entre si, são repetidos, estão inscritos em um período de longa duração ou não se explicam de maneira racional. "Sinais de negligência ou de agressões físicas ou psicológicas contra crianças podem sugerir também um possível abuso sexual associado" (HAS [Haute Autorité de Santé], 2011).

Chamamos a atenção para alguns sinais de pedidos de ajuda que não são específicos da agressão sexual, mas polissêmicos por serem encontrados em outras problemáticas. No entanto vamos levá-los em conta não para alertar, denunciar, mas para nós mesmos, a fim de redobrarmos a vigilância e aprofundarmos a nossa investigação:

- As manifestações somáticas, como dores de cabeça e de estômago, perda do fôlego, descrita por vários colegas, palpitações, tremores e, às vezes, coceira no corpo; talvez para aliviar simbolicamente, para desviar a sensação de ter sido tocado, para livrar-se de algo, limpar o corpo conspurcado?
- Os distúrbios de comportamento, como expressar agressividade, violência.
- Os transtornos do sono e/ou da alimentação.
- Os sintomas depressivos e, em primeiro plano, a irritabilidade.
- Um comportamento ou um interesse sexual anormal em relação à idade.

5.5.2 O desenho, um vetor privilegiado

Às vezes, crianças ou jovens adolescentes tiram proveito de um desenho para inserirem, consciente ou inconscientemente, sinais de pedido

5. Violências, entre outras, de natureza sexual

de ajuda, indícios tênues, comentários ambíguos que devem ser decifrados por nós. Porém, muitas vezes as produções gráficas aparecem para nós – como já observamos no capítulo dedicado ao trauma – de modo rudimentar, até mesmo estereotipadas, e de leitura pouco evidente. Como sempre, *a posteriori* – quando, por exemplo, a agressão sexual é comprovada –, as interpretações passam a parecer simples e elucidativas, além de se verificar a imposição dos símbolos.

É a partir dessa dupla constatação e de nossos encontros com crianças vítimas de violências sexuais que selecionamos elementos – sinais, às vezes evidentes, outras vezes fracos – que podem colocar-nos de sobreaviso.

5.5.2.1 Elementos sem ambiguidade

Vio6

Fragmento de um desenho feito por uma menina de 10 anos. Todos os detalhes sexuais estão devidamente representados. A hipótese levantada é a de uma criança que presenciou a troca de carícias sexuais da irmã mais velha.

Vio7

Desenho de um personagem feito por um menino de 7 anos. Evidentemente, o desenho coloca de sobreaviso a psicóloga, que procura aprofundar seu conhecimento a respeito da situação. Embora inequívoco, o desenho de um personagem com um sexo entre as pernas nem sempre significa que o desenhista seja vítima de violências sexuais.

5.5.2.2 O leito, o quarto

Em sua grade diagnóstica das agressões sexuais, a pesquisadora norte-americana Valerie Van Hutton propõe o item *Janelas abertas ou superdimensionadas* como um indicador, entre outros, que podem levar à suspeita de que o sujeito é ou foi vítima de violências sexuais (Van Hutton, 1995). Indicador a ser considerado com extrema precaução, cujo único efeito consiste em mobilizar a vigilância do terapeuta, mas que continua sendo um sinal fraco demais para ser compartilhado (Blanchouin et al., 2005).

Um colega belga manifestou seu desejo em partilhar a situação descrita nas *imagens Vio8, 9 e 10*. A criança desenha uma cama enorme, comprida demais para o seu tamanho, o que interpretamos, posteriormente, como um indicador de violência sexual. De fato, a experiência mostra-nos que as representações do leito são sempre adaptadas ao tamanho da criança desenhada que está deitada; mesmo que, na vida real, a criança durma em uma cama de adulto. Representar no papel um leito de tamanho muito grande coloca de sobreaviso o terapeuta que, aqui novamente, vai apreender esse símbolo com precaução.

5. Violências, entre outras, de natureza sexual

Vio8

Desenho de uma criança de 8 anos. Observemos o leito de um comprimento desproporcional em relação ao tamanho do personagem representado. Esse desenho é a primeira etapa, reconstituída, do desenho final, que é dividido em três partes. Após o abuso cometido pelo pai, essa criança mora com a mãe e seu companheiro.

Etapa 1: Ela faz o desenho de si mesma em seu quarto, em cima da cama, e diz que fica com muito medo quando anoitece.

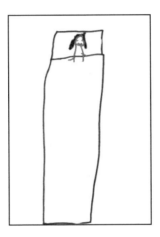

Vio9

Etapa 2: Ela ouve passos na escada, talvez – ela se questiona –, seja o gato ou o padrasto. Então desenha apressadamente um cobertor vermelho em cima da cama, para se proteger, para disfarçar a parte inferior do corpo.

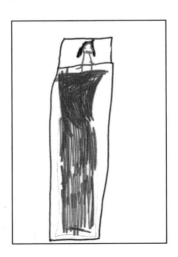

Vio10
Etapa 3: O padrasto entra, então, no quarto...
Com base nesses elementos, a psicóloga poderá ajudar essa criança.

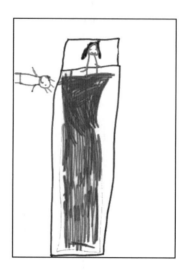

5.5.2.3 O corpo conspurcado

O corpo tem marcas de "amassos", como foi indicado por uma vítima. O corpo está sujo, manchado, imundo e, até mesmo, desonrado. No decorrer das entrevistas, as crianças não fornecem explicações a respeito das manchas espalhadas pelo corpo. Assim, somente depois da revelação é que, revendo os desenhos, é possível obter esclarecimentos.

Vio11 e Vio12
Fragmentos de dois desenhos de uma criança de 9 anos (cf. caso clínico) desenhando o corpo de uma menina cravejado de pontos que, mais tarde, ela irá identificar como se fossem "amassos".

5. Violências, entre outras, de natureza sexual

Vio13

Fragmento do desenho de um menino de 7 anos. Ele havia sido vítima de incesto cometido por seu tio-avô, mas o fato continua sendo um tabu na família. Ele representa-se, em um desenho de família, com o corpo manchado de olhos. Ele afirma que, dessa forma, "a criança não corre o risco de ser cega" e – pensa o psicólogo –, simbolicamente, pode dar a conhecer a todos que sabe das coisas, que as viu.

5.5.2.4 Simbolismo fálico

Os desenhos retratam os sexos, às vezes, de maneira explícita, outras vezes, de forma mais simbólica. Algumas representações parecem-nos ser muito chocantes, realistas e, por isso mesmo, perturbadoras.

Vio14

Fragmento de um desenho feito por um menino de 8 anos que aparece muito perturbado. É outra vítima de incesto.

(Texto da ilustração: "aled, alede" [à l'aide = ajude-me])

Vio15

Fragmento de um desenho feito por uma menina de 10 anos. Entre imagens bastante sombreadas, o desenho completo é demasiado ansiogênico: representação inequívoca.

Vio16

Desenho de uma menina de 8 anos. Um pequeno pinguim com seu pipi. Dele saem bolinhas, deixando poucas dúvidas sobre o que essa criança pretende exprimir.

5. Violências, entre outras, de natureza sexual

Vio17

Fragmento de um desenho feito por uma menina de 9 anos (cf. caso clínico). Ela representa o psicólogo com uma capa, como se fosse um super-herói que virá em sua ajuda, desenhando nele um símbolo fálico: uma gravata. Observemos que esse símbolo pode ser colocado também em um personagem desenhado que, nesse caso concreto, representa uma forma de proteção. Em sua grade diagnóstica das agressões sexuais, V. Van Hutton propõe o item *gravata sublinhada* (Van Hutton, 1995) como indicador de violência sexual; deve ser interpretado com extrema precaução (Blanchouin et al., 2005).

5.5.2.5 Sinais fracos

Eles são certamente muito numerosos, à semelhança dos símbolos. Muitas vezes, difíceis de apreender, eles devem ser levados em conta com precaução. São alertas a serem verificados. Propomos dois exemplos extraídos de caso clínico.

Vio18

Observemos dois elementos que podem aparecer como sinais fracos: o fato de desenhar um personagem masculino, adulto, com a barriga desnudada, usar um "top" curto, não é, evidentemente, adequado para esse personagem. De forma mais geral, qualquer elemento de nudez pode ser entendido como um sinal fraco. O coração perfurado por uma flecha, como ocorria com o Cupido na mitologia romana, com suas flechas douradas a fim de despertarem a paixão.

Vio19

Aqui, novamente, o mito de Cupido é representado – ficamos imaginando – para lançar um pedido de ajuda e, ao mesmo tempo, para exprimir o paradoxo em que se encontra a vítima de incesto, agredida, machucada, coisificada por um parente ameaçador (impondo-lhe o silêncio), que lhe diz estar agindo por amor.

5.5.2.6 Pedidos de ajuda

Às vezes, eles manifestam-se no comentário oral e, quase sempre, projetados diretamente na página em branco, tal como é mostrado nas *imagens Vio14* – "aled, alede" [*à l'aide* = ajude-me], escreve o pequeno personagem no enorme falo – e *AgS5*, na qual a menina agredida grita: "Cadê você, mamãe? Socorro!!!!".

5.6 CASOS CLÍNICOS DE INCESTO

5.6.1 Uma sintomatologia banal

O caso clínico que apresentamos a seguir tem o objetivo de ilustrar, com cinco reproduções de desenhos, o quão tênues são os indícios que permitem, a partir de uma sintomatologia – no fim das contas, bastante habitual –, orientar-se para a suspeita de agressão sexual.

Trata-se de uma garotinha de 8 anos e meio, a quem atribuo o nome de Manon[19], que vem consultar-se, no meio do ano letivo, por causa de uma sintomatologia centrada na recusa de ir à escola sob pretexto de dores de barriga.

Durante o primeiro encontro, converso com Manon e a mãe, que, antes de procurar um psicólogo, já havia consultado um clínico geral, que prescrevera calmantes leves (fitoterapia) pensando em um distúrbio de ansiedade, cuja causa talvez fosse a escola.

---

19. Tanto o nome quanto os elementos circunstanciais foram modificados no intuito de preservar o anonimato da criança e de sua família.

5. Violências, entre outras, de natureza sexual

Outras iniciativas também foram tomadas pela família: a primeira, com relação à escola. Os pais pensaram imediatamente em dificuldades de relacionamento por parte da filha com a professora ou com os coleguinhas. Tal hipótese parecia perfeitamente plausível, principalmente porque a professora de Manon era descrita como uma pessoa, embora competente, bastante severa. Isso se trataria de uma forma de fobia escolar, engendrada por uma professora ansiogênica?

Questionada pelos pais, a filha não expressou nenhum temor particular com relação à professora ou aos colegas de turma. Aliás, a professora tranquilizou a família, assim como os resultados escolares: Manon é uma criança estudiosa que se sai bem em todas as matérias. Da mesma forma, não se observa nenhuma queda das notas ao longo do ano.

A mãe de Manon chegou a alterar o horário de trabalho a fim de ter mais tempo para ficar com a filha, na parte da manhã.

A reorganização efetuada pela família e pela escola não teve nenhum efeito sobre a sintomatologia da criança. Naquela época, Manon tinha aula aos sábados: nesse dia, o pai é quem a acompanhava e ela ia com prazer, sem nenhuma espécie de renitência, nem dor abdominal. Essa observação, assim como a persistência dos sintomas apresentados por Manon, levaram a família a considerar que, embora a origem das dores permanecesse indeterminada, eram mantidas por uma forma de "capricho". De fato, Manon parecia aproveitar a atenção extra da mãe e os benefícios secundários daí resultantes.

5.6.1.1 Primeira consulta

AgS*1

---

*AgS = <u>Ag</u>ressão <u>S</u>exual [N.R.].

Compreender e interpretar desenhos infantis

Recebo uma mãe muito ansiosa e pouco à vontade, e uma criança espontânea e aberta. As palavras e perguntas de uma e de outra são focadas no sintoma. Nesse caso, o pedido explícito não é feito pelo adulto que acompanha a criança, mas por duas pessoas. A mãe não surge, portanto, como porta-voz da filha. É a própria criança que exprime o pedido: ela gostaria de compreender a que correspondem suas dores de barriga, de manhã, antes de ir para a escola. Explicitamente, Manon apropria-se do processo de consulta e, em certa medida, descarta a mãe desse espaço de fala.

Porém observo que as palavras da criança estão presas aos fatos, ao concreto, até mesmo à estereotipia. Assim, a abertura anotada anteriormente não passa de uma fachada. Durante essa conversa, tento desvendar a dinâmica, o sentido do sintoma; por exemplo, pergunto à mãe de Manon como foi a infância dela. A resposta parece banal e não percebo nenhum movimento associativo. Após várias consultas, ela me afirmou ter pensado muito, em casa, na minha pergunta.

No fim da conversa, proponho a Manon para fazer um desenho. Diante de sua hesitação, apresento-lhe como única indicação que ela efetue um desenho destinado a mim (*imagem AgS1*).

Trata-se de um autorretrato com um cachorro. A criança está sorridente e é reconhecível pelo cabelo longo e o aspecto descontraído. O único acessório é um cinto largo, que chamou a minha atenção e cuja presença chego a evocar, sem que, no entanto, eu tenha tirado disso qualquer interpretação simbólica.

5.6.1.2 Segunda consulta

AgS2

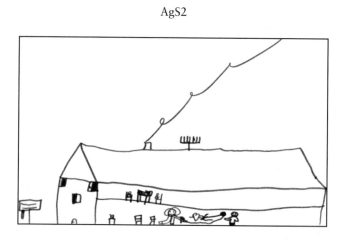

5. Violências, entre outras, de natureza sexual

Recebo Manon a sós. O rosto continua sendo afável, mas o tom é mais grave. Ela explica que os sintomas não cessam e, depois, a pedido meu, fala sobre suas relações com o irmão mais novo e com a família. Em seguida, ela exprime o desejo de desenhar, de novo, e esboça rapidamente uma casa (*imagem AgS2*). Ela fica bastante orgulhosa de sua realização em perspectiva e indica-me que o irmãozinho está jantando no primeiro andar com a mamãe enquanto a menina está no térreo.

AgS3

Interesso-me pela figuração de um personagem (*imagem AgS3*) que parece atirar uma flecha e perfurar um coração. Há ali uma representação alegórica, universal, da declaração de amor: o coração simbolizando o amor perfurado pela flecha de Eros. Manon declara que é o namorado da menina.

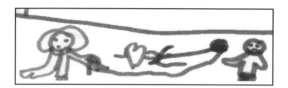

5.6.1.3 Terceira consulta

Manon vem acompanhada pelo pai, que durante alguns minutos conversa comigo. Não parece estar muito preocupado, pois confia na capacidade de recuperação da filha e pensa que se trata apenas de uma fase ruim. De imediato, Manon deseja desenhar.

AgS4

O primeiro desenho (*imagem Ags4*) coloca em cena diretamente os protagonistas da consulta: de um lado, Manon, nua, com exceção de um cinto e de uma espécie de gravata, cujo corpo está repleto de manchinhas, "bolhas de catapora"; do outro, o psicólogo ["monsieur conier"], vestindo uma capa. Para não haver ambiguidade, ela escreve meu nome em uma etiqueta, que ela liga ao personagem masculino. Entre os dois, um cachorro esquisito, com a língua de fora, aproxima-se dela.

Na consulta anterior percebi que Manon era capaz de manipular os símbolos culturais e universais. Não chego a apreender o sentido profundo do que a menina havia representado, mas entendo que ela me envia uma mensagem em relação à consulta. Compreendo que ela está em perigo e espera de mim uma intervenção salvadora, visto que representa o psicólogo como um herói equipado com uma capa.

Confio-lhe o que acredito ter compreendido e peço-lhe para me contar um pouco mais em outro desenho.

AgS5
(Texto da ilustração: "Me deixa em paz" – "Cadê você, mamãe? Socorro!!!!" – "Vem aqui, minha princesinha")

Este último desenho (*imagem AgS5*) é extremamente explícito, acompanhado, como nos gibis, de balões e textos. Há ali dois personagens: a garotinha e um personagem masculino que reconheço como o namorado que *perfurava o coração* em um desenho anterior. O tio – esse é o nome que Manon lhe atribui – tenta puxar a sobrinha em sua direção. Ela resiste, parece rechaçá-lo, e pede socorro à mãe. Embora os dois persona-

5. Violências, entre outras, de natureza sexual

gens tivessem sido esboçados com muita rapidez, é possível observar que todos os elementos gráficos têm importância: os corpos são realizados em transparência, exprimindo que, sob as vestimentas, existem zonas corporais íntimas, a roupa incompleta do homem sugere que ele está despindo-se; a figuração de um sol desgrenhado, surpreso, leva a pensar no espanto, no choque previsível do pai de Manon, que está aguardando na sala de espera; por fim, os pontos de exclamação mostram que ela é capaz de algum distanciamento em relação à expressão de sua experiência.

AgS6
(Texto da ilustração: "Para de tirar a roupa" – "Vou colocar meu agasalho em cima da cadeira")

Manon deseja realizar outro – o terceiro e último – desenho (*imagem AgS6*), que amplia a expressão da investida sexual de que havia sido vítima. Os pontinhos nos personagens representam as "esfregações" dos corpos, como se eles tivessem de conservar tal marca, como uma doença. Observa-se que Manon está deitada na cama e que o tio está despindo-se para juntar-se a ela. Portanto, o desenho permite-lhe lembrar com muita exatidão a realidade da agressão sexual.

Mesmo nesse contexto de "testemunho gráfico", sua produção não deixa de ser uma fantasia que efetua pequenos ajustes com a realidade: assim, no desenho, a menina ainda vestia uma calcinha, enquanto o homem havia tirado o agasalho; na experiência vivenciada por Manon, tal como consegue então verbalizar, ela estava nua, ao passo que o tio conservava o agasalho na cama, mas havia colocado a cueca de lado.

5.6.1.4 Epílogo

Naquele ano, Manon frequentava uma escola particular que ficava bem longe do apartamento familiar. Tendo em vista que às vezes os pais trabalhavam até tarde, o tio (irmão da mãe) pegava a garotinha na escola e levava-a para sua casa, dava-lhe um lanche e ajudava-a com os deveres, até a hora em que um dos pais (na maior parte das vezes, a mãe) ia pegá-la.

Sob o pretexto de um possível cansaço, após um longo dia na escola, ele convidava Manon a repousar na cama antes de fazer os deveres. A menina era uma vítima, mas sentia, sobretudo, uma forma de sentimento de culpa, principalmente porque a violência era intrafamiliar e os próprios pais confiavam naquele tio; ora, ele fez com que ela prometesse não revelar o "segredo deles". O sentimento de estar fazendo algo errado e a vergonha impediam qualquer possibilidade de pedir socorro.

Lembramos que, no sábado de manhã, ao ir à escola acompanhada pelo pai, ela não sentia nenhum sintoma, e que, como a aula terminava ao meio-dia e os pais estavam de folga, ela podia voltar para casa diretamente, sem passar pelo domicílio do tio.

A mãe de Manon não havia reagido à minha pergunta a respeito de sua própria infância. Mais tarde, manifestou o desejo de contar-me que em sua juventude ela própria havia sofrido com esse irmão mais velho, um tanto desequilibrado, que lhe metia medo e tirava partido da promiscuidade da vida familiar, em um pequeno apartamento, para boliná-la.

Os pais experimentaram um enorme sentimento de culpa por não terem conseguido proteger a filha; o pai manifestou seu desagrado em relação à cônjuge por ter confiado Manon a um tio pervertido, e ela própria não entendia sua escolha.

Em seus desenhos, Manon mostrou-me capacidade de elaboração e de resistência: ela afasta seu agressor, pede socorro e é capaz, em plena crise, de exprimir tal atitude por meio do desenho com um razoável distanciamento.

Logo após a família dar queixa, Manon começou psicoterapia.

Hoje, ela prepara sua formatura no ensino superior.

5.7 DESENHO DA FAMÍLIA E AGRESSÃO SEXUAL

Gabriel é um menino de 7 anos, com uma obesidade de nível 2, invadido por TOC [transtorno obsessivo-compulsivo] irreprimível desde uma viagem em colônia de férias poucas semanas antes: ele balança a

5. Violências, entre outras, de natureza sexual

cabeça, rói as unhas até sangrar e, em seguida, esfrega os dedos em seus cadernos. Ele explica que é incapaz de furtar-se a tal comportamento.

Durante a conversa de anamnese com a mãe, Gabriel balança bastante a cabeça e diz ignorar o motivo pelo qual faz isso. O psicólogo – provavelmente influenciado pela mãe, que, com meias-palavras, parece temer que ele tenha sido vítima de violência durante essa colônia – sugere a Gabriel que, segundo parece, ele faz "não" com a cabeça. O menino aprova tal interpretação e – de maneira repentina, tão habitual às crianças – não reproduzirá mais o tique.

As perguntas a respeito do início da vida de Gabriel deixam a mãe muito constrangida e, aparentemente, ela deseja relatar um fato particular. Ela decide falar e diz para o psicólogo, sem refletir, na frente da criança, que o filho havia sido abusado aos 4 anos por um tio-avô, mas nada aconteceu na família porque o homem negou tal acusação. O garoto parece não entender a explicação da mãe nem ter guardado qualquer lembrança desse episódio.

Pouco depois desse incidente, eles tinham consultado uma psicóloga, que havia confirmado que Gabriel não estava mentindo, mas, diante da aflição do pai, ela aconselhou-os a esquecer tal ocorrência. Na verdade, Gabriel não se lembrava de nada, mas certamente esse episódio era a causa do problema atual.

AgS7

(Texto da ilustração: papai; mamãe; a gata; junto à margem inferior; "a outra criança")

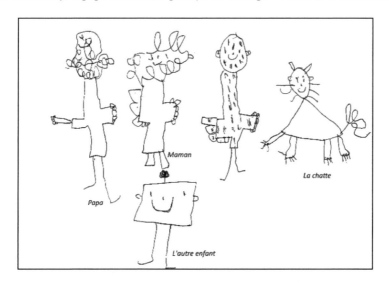

Quando o psicólogo propõe-lhe desenhar uma família imaginária (*imagem AgS7*), ele fica encantado com esse conceito, mas por não lhe vir em mente nenhuma ideia, o terapeuta sugere-lhe, então, fazer o desenho em sua casa, se ele quisesse. Na semana seguinte ele volta com um desenho lindo e estranho: todos os membros da família estão presentes, incluindo o gato. Ele explica que, no início, pretendia dizer que havia uma criança repleta de olhos e uma criança-gato, mas a mãe chamou sua atenção para o fato de que estava, então, faltando o irmãozinho (acabou-se a família imaginária!). Gabriel atribui um nome a cada personagem. Ele próprio é "a criança que não corre o risco de ficar cega" e o irmão mais novo é designado como "a outra criança": afetado por dispraxia e hiperativo, ele é representado por um quadrado (uma televisão?) sem braços.

Gabriel sente uma verdadeira afeição pela gata "Belle" [Linda], na qual ele projeta um monte de pensamentos de ternura e de angústias: por exemplo, ele diz recear que a gata possa entender "tuer Belle" [matar Belle] quando alguém lhe diz "tu es belle" [você é linda]*; dito por outras palavras, que a fala afetuosa seja percebida pela gata como uma ameaça de assassinato. Esse tipo de preocupação evoca o funcionamento das fobias de compulsão e contribui para o caráter bastante obsessivo dos sintomas de Gabriel.

Ele representa-se a si mesmo com olhos por todo o corpo. Nos desenhos de crianças vítimas de abuso, um personagem coberto de manchas pode ser vinculado à ideia de que o corpo foi conspurcado, marcado. No mesmo dia, o psicólogo fica sabendo também que o pai foi afetado por um terrível eczema desde que, depois que soube que a questão do abuso sexual havia sido abordada, recebera um convite para falar com o terapeuta. Em relação aos olhos, seu simbolismo é realmente polissêmico: vigilância, voyeurismo/exibicionismo... mas Gabriel é incapaz de dar qualquer outra explicação.

---

*Considerando que as letras "r", de "tuer", e "s", de "tu es", são mudas, realmente existe homofonia entre o primeiro termo e a locução verbal [N.R.].

6

O desenho enquanto teste projetivo em psicologia clínica infantil

6.1 O "DESENHO LIVRE" NA DINÂMICA DOS EXAMES PSICOLÓGICOS

Na perspectiva que dirige a nossa prática de psicólogo clínico, o exame psicológico não é considerado como uma simples aplicação de testes. Ele tem, de preferência, o valor de um dispositivo que permite um encontro entre um observador/examinador e alguém que é observado/examinado, entre um psicólogo clínico e uma criança ou adolescente. Trata-se, explica o psicólogo Robert Voyazopoulos, "de um método conciso e intenso de avaliação clínica e diagnóstica visando compreender a especificidade individual do funcionamento psíquico da criança, considerada como sujeito e também ator de seu destino" (Voyazopoulos, 2003).

E de acordo com o psicólogo e psicanalista, Jean Guillaumin (1923-2017),

> por sua brevidade e pela intensidade da observação exercida no seu decorrer, por sua forma dual, que o constitui em um campo fechado em que ocorre o confronto entre os protagonistas, a princípio, sem testemunhas, e, na maior parte do tempo, face a face, o exame psicológico apresenta, no mais elevado grau, condições que correspondem a uma situação de interação. Tudo ali favorece *l'influencement*[20] [o influenciamento] constante de cada um dos parceiros pelo outro (Guillaumin, 1965).

---

20. Grifo de J. Guillaumin. Cf. Stora (1963); Campos (1969); Lourenção Van Kolck (1974-1975); Anderson & Anderson (1978); Augras (1978); Serafim (2019) [N.R.].

O influenciamento – neologismo desse autor para exprimir aquilo que outros designam como transferência ou contratransferência – deve, obviamente, ser levado em conta ao longo do exame psicológico inteiro, mas em especial quando o psicólogo propõe à criança para fazer um desenho.

Nesse momento, parece operar-se um tipo de ruptura: de certa forma, psicólogo e sujeito substituem a atenção da primeira consulta, a seriedade que convém à aplicação de testes cognitivos, não por um descompromisso, mas por uma modalidade diferente de relação, marcada por um viés regressivo. Com efeito, o desenho, embora favoreça socialmente o desenvolvimento pessoal na tenra infância, adquire muito rapidamente, desde o ensino primário, o *status* de uma espécie de *hobby*, de espaço em que se admite uma liberdade que lembra os primeiros anos da infância.

O sujeito não deixa de sentir essa queda de intensidade formal do dispositivo no qual está envolvido; ele tende a apreciar a descontração suscitada pela solicitação para desenhar, mas pode também sentir uma forma de incompreensão ou de culpa, já que, na maior parte das vezes, vai consultar-se por causa de uma preocupação da família ou da escola. É óbvio que a criança ou o adolescente não entende conscientemente que a proposta de representação gráfica apresenta uma vantagem essencial para o seu parceiro, o psicólogo, que busca apreender seu funcionamento psíquico sob diversos prismas, entre os quais um inevitável: o desenho.

Na prática de um grande número de psicólogos, o desenho faz parte, assim como os testes projetivos, do exame psicológico, incluindo, como já escrevemos anteriormente, um teste geral de avaliação intelectual e cognitiva: testes tanto específicos quanto de conhecimentos escolares. Ele ocupa, portanto, um lugar de destaque ao lado, e até no cerne, dos testes projetivos, que se caracterizam como "testes cujo material é definido e padronizado, mas cujas respostas são livres" (Boekholt, 1998).

6.1.1 Contexto e temporalidade

A relação com o tempo é consubstancial ao exame psicológico, que, por sua própria concepção, é obrigado a conciliar os contrários, ou seja, a rapidez e a exaustividade. Assim, opõem-se a necessária brevidade do

6. O desenho enquanto teste projetivo em psicologia clínica infantil

dispositivo – ao invés de uma situação "de longa duração", trata-se de "um breve e intenso encontro" (Anzieu, D., 1980) – e o desejo legítimo do psicólogo de multiplicar as observações e os ângulos de avaliação a fim de alcançar uma compreensão mais detalhada do funcionamento psíquico do sujeito em exame.

A temporalidade própria ao exame psicológico envolve também – e, talvez, sobretudo – a ordem de sucessão dos testes. O exame começa sempre com uma conversa e depois, na maior parte das vezes, prossegue com um teste geral de inteligência, utilizado pelos psicólogos como "quadro de orientação". Em seguida vêm os testes específicos, conforme as necessidades da avaliação; e, por fim, os testes de personalidade.

Dependendo das escolhas e das orientações do psicólogo e em função das regras inerentes ao campo de exercícios, o exame será realizado em uma ou várias sessões. Levanta-se, então, a questão do momento adequado para pedir que a criança produza um desenho.

A partir de nossa experiência e de nossas reflexões, convidamos os profissionais que se servem do exame psicológico a darem importância à escolha desse momento. De fato, essa escolha terá repercussões sobre a qualidade, no sentido do interesse para o psicólogo, da realização pictural.

Pensamos que um desenho feito para o psicólogo, inclusive no contexto do exame, não se assemelha a outro destinado ao professor ou à família. Ainda assim, para que essa asserção seja comprovada, é preciso implementar um contexto temporal e psíquico que lhe seja favorável. Desse modo, na nossa prática, anunciamos de antemão – durante a primeira conversa com a criança – o desenrolar, a ordem das sequências e, é claro, explicamos que a atividade de desenhar faz parte do exame psicológico. Não nos parece necessário expor em detalhes, por exemplo, o momento exato em que vamos apresentar essa atividade à criança – o risco consiste em estabelecer um contexto demasiado rígido, o que pode criar, em ambas as partes, uma forma de inibição.

6.1.1.1 O lugar do desenho nos exames psicológicos

Em compensação, parece-nos totalmente conveniente que durante a avaliação o desenho ocupe um lugar de destaque; isto é, que ele

Compreender e interpretar desenhos infantis

não sirva apenas para completar uma sessão. A sugestão de recorrer à representação gráfica deve ser feita em uma hora oportuna da dinâmica que se constrói entre o sujeito e o psicólogo. Quando pode, então, situar-se esse momento fecundo? De forma alguma, no início da avaliação, enquanto os dois protagonistas ainda não se conhecem. O desenho, mais do que outros testes, traz sensibilidade à relação: o sujeito precisa sentir confiança para revelar, para deixar um vestígio de sua interioridade. Essa atividade irá inserir-se e impor-se, conforme as respectivas disposições dos parceiros, no meio ou no final da avaliação, quando as condições de escuta tornam-se ideais, permitindo conter a angústia e expressar conflitos internos, às vezes com uma concisão impressionante.

Porém, em nossa prática observamos que, às vezes, o encontro com o psicólogo é preparado com antecedência, em família. Assim, desde o primeiro encontro, durante a primeira entrevista, algumas crianças pedem para desenhar a fim de evocarem, à sua maneira, o seu sintoma, o seu pedido.

6.1.2 Uma instrução aberta

Na maior parte das vezes, no contexto do exame psicológico, ocorre o desenho, a pedido do psicólogo, obedecendo ou não a uma instrução. No desenho dito "livre", a instrução confunde-se com o pedido, por exemplo: "Você quer desenhar? O material está aí, na sua frente".

Nesse caso, o desenho é solicitado, o que retira um espaço de liberdade da criança, sem ser manifestada nenhuma expectativa em relação a uma representação peculiar. No entanto o sujeito pode experimentar o sentimento que deve atender ao desejo do adulto; ora, o fato de que ele não tenha sido formalmente verbalizado torna a tarefa ainda mais difícil e ansiogênica para ele. Em algumas crianças ou jovens adolescentes, já chegamos a observar o efeito paradoxal dessa "liberdade", que pode acarretar obstinadas resistências ou, até, uma inibição total. As condições de um desenho realmente livre não estão necessariamente reunidas quando o psicólogo abstém-se de explicitar suas expectativas.

6. O desenho enquanto teste projetivo em psicologia clínica infantil

ExP*0

Desenho feito por um menino de 8 anos que vai à consulta por enurese noturna. Desde o início, ele pede material para desenhar e expõe, no papel, seu sintoma e sentimento. Observemos seu distanciamento, que permite expor sem expor-se demais. Há uma apresentação em níveis sobrepostos: à direita, as bolhas, no estilo de história de quadrinhos, indicam que o autor – que se encontra fora da página – pensa em um menino (anônimo) que dorme e tem um sonho em que um burro e um zumbi urinam. De fato, parece dizer-nos que é preciso ser "um burro" para fazer xixi à noite durante o sono ou, ainda, encontrar-se em estado alterado, tal como um zumbi, ou seja, o "personagem que tem um ar ausente, que é desprovido de qualquer vontade" (Dicionário Larousse).

A partir dessa observação – e unicamente no contexto do exame psicológico –, optamos por um desenho dito "livre" com instruções; mesmo que sejam bastante abrangentes, elas pareceram-nos sempre inspirar uma forma de confiança e, em nossa prática, são raros os casos em que as crianças foram limitadas em sua criatividade por causa disso. Em sua época, Françoise Dolto servia-se igualmente de uma instrução: "Faça para mim um belo desenho. O que você quiser, qualquer coisa; não um desenho de escola, mas um desenho que lhe agrade" (Dolto, 1948).

Esse método que, por seu próprio dirigismo, pode representar um freio aos processos associativos durante um tratamento psicoterapêutico, parece ser, pelo contrário, perfeitamente adequado à dinâmica do exame psicológico. No nosso caso, não empregamos o qualificativo "belo", que é suscetível de conferir à relação uma forma de sedução. Propomos ao sujeito a seguinte instrução: "Faça para mim um desenho que conte uma história".

---

*ExP = Exames Psicológicos [N.R.].

6.2 O DESENHO LIVRE ENQUANTO TESTE PROJETIVO

6.2.1 Os testes projetivos

O principal cenário de utilização dos testes projetivos é, obviamente, o exame psicológico. Na maior parte das vezes, são propostos ao sujeito testes de personalidade, após uma consulta clínica e um teste geral de avaliação intelectual e cognitiva. A perspectiva deles é clínica e o resultado, em matéria de compreensão da personalidade do sujeito, integra-se aos objetivos do exame.

Vamos deixar a professora, psicóloga e psicanalista Catherine Chabert , além de ter sido cofundadora – em companhia de Nina Rausch de Traubenberg e Vica Shentoub – do Groupe de Recherche en Psychologie Projective [Grupo de Pesquisas em Psicologia Projetiva], expor o objetivo desses testes:

> [...] permitir um estudo do funcionamento psíquico individual em uma perspectiva dinâmica, isto é, fazer esforços para apreciar, ao mesmo tempo, as condutas psíquicas identificáveis, mas também suas articulações singulares e potencialidades de mudança. A questão fundamental que ordena qualquer trabalho sobre os testes projetivos equivale a questionar-se a respeito das operações mentais ativadas durante a aplicação deles, partindo da hipótese de que elas traduzem o modo de funcionamento psíquico do sujeito (Chabert, 2004).

O objetivo (ter acesso ao funcionamento psíquico de sujeitos singulares), bem como o processo, que consiste em inserir-se em uma perspectiva psicodinâmica, são compartilhados pelo profissional que lança mão do desenho no exame psicológico.

Dois grandes tipos de testes projetivos são então utilizados com a criança: de um lado, os que oferecem ao sujeito um percepto[21] difuso, "formas informes" (Roman, 2009), tratando-se aqui, principalmente, do Rorschach; e, de outro, os testes ditos temáticos, que propõem imagens constituídas de desenhos ou fotografias que colocam em cena um ou vários personagens, além de animais. Os principais testes temáticos administrados em clínica infantil são o Thematic apperception test (TAT), o Children apperception test (CAT) ou ainda o Pata Negra (PN).

---

21. O que é percebido como tal, sem referência ao conceito, como resultado do ato da percepção [N.T.].

6. O desenho enquanto teste projetivo em psicologia clínica infantil

O princípio desses testes reside na projeção, definida no *Vocabulário da Psicanálise*, como uma "operação pela qual o sujeito expulsa de si e localiza no outro, pessoa ou coisa, qualidades, sentimentos, desejos e até 'objetos' que ele desconhece ou recusa dentro de si" (Laplanche & Pontalis, 1967), mesmo que, no âmbito dos testes projetivos, o processo epônimo não seja simplesmente a expulsão, para fora de si, de elementos, mas a instauração de um "dispositivo para simbolizar" (Roman, 2009).

6.2.1.2 Escolha dos testes

A escolha dos testes é delicada, tendo de levar em conta a idade da criança, mas também sua maturidade. Para as crianças pequenas, quanto mais estruturado e bem-definido no plano manifesto o teste for – por exemplo, o Pata Negra, que utiliza imagens com contornos nítidos –, tanto mais ele será bem-adaptado. Com algumas crianças, bastante maduras, o Rorschach ou o TAT podem ser realizados por volta dos 6 ou 8 anos de idade; por sua vez, o CAT, que apresenta animais em cenas antropomórficas, convém a crianças menores, assim como àquelas um pouco mais crescidas que ainda não tenham adquirido uma maturidade psicoafetiva suficiente – que deve ser estimada pelo psicólogo. É claro, todos esses testes mobilizam a linguagem para organizar as respostas. O mesmo não ocorre com o desenho, que pode ser inteiramente não verbal, embora, em muitas situações, psicólogos e crianças troquem ideias a seu respeito depois de terminado.

Para o professor de psicologia clínica Pascal Roman , o desenho dito livre só pode ser considerado como um verdadeiro teste projetivo se o psicólogo utilizá-lo como tal, esperando extrair dele uma compreensão do funcionamento psíquico e fazendo uma leitura clínica do mesmo:

> Para adquirir sua dimensão de teste projetivo é preciso que a proposta de desenho livre esteja inscrita em um projeto do psicólogo quanto à solicitação da criança e que ela esteja explicitamente comprometida por um incentivo a desenhar o que deseja. Ela deve, então, pôr à prova sua capacidade de inscrever-se no espaço aberto pela folha em branco (no sentido de *blank*, em inglês) e organizar ali, sobre um fundo de ausência (ausência de traços, ausência de recurso a uma figuração enunciada), um tipo de roteirização que implique uma construção gráfica pondo à prova uma dinâmica de diferenciação entre conteúdo e forma (Roman, 2007).

6.2.2 O Thematic Apperception Test

6.2.2.1 O TAT criado por Murray

Henri Murray, médico, elabora em 1935 um teste para, segundo suas palavras, proceder ao estudo da personalidade da criança e do adulto. Ele seleciona reproduções de fotos, desenhos e gravuras artísticas que tenham em comum o fato de serem representações figurativas, criadas em preto e branco; e, em relação a cada imagem, pede ao sujeito para contar uma história com começo e fim. Ele levanta a hipótese de que o adulto ou a criança a quem o teste é administrado vai identificar-se com os *protagonistas* que aparecem em algumas pranchas e de que o discurso produzido é diretamente analisável e interpretável em relação à realidade da vida do sujeito.

Nem todas as imagens são mostradas ao sujeito porque algumas destinam-se aos adultos e, outras, às crianças. Outrossim, existe também, para outras, uma especificidade de acordo com o sexo do sujeito em avaliação.

Além de uma escolha pertinente das imagens, Murray introduz uma interpretação em dois momentos distintos: a análise do discurso e de sua organização e a análise dos temas abordados.

6.2.2.2 A escola francesa do TAT

Esse teste de personalidade – cujo potencial é interessante, embora suas aplicações clínicas sejam decepcionantes – foi retomado e desenvolvido nos anos de 1950 pela equipe do laboratório de psicologia clínica e projetiva do Institut de psychologie de Paris. Assim, graças especialmente a Vica Shentoub – mas também a Rosine Debray e a um grande número de outros membros dessa equipe –, o processo projetivo foi conceitualizado a partir de um teste temático, permitindo, assim, uma utilização do TAT totalmente nova.

> A iniciativa consistia em considerar o TAT – segundo uma perspectiva o mais rigorosamente psicanalítica possível, divulgada, então, pelos ensinamentos de Daniel Lagache na Sorbonne – e em enfatizar tanto a dinâmica dos mecanismos de defesa do Ego, identificáveis de acordo com a forma da narrativa, quanto as implicações edipianas do conteúdo (Anzieu, D., 1990).

Segundo a hipótese fundamental, sustentada por V. Shentoub, o que permitiu todas as evoluções ulteriores, "existe, em cada imagem, um conteúdo manifesto, figurado pelos principais elementos presentes – per-

6. O desenho enquanto teste projetivo em psicologia clínica infantil

sonagens, sexo e idade de cada um, posições respectivas, objetos etc. –, além de solicitações latentes, propícias a reativar esse ou aquele nível da problemática" (Shentoub, 1987).

Assim, cada imagem carrega um duplo significado: de um lado, um conteúdo dito manifesto, declarativo, que retoma os elementos descritivos do quadro, e de outro, um conteúdo subjacente, dito latente, que não aparece de modo explícito para o sujeito, mas entra em sintonia com suas problemáticas psíquicas. Com base nessa hipótese inicial, o processo TAT – "forjar para si mesmo uma fantasia a partir de determinada realidade" – estará em condições de se desenvolver.

Na obra citada, três parâmetros essenciais da situação TAT são apontados por V. Shentoub (1987):

O material

Para H. Murray, as imagens representavam "situações humanas clássicas". Eu teria preferência em dizer que se trata de situações relativas a conflitos universais. De fato, seja qual for a prancha, existe uma referência permanente ao que singulariza a condição humana, a saber, a manipulação da libido e da agressividade, seja no registro da problemática edipiana, envolvendo a diferença tanto dos sexos quanto das gerações, seja no registro de uma problemática mais arcaica.

A instrução

A instrução. "Imagine uma história a partir da prancha" que carrega em seu bojo a mesma contradição interna. Aqui, a ênfase incide sobre o controle consciente, ou seja, a necessidade de levar em conta o conteúdo manifesto da imagem – representante do real –, de elaborar uma história lógica, coerente, transmissível aos outros e, portanto, obedecendo aos imperativos da secundarização; e, ao mesmo tempo, sobre a necessidade de reduzir o grau de controle para deixar-se levar pela imaginação, o que significa regressão, acesso às fantasias e aos processos primários.

O psicólogo clínico

"O clínico, elemento constitutivo da situação projetiva – concebido pelo futuro sujeito apenas de forma aproximativa – é, à semelhança de qualquer objeto, investido antes mesmo de ser percebido."

Para compreender perfeitamente a distinção entre conteúdo manifesto e conteúdo latente, vamos servir-nos do exemplo da prancha 13B. O material manifesto é descrito da seguinte maneira: *garotinho sentado no limiar de uma porta, na entrada de uma cabana com tábuas desconjuntadas, os cotovelos apoiados nos joelhos e as mãos segurando o queixo,*

Compreender e interpretar desenhos infantis

aparecendo em um vivo contraste de luz, no exterior e, de sombra, no interior. Descrição factual, precisa e neutra dos objetos que compõem a imagem. Em compensação, as solicitações latentes associadas remetem a representações com forte carga emocional: *a solidão em um contexto de precariedade do simbolismo materno: solidão, na medida em que vemos um personagem sozinho, e fragilidade do simbolismo materno, simbolizado pela casa com tábuas desconjuntadas.* Uma das principais utilidades desse teste está, portanto, no paralelo entre o comentário, feito ao psicólogo, a respeito da imagem, e o conteúdo latente mostrado nela, a qual, necessariamente, reativa problemáticas subjacentes no sujeito. O discurso manifesto torna-se, de certa forma, um equivalente simbólico do sintoma.

Outra utilidade essencial reside na análise dos procedimentos formais de elaboração das histórias. A exposição direta dos procedimentos do discurso, relatados em uma ficha de controle (grade de análise), fornece indicações sobre o registro de funcionamento psíquico do sujeito porque, de acordo com a explicação da professora emérita de psicologia clínica e psicanalista, Françoise Brelet, "os procedimentos de construção da narrativa são análogos aos mecanismos de defesa identificáveis na conduta humana e tendem a regular o conflito pulsional" (Brelet, 1986).

6.2.2.3 O teste do TAT aplicado a crianças

A psicanalista e professora de psicologia clínica Rosine Debray conceitualizou a utilização do TAT com crianças de 6 anos de idade a partir das experimentações empreendidas com a equipe do laboratório de psicologia escolar da Universidade de Paris - Descartes. Para essa pesquisadora, a principal vantagem dessa ferramenta é que ela permite avaliar o equilíbrio da conciliação defensiva da criança com um material que não é demasiado regressivo (como o Rorschach), nem muito excitante (como o CAT).

De maneira bastante lógica, R. Debray aprofunda seu método do TAT aos 6 anos de idade elaborando uma nova ficha de controle em referência às suas opções teóricas:

> Com essa nova ficha de controle do TAT, em função das minhas referências teóricas a propósito do desenvolvimento psicossomático, no qual emergem progressivamente os aparelhos psíquico e cognitivo, é que proponho inverter a ordem comum dos procedimentos defensivos. De fato, após uma avaliação da "primeira impressão global do protocolo", sugiro examinar "os procedimentos revelados", avançando dos mais primários até os mais mentalizados. Deve-se convir que é realmente nessa ordem

6. O desenho enquanto teste projetivo em psicologia clínica infantil

que se implementa o desenvolvimento psíquico, do mais primário até o mais mentalizado, e que, por essa razão, pode ser mais fácil identificar os procedimentos nessa ordem nos protocolos infantis (Debray, 1987).

Ficha de controle do TAT (1986): crianças e pré-adolescentes

I – Primeira impressão global do protocolo
- Fixação predominante ao conteúdo manifesto, conformismo, tipo enumeração.
- Fantasia pessoal dominante, tipo interpretação.
- Histórias construídas semelhantes a tema banal, tipo interpretação.

II – Os procedimentos utilizados: desde os mais primários até os mais mentalizados
Fatores que traduzem a alteração da secundarização: E
E1. Rupturas verbais[22], distúrbios de sintaxe, ligados eventualmente à utilização deficitária da língua.
E2. Associações por consonância ou contiguidade, mudanças bruscas de assunto.
E3. Associações curtas.
E4. Expressões "grosseiras" ligadas à temática sexual ou agressiva.
E5. Expressões de afetos e/ou representações maciças ligadas a qualquer problemática (p. ex., sucesso megalomaníaco, incapacidade, privação, medo, morte, destruição, perseguição etc.).
E6. Inadequação do tema ao estímulo, fabulação sem relação com as imagens.
E7. Perseveração.
E8. Desorganização das sequências temporais.
E9. Instabilidade dos objetos.
E10. Confusão das identidades (telescopagem dos papéis).
E11. Escotoma de objetos manifestos.
E12. Falsas percepções, percepções sensoriais, percepções do mau objeto.
E13. Percepção de detalhes raros ou bizarros.

Fatores que utilizam a descarga no nível do comportamento e do caráter: D
D1. Agitação motora, mímicas e/ou expressões corporais.
D2. Pedidos dirigidos ao examinador.
D3. Atitudes de provocação.
Fatores que denunciam a inibição da mente: C
C1. Tempo de latência inicial longo e/ou grandes silêncios intranarrativos.
C2. Tendência geral à restrição.
C3. Anonimato dos personagens.
C4. Conflitos não manifestados, motivos não especificados.
C5. Narrativas banalizadas ao máximo.
C6. Necessidade de formular perguntas, tendência a recusar, recusa.
C7. Evocação de elementos ansiogênicos seguidos ou precedidos de pausas no discurso (temas de medo, catástrofe...).

---

22. No original, *craquées verbales*: referência a elipses não gramaticais (quando o sujeito interrompe-se por ter mudado de ideia no meio da frase ou para refrear a conclusão dela), a lapsos, em suma, a desorganização do pensamento e do discurso [N.T.].

Compreender e interpretar desenhos infantis

Fatores da série labilidade: **B**

B1. Introdução de personagens que não figuram na imagem.

B2. Entrada direta na expressão, aceleração descontrolada.

B3. História com reviravoltas, fabulação longe da imagem, repetições.

B4. Ênfase nas relações interpessoais, narração em diálogo.

B5. Expressão verbalizada de afetos fortes ou exagerados, gosto pelo drama, teatralismo.

B6. Representações contrastadas, alternância entre estados emocionais opostos.

B7. Vaivém entre desejos contraditórios, finalidade com valor de realização mágica do desejo.

B8. Exclamações, digressões, comentários, inversão da situação em uma tentativa de sedução.

B9. Erotização das relações, pregnância da temática sexual e/ou sintomas transparentes.

B10. Ênfase no olhar, apego a detalhes narcisistas.

B11. Instabilidade das identificações, hesitação quanto ao sexo dos personagens.

B12. Ênfase em uma temática do estilo: ir, correr, dizer, fugir, fazer.

Fatores da série rigidez: **A**

A1. Descrição detalhada com fixação em detalhes banais.

A2. Precauções verbais.

A3. Afastamento espaço-tempo, insistência sobre o aspecto fictício.

A4. Precisões numéricas.

A5. Alternância entre expressões de agressividade e de defesa.

A6. Repisamento, ruminação.

A7. Elemento do tipo "formação reacional" (limpeza, ordem, ajuda, dever, economia).

A8. Mudança brusca no rumo da história (acompanhada, ou não, de pausa no discurso), ruptura de laços.

A9. Isolamento de elementos ou personagens.

III – Avaliação das modalidades do funcionamento mental

Tipo 3 (legibilidade - ou -+)

– Predominância dos fatores **E, D** e **C**.

– Defesas maciças, afetos maciços.

Tipo 2 (legibilidade -+)

– Predominância dos fatores **D, C, B** e **A**.

– Produção alterada pelos mecanismos acionados, permitindo uma liberação parcial.

Tipo 1 (legibilidade +)

– Procedimentos flexíveis e diversificados.

– Histórias construídas com ressonância fantasmática.

6.2.3 Desenho e TAT: a mesma situação projetiva?

Situação-desenho e *situação-TAT* não se superpõem de forma exata, longe disso: a mobilização não é, obviamente, a mesma em uma situação

6. O desenho enquanto teste projetivo em psicologia clínica infantil

e na outra, além das notáveis diferenças em relação ao tempo de aplicação dos testes, assim como às sínteses do funcionamento psíquico resultantes deles. No entanto eles apresentam um grande número de pontos em comum, a começar pelo aspecto projetivo, que constitui a vantagem de ambos em termos de compreensão do funcionamento psíquico singular.

Da mesma forma, à semelhança do que se passa em relação a cada prancha, cada desenho articula-se duplamente em torno de um conteúdo manifesto, figurado por elementos reconhecíveis, identificáveis – um personagem, uma casa, um sol –, e de um conteúdo latente, ou seja, "um conjunto de significados no qual culmina a análise de uma produção do inconsciente [...]" (Laplanche & Pontalis, 1967); com efeito, o conteúdo manifesto tem a ver com o princípio de realidade, ao passo que o conteúdo latente recorre ao princípio de prazer.

Para aprofundar essa comparação, convém retomar os três parâmetros essenciais citados por V. Shentoub em sua obra de 1987, característicos da *situação-TAT*.

6.2.3.1 O material

Assim como no TAT, o desenho tem um valor duplo: ele tanto é um objeto material constituído pelo encontro de um suporte e de um instrumento de escrita, solicitando, então, plenamente a percepção e enraizando-se no real, quanto ele recorre ao imaginário e incentiva o sujeito a expressar graficamente uma "fantasia consciente" (Laplanche & Pontalis, 1967).

No TAT, os conteúdos manifestos e latentes preexistem ao discurso do sujeito – eles são oriundos do material. Em compensação, com uma notável diferença, o conteúdo dos desenhos infantis é, por essência, imprevisível. Nesse sentido, a interpretação do desenho é mais semelhante à do sonho. Entretanto a contradição interna da atividade – consistindo em produzir graficamente um objeto comunicável, compartilhável, próximo ao real, sem deixar de vir à tona, de exprimir o fantasma – parece-se muito com o processo da resposta ao TAT que "envolve um trabalho de ligação entre processos primários e secundários, além de uma história corretamente secundarizada e, ao mesmo tempo, tingida por uma ressonância fantasmática" (Laplanche & Pontalis, 1967).

Obviamente, a página em branco do futuro desenho não carrega uma mensagem latente como ocorre com a prancha do TAT[23]. Nenhum conteúdo latente preexiste ao desenho e deve ser sempre descoberto, até construído, pelo psicólogo, com suas observações, à medida que se produz a composição e nas conversas com o autor. O conteúdo manifesto pode preexistir à produção do desenho quando o sujeito diz de antemão o que deseja realizar ou quando o desenho é temático (p. ex., desenho de família). Assim, ele enuncia o conteúdo manifesto de sua futura composição, mas a realização, em sua materialidade, é inevitavelmente influenciada pelas solicitações latentes que acompanham qualquer representação.

Entre uma dupla coação, a criança é levada – se for capaz disso – a conciliar real e imaginário; no desenho, ela expõe seu modo de organização do exterior, mas também de seu universo interno. Com efeito, Catherine Chabert define o TAT como uma "situação característica análoga à vida, visto que se trata de conformar-se aos limites impostos pela realidade, abrindo espaço, ao mesmo tempo, para o imaginário, para os fantasmas e para os afetos que lhe são inerentes" (Chabert, 2004).

Embora possamos estabelecer laços teóricos entre desenho e TAT, sabemos que subsistem diferenças irredutíveis: uma delas, relativa ao material, consiste no aspecto de estranheza e na indução disfórica sugeridos pelas imagens do TAT, executadas exclusivamente em preto e branco, às vezes contrastadas com nuanças de cinza, apresentando figurações de época (p. ex., as roupas dos personagens) e semblantes sérios.

A situação adquire um aspecto inusitado, mas extremamente interessante, pelo fato de permitir a revelação do funcionamento psíquico das crianças de hoje, acostumadas com imagens coloridas – e quase sempre lúdicas – veiculadas pela mídia, as quais vão desde livros, escolares ou não, até filmes e desenhos animados. Em compensação, produzir desenhos não é nem um pouco insólito nem provoca uma inquietante estranheza; pelo contrário, trata-se de uma atividade valorizada em nossa sociedade.

6.2.3.2 A instrução

A instrução que propomos ao convidarmos uma criança a desenhar – *faça para mim um desenho que conte uma história* – foi diretamente ins-

---

23. Salvo, evidentemente, a prancha 16, que, por sua vez, é uma página em branco.

pirada na instrução do TAT: *imagine uma história a partir da prancha*. Tal instrução dada à criança implica, como no TAT, um duplo movimento: a referência a uma história a ser contada recorre ao imaginário, ao abandono de si, enquanto a menção do desenho a elaborar evoca uma representação transmissível, compartilhável com os outros. Dá-se uma "oscilação necessária entre controle e abandono de si" (Brelet, 1986).

6.2.3.3 O psicólogo

"Faça para mim um desenho" introduz uma relação singular com o psicólogo, que se abstém de interferir, mesmo com perguntas aparentemente sem importância, no decorrer da execução do desenho, mas que pode – e, inclusive, deve – incentivar uma criança inibida a prosseguir, por um lado, e, por outro, conduzir uma criança agitada, com benevolência e empatia, a efetuar a tarefa sugerida. De qualquer modo, à semelhança do que se passa com o TAT, o psicólogo é indissociável da situação: é a pessoa a quem, segundo parece, o desenho é transmitido, embora ele saiba que não é o seu destinatário porque essa fala, representada graficamente, destina-se sempre a outro.

Em última análise, contar uma história mediante o TAT necessita um trabalho psíquico – em grande parte idêntico – ao que consiste em colocar em cena, em desenhar.

6.3 PROCESSO DE ANÁLISE DO DESENHO

Assim, em nossa prática, sugerimos à criança, depois que se instaurou uma relação de confiança, que ela realize um desenho. Para fazer o pedido utilizamos, portanto, a instrução: "Faça para mim um desenho que conte uma história", que enfatiza a dimensão intersubjetiva da relação; se necessário, para responder às dúvidas da criança, podemos explicar que ela deve imaginar um desenho a partir do qual se possa construir uma narração.

Em tal momento, parece-nos imprescindível propor opções para que a criança se interesse facilmente pelo pedido do adulto: ela prefere desenhar com lápis de cor ou com canetinhas? Ela pretende escolher um suporte de grande formato ou de formato padrão?

Uma vez terminada a realização, pode-se começar o processo de compreensão propriamente dito. Ele consiste, em primeiro lugar, em

uma conversa com a criança a respeito de sua produção: o que preten-
deu ela representar? Que história seu desenho está contando? O psicólogo pode, então, passar a tecer algumas interpretações que devem
ser confirmadas imediatamente por ele junto ao autor. Após essas cla-
rificações, chega a hora de analisar o desenho, isto é, refletir primeiro
sobre o modo de participação da criança (cf. adiante) e depois fazer
uma leitura bastante global do desenho, tentando formalizar a primeira impressão geral. Em seguida, o exame torna-se mais preciso em torno dos procedimentos de elaboração do desenho. Por fim, mediante a
anotação das diferentes modalidades identificadas na ficha de controle
sintético, o psicólogo será capaz de caracterizar os procedimentos de
elaboração do desenho e, por conseguinte, o modo de funcionamento
psíquico do sujeito.

6.3.1 Modo de participação da criança

Antes de qualquer análise sistemática do desenho propriamente dito,
o psicólogo observa o modo de participação da criança, ou seja, quais
são as relações que ela estabelece com a atividade sugerida:
- Como ocorreu o primeiro contato com o material, com os objetos?
- Qual foi a qualidade do comprometimento? Ela ficou absorvida
  pela criação do desenho ou se limitou a realizá-lo para atender ao
  pedido?
- Que competências de estruturação do espaço ela demonstra, em
  especial, no princípio? Ela foi capaz de antecipar, reservar espaço
  suficiente para continuar seu desenho?
- Quais são as características de seu discurso verbal que acompanham a sua atividade?

6.3.2 Primeira impressão geral do desenho

Obviamente, um desenho infantil é, na maior parte das vezes, um objeto complexo, uma forma estruturada portadora de sentido, cuja compreensão é impossível ao limitar-nos a uma abordagem elementarista ou
muito analítica. A primeira etapa consiste em conhecer a produção da
criança no geral, em observá-la, em ser sensível ao estetismo obtido e à
escuta de suas próprias emoções. O que, em tal forma, parece ser signifi-
cante? O que, de imediato, levar em consideração? Que síntese elaborar
a seu respeito?

6. O desenho enquanto teste projetivo em psicologia clínica infantil

Das criações gráficas infantis, selecionamos quatro impressões gerais em concordância com as principais categorias constantes na ficha de controle.

6.3.2.1 Processos primários prevalecentes

As produções mostram uma cena desorganizada, às vezes incoerente, cujas temáticas são, na maior parte das vezes, selvagens, agressivas, angustiantes.

ExP1

Aqui (*imagem ExP1*), uma criança de 7 anos cria uma cena em que os diferentes personagens, meninas e meninos, com um sorriso nos lábios, matam-se umas às outras com armas de fogo ou com estrelas ninja.

6.3.2.2 Fixação predominante a um conteúdo manifesto

Os desenhos desse tipo distinguem-se pela disposição lado a lado, na mesma página, de múltiplas representações cuja principal característica consiste em estarem desligadas umas das outras; assim, observa-se uma realização frequentemente caprichada com elementos justapostos, independentes, em detrimento da expressão de um tema ou da ilustração de uma cena.

ExP2

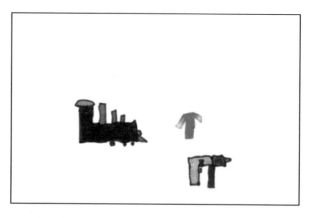

Um menino de 6 anos traça, com capricho, três elementos (locomotiva, furadeira, camisa) que, obviamente, não apresentam laços entre si (*imagem ExP2*), exceto o fato de fazerem parte do livro de leitura do 1º ano do ensino fundmental.

6.3.2.3 Desenho semelhante a um tema banal

A produção gráfica é estereotipada e não demonstra nem um pouco de originalidade ou personalização. Não é por falta de capacidades técnicas e, sim, por incapacidade de exprimir-se por meio de desenho.

ExP3

Uma menina de 10 anos elabora uma produção marcada pelo estereótipo e pela restrição da expressão (*imagem ExP3*).

6. O desenho enquanto teste projetivo em psicologia clínica infantil

6.3.2.4 Fantasia pessoal dominante

É a ilustração original de uma cena ou a representação bastante peculiar de um personagem com características singulares, não estereotipadas. Os registros podem ser lábeis ou mais rígidos.

Exp4

Desenho de uma garotinha de 7 anos, de cultura muçulmana, que evoca uma cena de férias (*imagem ExP4*). Dentro e na beira de uma piscina, meninos e meninas, de origens e cores de pele diferentes, nadam ou tomam sol, uns deitados de barriga para cima e outros de bruços.

6.3.3 Análise dos procedimentos de elaboração do desenho

Essa metodologia interpretativa estabelece a separação nítida entre o estudo dos procedimentos de elaboração do desenho e o estudo dos temas. Nessa parte, desenvolvemos a análise das modalidades de elaboração gráfica utilizando uma ficha de controle[24], no intuito de jogar luz sobre os diferentes modos de funcionamento psíquico da criança.

Para criar essa grade específica de apoio para a análise de desenhos infantis, baseamo-nos na ficha de controle do TAT elaborada por R. Debray (1987) para crianças e adolescentes. Referindo-se aos desenvolvimentos

---

24. A primeira sugestão é Cognet (1996).

cognitivo e afetivo da criança, essa ficha leva em consideração os procedimentos que vão dos mais primários até os mais mentalizados.

O psicólogo é convocado, portanto, a reconhecer os procedimentos de representação acionados pela criança em um encontro singular, mediatizado pelo desenho. Que impressão geral sugere o desenho? Quais são as modalidades gráficas mais utilizadas? Ele faz pensar a que tipo de elaboração mental, em via de se organizar? Eis as perguntas que pretende responder o método de controle apresentado.

6.3.3.1 Alterações da secundarização (AS)

Os procedimentos descritos vão do bloco compacto dos processos primários a uma alteração da secundarização, mais ou menos, considerável e duradoura; obviamente, alterações da secundarização, parciais ou temporárias, são suscetíveis de surgir com frequência sem serem, no entanto, um sinal patológico.

A. Desenhos impulsivos, temática agressiva

Em sua maioria, tais produções ilustram matanças, combates, sangue, corpos danificados ou transformados, vísceras do corpo humano. Para inscrever um desenho nesse registro é necessário que os elementos evocados sejam executados com certa confusão e incoerência; a produção torna-se também, muitas vezes, saturada e ilegível.

ExP5

6. O desenho enquanto teste projetivo em psicologia clínica infantil

Esse desenho (*imagem ExP5*), realizado por um menino de 7 anos e meio, apresenta uma cena digna de pesadelo, com um dragão, um ser humano preso em uma jaula e outros dois personagens representados com cabeças quadradas, seios flácidos e pelos bem visíveis nas pernas e axilas.

ExP6

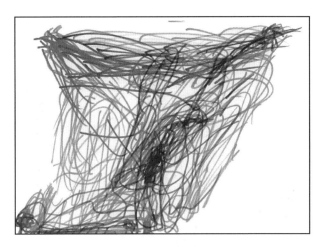

Essa produção (*imagem ExP6*), extremamente saturada, foi feita por um menino de 8 anos e representa o combate entre o bem e o mal. No início, ele traça sucintamente uma casa, uma flor e um sol; rapidamente, esse desenho, de aparência estereotipada, torna-se um espaço de conflito entre um sol que, com seus seus raios, coloca fogo em todos os elementos, e outro astro, que tenta inutilmente combater o incêndio, que acaba por levar a melhor.

ExP7

Personagem extremamente belicoso (*imagem ExP7*), representado por um menino de 6 anos, que enfatiza os dentes e as garras, além de pintar tudo de preto, sombreado que reforça o sentimento de agressividade. Deve-se notar que o pescoço está incompletamente ligado ao tronco, o que revela uma consciência de si deteriorada, para não dizer fragmentada.

B. Desenhos instintivos, temática sexual

Realizações desse tipo mostram, sem secundarização, nem transformação, órgãos sexuais eretos (ou equivalentes) e equiparações não ambíguas entre personagens.

ExP8

Autorretrato de uma criança de 6 anos com "as roupas da mamãe" (*imagem ExP8*). A representação dos seios e do órgão sexual é, de novo, bastante direta. Da mesma forma, a ilustração da calcinha, visível por transparência, não pode ser compreendida como uma representação sexual simbolizada, pois ela está executada com bastante precisão e sem subentendidos.

C. Comentários escabrosos

Os comentários que acompanham o desenho, sejam orais ou escritos, são produzidos sem filtros, em toda a sua crueza. Muitas vezes, eles acompanham um desenho que, por sua vez, não é secundarizado e o processo primário é predominante.

6. O desenho enquanto teste projetivo em psicologia clínica infantil

Em relação aos comentários, vamos estabelecer a distinção entre aqueles que são brutos, não filtrados, e aqueles que teriam um valor de oposição ou de provocação.

ExP8-1
(Texto da ilustração: bordel – merde – con [boceta / idiota] –
fai[t]re chie[z]r [encher o saco])

O desenho desse garoto de 7 anos (*imagem ExP8-1*), por meio de personagens representados com o comentário escrito, exprime uma enorme agressividade, assim como uma violência sem controle.

ExP8-2

Esse outro menino de 7 anos apalpa seu corpo para fazer o desenho de si mesmo (*imagem ExP8-2*). Seu grafismo é desajeitado, mas ele é capaz de escrever uma legenda para seu desenho. E o comentário oral segue o mesmo estilo do que escreveu: "É o meu zizi e aí é o enorme cocô de mamãe". Comentário acompanhado de efeitos sonoros de peidos.

D. Desorganização das sequências gráficas

ExP9

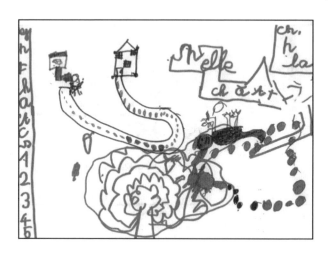

Os diferentes elementos representados encobrem-se uns aos outros, às vezes por inteiro – como um palimpsesto – ou, na maioria, de maneira parcial. Pode haver também formas de invasão dos continentes: por exemplo, o desenho de uma casa com o surgimento dos componentes inicialmente previstos no interior. Para uma melhor compreensão do que a criança realizou é absolutamente indispensável conversar com ela uma vez o desenho concluído.

Produção de uma menina de 7 anos (*imagem ExP9*). O desenho é confuso por diversas razões: a criança repassa sobre seus primeiros traçados e acrescenta elementos que não têm nenhuma relação uns com os outros; ela dá a impressão de ter feito vários desenhos diferentes. O comentário que acompanha o desenho é também muito confuso: "Uma árvore e salada misturadas. Sangue na árvore misturado com tinta".

6. O desenho enquanto teste projetivo em psicologia clínica infantil

E. Desenho de pequenos detalhes raros ou bizarros

Observa-se, em muitas situações, uma focalização em um detalhe corporal que assume, então, grande espaço na representação; pode ser, no melhor dos casos, espinhas no rosto, longos pelos nas axilas, e, no pior, um ferimento ou uma amputação.

ExP10

Essa criança de 6 anos ressalta o olho furado do personagem (*imagem ExP10*), que é obscurecido com capricho; deve-se notar também o corpo disforme.

F. Diferentes registros no espaço da folha

ExP11
(Texto da ilustração: a conjugação – vou conjugar o futuro – obrigada – tchau – sexta-feira – 1 de dezembro)

Observa-se uma justaposição, por associação gráfica, de elementos pertencentes a registros diferentes: por exemplo, indicações de ordem escolar junto a outras imaginárias, números, personagens etc.

Essa garotinha de 8 anos representa primeiro um rio, depois uma menina que se vê dentro dele sem querer (*imagem ExP11*). De fato, ela só foi colocada com os pés dentro d'água porque um rio havia acabado de ser desenhado no mesmo lugar e não para compor uma cena. Em seguida, ela escreveu um esboço de exercício de conjugação, a data e, ainda, uma mensagem dirigida ao psicólogo.

G. Instabilidade dos objetos

ExP12

Um personagem e um objeto podem mudar de identidade e de significado durante o desenho: por exemplo, um personagem inicialmente destinado a ser um dos pais pode rapidamente tornar-se uma criança sem que o desenhista precise fazer o mínimo ajuste. Outro exemplo é a representação de um pacote amarrado com uma fita que vira um caminhão após a inserção de rodas. O conteúdo transformou-se em seu contentor. Obviamente, é o que a criança vai dizer sobre o desenho que fornecerá as informações necessárias à identificação do procedimento de elaboração.

Personagem um pouco singular (*imagem ExP12*) desenhado por um menino de 5 anos; na verdade, influenciado pela intensidade de tinta da parte inferior do personagem, a criança declara que é "um dinossauro ou uma mulher".

H. Confusão das identidades sexuadas

À semelhança do procedimento descrito anteriormente, a identidade sexuada pode alterar-se durante a realização de um desenho ou permanecer ambígua.

ExP13

Essa garotinha de 8 anos decide, antes de começar, representar o pai (*imagem ExP13*). Durante a execução, dando-se conta da forma de sua produção, ela declara que é "o papai de saias". Bem no finalzinho do desenho, diante da dificuldade em assumir o que acabou de desenhar, ela resolve o problema com um subterfúgio, atribuindo ao personagem, com uma pitada de humor, o nome de "papo"[25].

I. Escotoma de objetos manifestos

Trata-se, em referência à definição médica de escotoma – mancha cega na retina –, da ausência de um objeto que deveria estar presente na folha de papel. Com frequência, os escotomas omitem partes do corpo humano; ao invés de um simples esquecimento, por negligência, trata-se de uma omissão inconsciente.

---

25. Em vez de *papa*, "papai" em francês [N.T.].

ExP14

Autorretrato de uma criança de 7 anos em companhia da mãe (*imagem ExP14*). Nesse caso específico, pode-se falar de escotoma – ou seja, o não desenho – dos braços da criança, à esquerda, porque eles adquirem especial importância na representação da mãe, que parece elevar-se acima do chão graças aos seus braços-asas.

ExP14-1

Fragmento do desenho (*ExP14-1*) de uma criança de 5 anos, apresentado na íntegra na seção dedicada aos desenhos da família. O escotoma é o das orelhas do personagem à esquerda, identificado como se fosse a mãe. Pai e filha têm orelhas grandes de cores combinadas (cf. o desenho *Fam12* no caderno com as imagens coloridas): eles "se dão bem", enquanto a mãe é privada de orelhas; de acordo com a criança, ela fala muito e não escuta.

6.3.3.2 Apelo à relação com o psicólogo (RP)

Os fatores que traduzem um apelo à relação com o psicólogo não aparecem nas produções da criança, mas são identificáveis em certos comportamentos. Eles exprimem uma busca de aproximação, de apoio e de reconforto.

Tais sujeitos:

– Solicitam com insistência a opinião do psicólogo quanto à escolha do tema ou das cores a serem utilizadas.
– Pedem ajuda com frequência para realizarem determinadas partes do desenho.
– Geralmente exprimem um pedido de auxílio a fim de compensarem a sua incapacidade para desenhar.

6.3.3.3 Evitamento (EV)

Os principais fatores que traduzem o apelo ao evitamento têm um caráter restritivo ou defensivo. Os movimentos psíquicos tendem ao empobrecimento e à renúncia à elaboração mental. O ato de se esquivar pode adotar várias formas: inibição, ironia e apelo à realidade externa.

A. Inibição da capacidade de refletir

Essa inibição manifesta-se por meio de recusas, longos tempos de latência inicial (hesitação quanto ao tema do desenho) e também uma elaboração bastante lenta (aplicação metódica de cores por zonas delimitadas em todos os detalhes, constantes mudanças de cor etc.).

ExP15

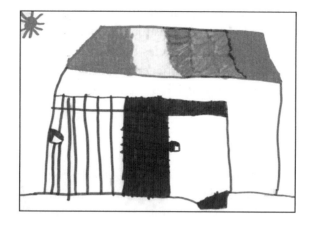

Essa criança de 7 anos realiza, em cada sessão, o mesmo e interminável desenho (*imagem ExP15*), que ela nunca consegue concluir satisfatoriamente. O tempo de latência inicial é bastante longo e a aplicação de cores, caprichada, também é muito lenta.

ExP16

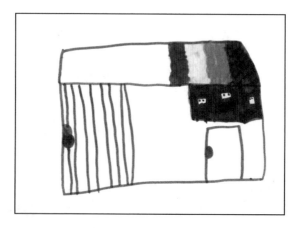

A figura representa a casa da família, na qual aparece, após vários desenhos, um pouco de vida sob a forma de três pares de olhos que, segundo a criança, "observam as plantas crescerem" (*imagem ExP16*). Todas as modalidades de realização – tempo de latência inicial muito longo, aplicação de cores lenta, estereotipia do tema, comentário que cristaliza a vida nos olhares – revelam uma enorme inibição.

6. O desenho enquanto teste projetivo em psicologia clínica infantil

B. Tendência geral à restrição

Na maior parte das vezes são desenhos de tamanho reduzido, contendo poucos elementos, poucos personagens ou nenhum – quando há, eles são representados de forma anônima.

ExP17

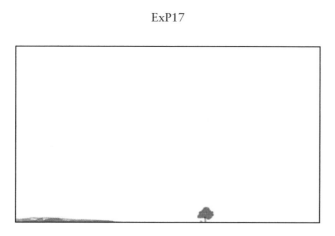

Desenho de um menino de 6 anos (*imagem ExP17*) típico desse procedimento: restrição tanto da superfície ocupada na página quanto das representações – uma porção de grama e uma flor.

ExP18

Outro desenho que ilustra essa tendência geral à restrição (*imagem ExP18*). Aqui, ela é espacial e representativa; com efeito, embora apareçam seres humanos, eles não são diferenciados quanto ao sexo nem em termos de idade, tampouco por suas roupas; apenas a cor vermelha brilhante dos personagens exprime uma raiva contida.

C. Apelo à realidade externa

ExP19

Os desenhos que traduzem esse processo são, com frequência, excessivamente banais, mas nem sempre. Em compensação, o ponto em comum entre eles é o fato de lançarem mão de representações impessoais e/ou estereotipadas. Mediante um apelo total à realidade externa, esse processo permite evitar a elaboração psíquica.

"Uma ilha" (*imagem ExP19*), realizada por uma menina de 8 anos, excelente desenhista. Ela lança mão de todas as suas competências gráficas, desenvolvidas no ateliê de desenho que ela frequenta todas as quartas-feiras, para criar esse belíssimo desenho. Ela evita, assim recorrendo a um estereótipo externo, qualquer implicação pessoal. Suas qualidades técnicas não estão a serviço de sua criatividade; ao contrário, constituem um anteparo à sua expressão pessoal.

D. Ironia, escárnio

ExP20

(Texto da ilustração: no [estádio] Parc des Princes – [time] PSG [Paris Saint-Germain])

O desenho pode apresentar um senso de humor ácido, tendendo a ridicularizar a situação ou o próprio sujeito; aqui, a ironia está a serviço da luta contra os afetos disfóricos ou depressivos. A criança faz escárnio ou zombaria no intuito de impedir o surgimento de afetos ligados à perda de objeto.

Aos 10 anos de idade, o jovem jogador de futebol do desenho não se autoriza a sonhar em ser goleiro do time Paris Saint-Germain. Quando representa a si mesmo como tal, ele ridiculariza-se ao mesmo tempo, figurando um indivíduo sujo, mal barbeado, divulgando na camisa a marca de um patrocinador ridículo (*imagem ExP20*).

E. Elementos amontoados que ocupam a página inteira

O suporte é inundado de representações no intuito de evitar qualquer espaço livre, vazio, abrindo portas para figurações portadoras de afetos tristes ou depressivos. Trata-se, portanto, de uma necessidade quase vital de movimentar-se, de falar ou, ainda, de preencher toda a folha em branco com elementos.

ExP21

É o que faz esse menino de 9 anos que, segundo parece, nunca consegue terminar o desenho, porque falta desenhar uma enésima nave espacial a fim de mostrar claramente a invasão da Terra por extraterrestres (*imagem ExP21*).

6.3.3.4 Fantasia e labilidade (FL)

Estamos aqui no registro da *fantasia consciente*, ou seja, da criação pessoal em relação ao real das representações. As produções gráficas são secundarizadas e transmissíveis a outros, mas também estão em sintonia com a problemática do autor. A labilidade remete a certa instabilidade emocional, que transparece nos desenhos.

A. Desenho com reviravoltas

Os desenhos podem ser compostos de várias imagens: cada uma representa uma sequência temporal, reproduzindo reviravoltas, muitas vezes, inesperadas, no decorrer de uma história personalizada.

Em seis quadrinhos, uma menina de 8 anos relata uma experiência vivenciada em família que acaba no depósito de veículos rebocados (*imagem ExP22*). A representação não é simplesmente factual, mas personalizada, na medida em que a criança coloca em cena a irritação fictícia do pai diante do funcionário da prefeitura.

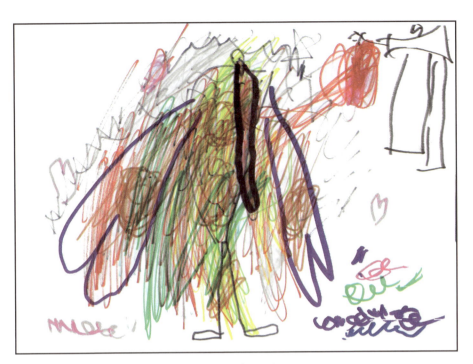

DeL*1 (p. 92)

DeL2 (p. 93)

DeL3 (p. 94)

DeL10 (p. 111)

Arv5 (p. 316)
(Texto da ilustração: A árvore de)

Arv6 (p. 317)

Arv7 (p. 317)

Vio19 (p. 182)

AgS*1 (p. 183)

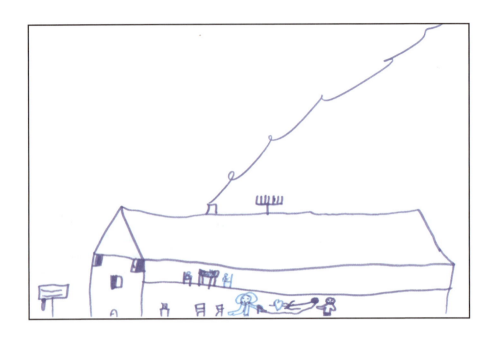

AgS2 (p. 184)

AgS4 (p. 185)
(Texto da ilustração: *Monsieur conier* refere-se ao psicólogo)

AgS5 (p. 186)
(Texto da ilustração: "Me deixa em paz" – "Cadê você, mamãe?
Socorro!!!!" – "Vem aqui, minha princesinha")

AgS6 (p. 187)
(Texto da ilustração: "Para de tirar a roupa" – "Vou colocar meu agasalho
em cima da cadeira")

FiH9 (p. 52)

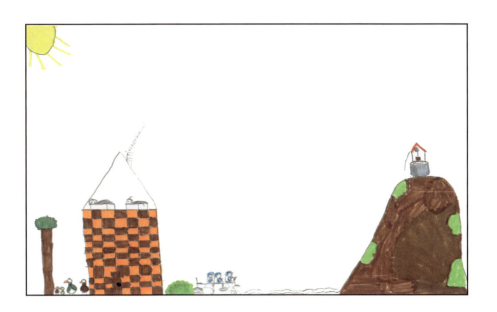

LeM4 (p. 345)

LeM5 (p. 349)

Dep5 (p. 142)

Dep6 (p. 143)

Dep7 (p. 144)
(Texto da ilustração: Bombeiros)

Dep8 (p. 145)

Dep9 (p. 146)

Dep12 (p. 149)

CrD3 (p. 24)
(Texto da ilustração: Frutas)

CrD4 (p. 25)

CrD7 (p. 28)

CrD9 (p. 30)

CrD10 (p. 31)

ExP*0 (p. 195)

ExP1 (p. 207)

ExP2 (p. 208)

ExP3 (p. 208)

ExP4 (p. 209)

ExP6 (p. 211)

ExP7 (p. 211)

ExP8 (p. 212)

ExP8-1 (p. 213)
(Texto da ilustração: bordel – merde – con [boceta / idiota] – fai[t]re chie[z]r [encher o saco])

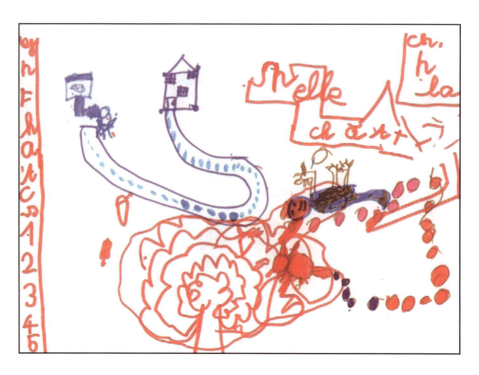

ExP9 (p. 214)

ExP11 (p. 215)
(Texto da ilustração: a conjugação – vou conjugar o futuro – obrigada – tchau – sexta-feira – 1 de dezembro)

ExP19 (p. 222)

ExP20 (p. 223)
(Texto da ilustração: no [estádio] Parc des Princes – [time] PSG [Paris Saint-Germain])

ExP21 (p. 224)

ExP25 (p. 227)
(Texto da ilustração: O FALSO E O VERDADEIRO)

ExP26 (p. 228)

ExP27 (p. 228)

ExP31 (p. 231)

ExP31-1 (p. 232)

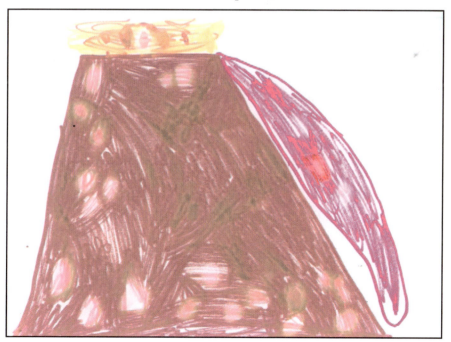

ExP32 (p. 232)

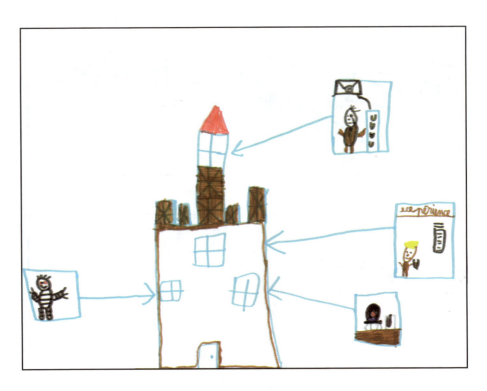

ExP34 (p. 234)
(Texto da ilustração: Experiência)

Fam2 (p. 280)
(Texto da ilustração da esquerda para a direita:
papai – mamãe – desenhista de mangá / irmão mais velho –
médico / irmão – fotógrafo / eu – dentista / irmã)

Fam3 (p. 280)

Fam5 (p. 287)

Fam6 (p. 287)

Fam10 (p. 290)

Fam11(p. 291)

Fam13 (p. 292)

Fam17 (p. 299)

Fam18 (p. 300)

Fam20 (p. 301)

Fam22 (p. 303)

Fam23 (p. 304)

Fam24 (p. 305)

Ang6 (p. 124)
(Texto da ilustração: LAMOR [la mort = "A morte"] – MORT = "Morto" –
SLASH = "Golpear" – LOL, do inglês *Laughing out loud* = "Rindo alto")

Ang8 (p. 125)

Ang11 (p. 128)

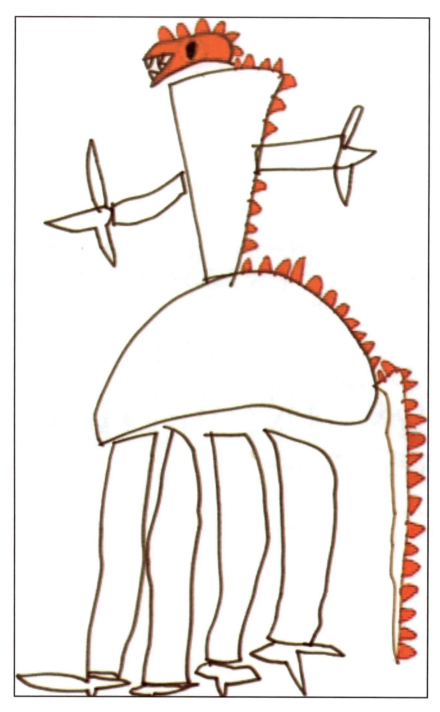

Ang13 (p. 129)

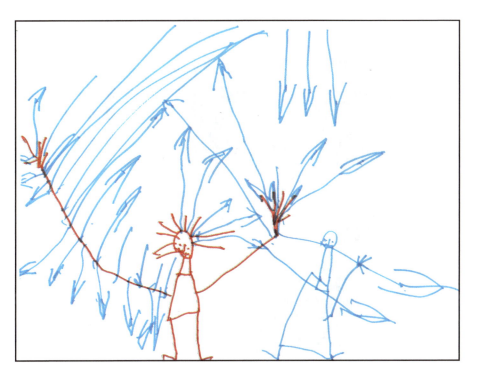

Ang15 (p. 131)

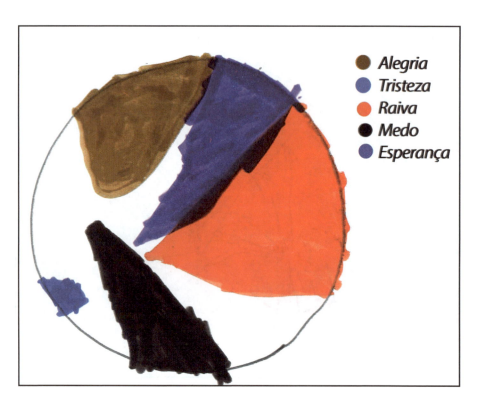

Dap12 (p. 253)

Dap13 (p. 255)

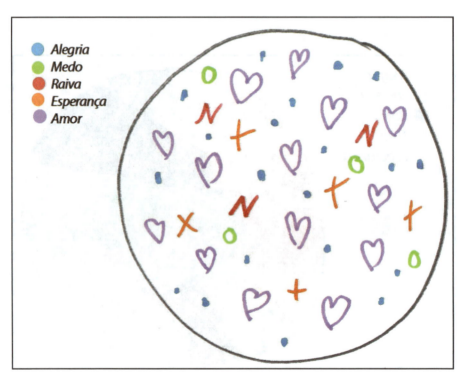

Dap14 (p. 256)

Dap15 (p. 259)

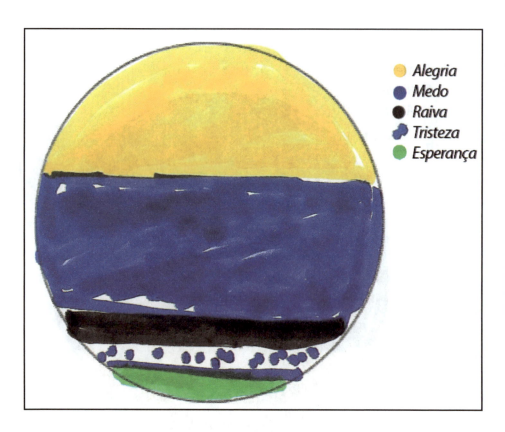

Dap16 (p. 260)

Tra*1 (p. 151)

Tra3 (p. 154)

Tra2 (p. 152)

Tra4 (p. 156)

Vio7 (p. 176)

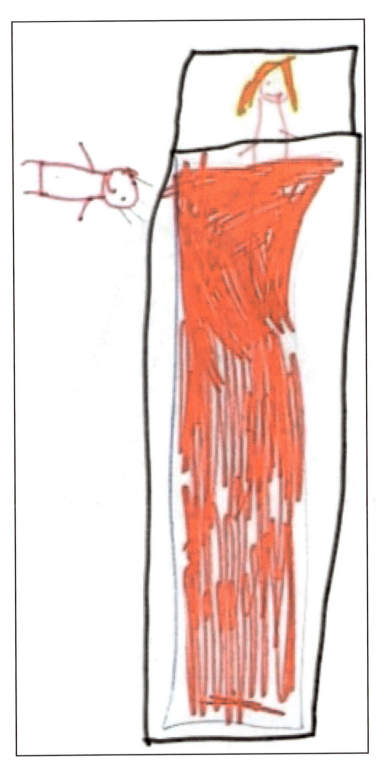

Vio10 (p. 178)

Vio11 (p. 178)

Vio14 (p. 179)
(Texto da ilustração: "aled, alede" [à l'aide = ajude-me])

Vio15 (p. 180)

Vio17 (p. 181)

Vio18 (p. 181)

6. O desenho enquanto teste projetivo em psicologia clínica infantil

ExP22
(Texto da ilustração: restaurante – meu carro!!! – depósito – meu carro – vou ter de pagar 206 €)

B. Introdução de personagens não representados

O desenho é bem constituído, personalizado, mas o autor sente a necessidade de introduzir em seu comentário outros personagens que não figuram na produção gráfica.

ExP23

Desenho feito por uma menina de 9 anos e que parece incompleto (*imagem ExP23*). Elementos intrigantes são inseridos: casas geminadas com chaminés opostas e uma barraca no jardim. Ao nosso convite para falar sobre seu desenho, ela conta uma história singular, bem construída e com vários personagens; eles, porém, não aparecem no papel. O conhecimento de que a separação dos pais estava em curso fornece, evidentemente, uma grade de leitura ao desenho: as casas geminadas certamente representam os pais, enquanto a pequena barraca, à parte, a criança. Observa-se uma casa minúscula nas nuvens, atribuída pelo psicólogo à avó falecida no ano anterior.

C. Encenação interativa entre vários personagens

Alguns desenhos permitem elaborar um cenário original e tecer um comentário que se afasta da representação gráfica inicial. Para que esse processo seja comprovado, o desenho tem de apresentar, ao mesmo tempo, uma cena não estereotipada com vários personagens e o estabelecimento de uma relação, de um diálogo, entre os protagonistas.

ExP24
(Texto da ilustração: no consultório do psicólogo –
Você tá bonito hoje – Você também)

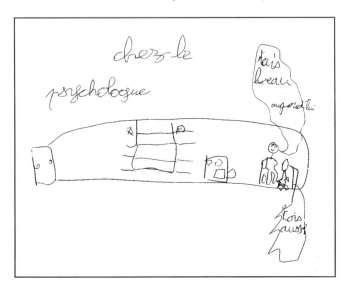

A consulta com o psicólogo começa com uma série de amabilidades. A secretária é representada, bem como os protagonistas – entre os quais a criança, vista de costas –, que dialogam (*imagem ExP24*).

D. Expressão gráfica de afetos fortes

Os afetos podem ser representados por exageros gráficos do rosto ou das posturas, mas também – e, talvez, na maior parte das vezes – pela utilização de cores significativas com valor caricatural, no intuito de exacerbar as emoções atribuídas aos personagens, animais ou objetos, no sentido amplo da palavra: por exemplo, um personagem "vermelho" de raiva ou um animal tão "sombrio" quanto os sentimentos que residem dentro dele.

ExP25
(Texto da ilustração: O FALSO E O VERDADEIRO)

Na época do Natal, esse menino de 10 anos realiza um desenho ao qual atribui o título: "O falso e o verdadeiro" (*imagem ExP25*). É um desenho original que coloca em cena um falso Papai Noel, com uma barba preta e olhos assustadores, que ao invés de entregar brinquedos, sequestra crianças. Lá fora, pela janela, podemos ver o verdadeiro Papai Noel em seu trenó.

E. Representações contrastadas

Para ser comprovado, esse processo necessita, em certos casos, analisar vários desenhos da mesma criança; de fato, deve-se identificar uma alternância entre estados emocionais opostos. Em um único desenho é possível observar uma heterogeneidade dos processos de representação gráfica: por exemplo, um estilo grafomotor agressivo (muito hachurado, grosseiro) combinado com uma paleta de cores pastéis.

ExP26

ExP27

Esse menino de 9 anos, bem-adaptado e educado, mostra, por meio da alternância de dois desenhos, que foi invadido pela raiva, a qual pode facilmente submergi-lo. O primeiro representa uma paisagem alpina na qual sentimos a potência de forças subjacentes (*imagem ExP26*); já o segundo indica a previsível explosão de um vulcão (*imagem ExP27*).

F. Simbolismo transparente

São representações gráficas de "aproximações" de personagens e cenas secundarizadas que evocam o corpo, vestido ou despido, seu bem-estar, além de símbolos sexuais de natureza individual ou cultural.

ExP28

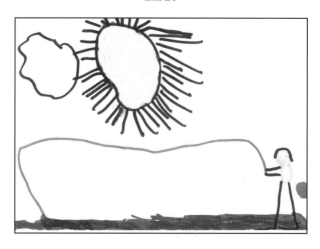

Um menino de 5 anos e meio desenha sucintamente o pai em um dia de pesca (*imagem ExP28*). Ele declara: "Papai tem uma vara de pescar bem grande". E depois acrescenta: "A minha é pequenininha". A pedido do psicólogo, ele explica: "Não, né! A mamãe não vai pescar porque ela não tem vara de pescar!". Percebe-se perfeitamente, aqui, o simbolismo sexual.

G. Apego a detalhes narcisistas

Observa-se uma focalização em motivos com valência narcisista: por exemplo, a decoração do papel com guirlandas de coraçõezinhos, flores ou arco-íris. Outros tantos elementos de afeição destinados ao outro, mas também indiretamente a si mesmo, sob a forma de retornos gratificantes.

ExP29

Frequentemente, as crianças fazem questão de entregar produções decoradas, como esse desenho feito por um garoto de 11 anos, com nuvens e sóis (*imagem ExP29*).

6.3.3.5 Fantasia e rigidez (FR)

À semelhança do que se passou com a série anterior em relação aos processos de elaboração do desenho, vemos, mais uma vez, a *fantasia consciente*, secundarizada, criativa e pessoal. A rigidez remete também a certa forma de estabilidade emocional. Há um equilíbrio dos mecanismos adaptativos, que resistem às forças pulsionais e, ao mesmo tempo, preservam o fôlego criativo.

A. Desenhos muito detalhados

As representações gráficas desse tipo são realizadas de forma muito metódica e denotam uma atenção aos detalhes, em relação direta e necessária com o objeto desenhado. Os detalhes não estão ali para decorar e são absolutamente úteis para a compreensão do desenho. Com frequência, o acabamento também é de qualidade.

ExP30
(Texto da ilustração: o desembarque
[na Normandia no final da Segunda Grande Guerra])

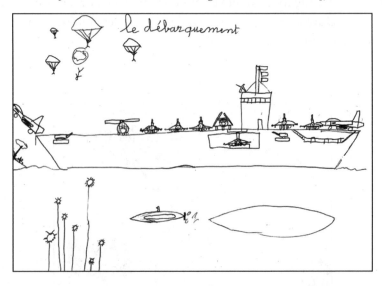

6. O desenho enquanto teste projetivo em psicologia clínica infantil

Esse desenho bastante realista de um porta-aviões foi feito por um menino de 9 anos (*imagem ExP30*). É possível ver aviões com as asas recolhidas, o que permite guardá-los no porão, além de um submarino que se aproxima perigosamente das bombas suspensas dentro do mar. Não falta, porém, fantasia nessa produção, considerando que a criança diverte-se ao representar um paraquedista cujo paraquedas não se abriu corretamente e que "vai dar um sensacional mergulho no mar".

B. Afastamento espaço-tempo, insistência sobre o aspecto fictício

O afastamento espaço-tempo adota a tradicional forma de representações historicamente datadas a fim de ilustrar um período passado ou uma projeção no futuro. A insistência sobre o aspecto fictício pode ocorrer sob diferentes modalidades: por exemplo, um antropomorfismo.

ExP31

Cena de uma abordagem do século XVIII (*imagem ExP31*) desenhada por um menino de 8 anos, colecionador de minerais, de "vestígios", segundo suas próprias palavras. Um navio da Marinha Régia é atacado por piratas que chegam na pequena embarcação representada, à direita: "O combate está em seu auge!"

ExP31-1

Uma menina de 10 anos vislumbra como será a cidade do futuro (*imagem ExP31-1*): uma área residencial, com "os pais", como é indicado com precisão por ela, que voltam do trabalho à noite em um disco voador; o cone central provém da luminária de um disco, ao passo que o cabo conector entre as duas casas serve de amarração.

C. Alternância entre expressões de agressividade e de defesa

Representações agressivas coexistem no espaço da folha ou no tempo do ato de desenhar, com elementos ou técnicas gráficas visando isolar e denegar a agressividade.

ExP32

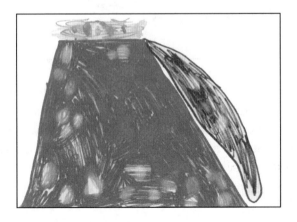

6. O desenho enquanto teste projetivo em psicologia clínica infantil

O vulcão, que ocupa a página inteira (*imagem ExP32*), foi desenhado por um menino de 7 anos a traços largos, com pressão, até mesmo rabiscados; contudo, de tanto rabiscar e consertar, o uso agressivo da tinta transforma-se em uma zona quase lisa, na qual predomina uma cor suave.

D. Formação reacional

A temática de desordem, no sentido amplo da palavra, é contradita por uma execução gráfica muito precisa, resultando em um desenho no qual reinam limpeza e ordem. Outros desenhos são realizados, quase de maneira exclusiva, na parte superior da folha, na pureza do céu, representando estrelas, astros, foguetes; ou seja, elementos que permitem afastar-se das pulsões e dos instintos baixos.

ExP33

Vulcão desenhado por um menino de 8 anos (*imagem ExP33*). Esse vulcão não explode com barulho: ao invés disso, ele faz "pshiii", e suas projeções parecem ser bastante refreadas. Deve-se notar, no canto direito, o desenho de um coraçãozinho, que está ali para compensar, sendo necessário, o efeito negativo do vulcão.

E. Precisões numéricas, anotações escritas

A representação gráfica é acompanhada por "legendas" escritas, numéricas ou desenhadas, como se fosse preciso explicar detalhadamente, para o observador, os diferentes elementos representados.

ExP34

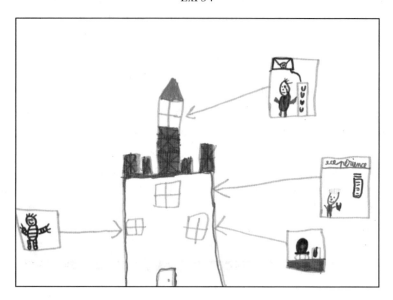

Essa criança de 9 anos elabora uma casa imaginária com os ocupantes e suas diferentes atividades, assim como suas localizações (*imagem ExP34*).

6.3.4 Avaliação das modalidades de funcionamento mental

A lista de processos de desenho mencionados anteriormente não visa ser exaustiva nem representar todas as possibilidades de produção gráfica. Ela serve de guia para analisar ponderadamente o material iconográfico entregue pela criança; ela permite, portanto, identificar e caracterizar as particularidades formais de cada desenho e, por conseguinte, abordar as modalidades de funcionamento psíquico da criança.

Existem três tipos de funcionamento mental, que se elevam de um menor a um maior grau de mentalização:

– O primeiro é o **Tipo 3**. A primeira impressão global é a de uma produção em que a secundarização parece alterada. Os fatores – **AS** (*Alterações da secundarização*), **RP** (*Apelo à relação com o psicólogo*) e **EV** (*Evitamento*) – são predominantes no desenho. Mecanismos de defesa e afetos encontram-se em elevado grau. A legibilidade global do desenho, ou seja, sua capacidade de compartilhar um conteúdo latente, vai de ruim a média.

6. O desenho enquanto teste projetivo em psicologia clínica infantil

– O segundo é o **Tipo 2**. A primeira impressão global é a de uma produção em que os elementos têm pouca relação entre si e são contíguos do conteúdo manifesto. Verifica-se o predomínio dos fatores **RP** (*Apelo à relação com o psicólogo*) e **EV** (*Evitamento*), no entanto pode-se observar a presença dos fatores **FL** (*Fantasia e labilidade*) e **FR** (*Fantasia e rigidez*). Os mecanismos de defesa consistem, majoritariamente, no evitamento, alterando a legibilidade do desenho.

– O último é o **Tipo 1**. A primeira impressão global é marcada pela sensação de uma fantasia pessoal e criativa. Os fatores **FL** (*Fantasia e labilidade*) e **FR** (*Fantasia e rigidez*) são predominantes. A visibilidade é boa e passa a sensação de um desenho elaborado, cuja simbólica é compartilhável. O funcionamento defensivo é flexível e adequado; os afetos, por sua vez, entram em sintonia com as representações.

Síntese da ficha de controle

A. Primeira impressão global

Processos primários prevalecentes.
Fixação predominante a um conteúdo manifesto.
Histórias construídas semelhantes a um tema banal.
Fantasia pessoal dominante.

B. Análise dos procedimentos do desenho

1. *Alterações da secundarização* (**AS**)
   Desenhos impulsivos, temática agressiva.
   Desenhos instintivos, temática sexual.
   Comentários escabrosos.
   Desorganização das sequências gráficas.
   Desenho de pequenos detalhes raros ou bizarros.
   Diferentes registros no espaço da folha.
   Instabilidade dos objetos.
   Confusão das identidades sexuadas.
   Escotoma de objetos manifestos.

2. *Apelo à relação com o psicólogo* (**RP**)
   Solicitações insistentes junto ao psicólogo.
   Pedidos de ajuda para realizar o desenho.
   Pedidos de assistência diante de uma incapacidade para desenhar.

3. *Evitamento* (**EV**)
   Inibição da mente.
   Tendência geral à restrição.
   Apelo à realidade externa.
   Ironia, escárnio.
   Elementos amontoados que ocupam a página inteira.

Compreender e interpretar desenhos infantis

4. Fantasia e labilidade (**FL**)

Desenho com reviravoltas.

Introdução de personagens não representadas.

Encenação interativa entre várias personagens.

Expressão gráfica de afetos fortes.

Representações contrastadas.

Simbolismo transparente.

Apego a detalhes narcisistas.

5. Fantasia e rigidez (**FR**)

Desenhos muito detalhados.

Afastamento espaço-tempo, insistência sobre o aspecto fictício.

Alternância entre expressões de agressividade e de defesa.

Formação reacional.

Precisões numéricas, anotações escritas.

Avaliação das modalidades de funcionamento mental

Tipo 3 (legibilidade – ou →+)

Predominância dos fatores **AS, RP** e **EV**.

Defesas maciças, afetos maciços.

Tipo 2 (legibilidade →+)

Predominância dos fatores **RP, EV, FL** e **FR**.

Produção gráfica alterada pelos mecanismos de defesa acionados; porém uma liberação parcial é possível.

Tipo 1 (legibilidade +)

Procedimentos flexíveis e variados de tipo **FL** e **FR**.

Os desenhos são construídos com uma ressonância fantasiosa.

Desenhos e abordagens psicoterapêuticas

O aconselhamento psicológico e/ou a psicoterapia infantil, independentemente das abordagens, respaldam-se em suportes de comunicação e de relação. Nos encontros com as crianças são utilizados estes três principais: a linguagem, as atividades lúdicas e o desenho. No entanto tais modalidades de encontro não são propostas simultaneamente, porque as atividades lúdicas precedem o surgimento da linguagem que, por sua vez, vem antes do desenho.

Evidentemente, essa ordem não é constante porque o desenvolvimento das capacidades de comunicação sobrepõe-se e até inverte-se em algumas crianças ou em relação a determinadas modalidades de expressão. Mesmo que os jogos, assumindo a forma de uma atividade que garante um prazer erótico envolvendo a boca (Freud, A., 1965), antecipem-se à linguagem e ao desenho, a capacidade para brincar – não com um companheiro, como pode ser observado na pré-escola, mas com um verdadeiro parceiro, cuja existência é levada em conta, assim como seus desejos – só aparece mais tardiamente, enquanto a linguagem já está constituída e o desenho é a expressão da carga afetiva. Da mesma forma, temos tido a oportunidade de observar crianças que, bastante precocemente, deixam vestígios em diferentes suportes, além de se aplicarem, ainda muito pequenas, a representações projetadas no papel.

No entanto sublinhemos que "o jogo, por suas características sensoriais e motoras [...], sendo uma expressão direta da pulsão" (Anzieu, A., 2008), acaba por liberar-se comumente do enraizamento no real, enquanto o desenho – quando não é a expressão de uma ebriedade motriz –

aparece como uma atividade que estabelece o vínculo entre a fantasia e o real: a primeira emana da criança criativa, ao passo que o segundo tem a ver com o suporte e o material, cuja utilização deverá ser aprendida pelo sujeito para que ele possa deixar neles sua marca.

7.1 A FUNÇÃO DE CONTENÇÃO

Albert Ciccone – psicólogo clínico, psicanalista, professor de psicologia e psicopatologia –, a partir dos estudos do psicanalista especializado em clínica infantil, Didier Houzel, deduz três modelos do cuidado psicanalítico:

– "O primeiro modelo é o da descarga: a cura vem da descarga pela fala (descarregar a ansiedade, a tensão, o conflito)" (Ciccone, 2001). Todos sabem perfeitamente que – na ocorrência, por exemplo, de um acidente da vida – a partilha de uma dificuldade, de um sofrimento, com uma terceira pessoa de confiança, fornece uma forma de alívio, de distanciamento em relação ao fato.

DaP*1

Esse desenho, já apresentado (*imagem ExP0*), feito por um menino de 8 anos que vem à consulta por enurese noturna, ilustra perfeitamente o alívio esperado ao compartilhar o que é motivo de sua preocupação, de sua fragilidade.

---

*DaP = Desenhos e Abordagens Psicoterapêuticas [N.R.].

7. Desenhos e abordagens psicoterapêuticas

- "O segundo modelo é o do desvelamento. O psicanalista é o especialista que vai desvendar as fantasias, o conflito inconsciente..." (Ciccone, 2001).
- "O terceiro modelo é o da contenção. A cura, em vez de basear-se na descarga pela fala ou na visão das fantasias reveladas e tornadas conscientes, consiste na experiência segundo a qual a vida emocional conturbada, perturbada e dolorosa encontra um espaço em que ela possa ser recebida e contida" (Ciccone, 2001).

Esse terceiro modelo – o da função de contenção da ajuda psicoterapêutica – é, mais frequentemente, aquele que corresponde melhor ao trabalho com base nos suportes desenhados. Assim, a criança, uma sessão após a outra, poderá exprimir emoções, frustrações, conflitos, angústias "ou, dito por outras palavras, a dor psíquica" (Ciccone, 2001), porque seu parceiro de consulta há de aparecer-lhe com a capacidade para receber essa dor, muitas vezes mal identificada, sem ser influenciado por ela. Em seguida, chegará o momento da compreensão, às vezes simultânea; ora, todos nós sabemos que a capacidade para receber e compreender abre o caminho para a contenção.

DaP2
O desenho dessa menina de 8 anos, já apresentado (*imagem Tra3*), ilustra a necessidade da abordagem pelo desvelamento quando o trauma psíquico é encoberto por amnésia traumática.

DaP3

Pelo fato de ter sido proposto a essa criança de 9 anos um espaço delimitado é que ela conseguiu, sentindo-se segura, partilhar com o psicoterapeuta sua experiência traumática e dolorosa; de fato, ela era incapaz de pensar sozinha ou com a família. Desenho já apresentado (*imagemAgS6*).

Os desenhos elaborados com uma frequência regular, previsível, em um local tranquilo e seguro, a fala e, em geral, a expressão, podem ser recebidos em um espaço de escuta e de não julgamento. A criança, assim como o psicólogo, hão de desenvolver, juntos, uma experiência de intimidade, em que as produções da primeira poderão ser entendidas pelo outro; serão formuladas tentativas de interpretação, sem forçar, sempre no contexto da dinâmica lúdica que é própria das produções desenhadas e permite a consolidação dessa aliança terapêutica.

A benevolência é prática corrente, as confidências são numerosas, assim como sempre existe a garantia de uma escuta empática e da discrição. A interpretação do desenho já não se contenta em ser uma explicação sobre o que é representado; ela atribui uma intenção às produções. Com frequência, as crianças da fase de latência compreendem, então, o verdadeiro interesse em serem recebidas por um psicoterapeuta: os desenhos e os comentários que os acompanham tornam-se cada vez mais metafóricos.

7. Desenhos e abordagens psicoterapêuticas

7.2 A TÉCNICA DOS TRÊS DESENHOS DOS BRAUNER

Françoise Brauner (1911-2000) e Alfred Brauner (1910-2002) foram precursores, em 1937, da utilização do desenho com crianças que vivenciaram a guerra: em primeiro lugar, a da Espanha, e, em seguida, a Segunda Guerra Mundial.

> Françoise Brauner, pediatra, é transferida para o hospital militar de Benicasim, no norte de Valência. [...] O estabelecimento abre logo suas portas para crianças que fugiram das Astúrias, já bastante mal-tratadas pela repressão de outubro de 1934. [...]
>
> Alfred Brauner dirige-se, por sua vez, a Benicasim, ao encontro da esposa, e, imediatamente, divide com ela a mesma convicção: é insuficiente curar os corpos, função dela, e acompanhar o tratamento deles, trabalho dele. É preciso restaurar o reino da brincadeira e do riso a fim de "reduzir o impacto dos acontecimentos nas crianças aterrorizadas, oferecendo-lhes a chance de levarem uma vida humana sem ficarem obcecadas por lembranças de luto e de angústia" (Ripa, 2006).

É a partir dessa experiência *princeps* que os Brauner aperfeiçoam uma técnica que permite às crianças exprimirem realmente seu sofrimento. Ela comporta três desenhos, seguidos por uma conversa conduzida por elas próprias ou por educadores formados: pede-se às crianças para desenharem "minha vida antes da guerra, o que eu vi da guerra e como eu imagino minha vida após a guerra".

Esses pesquisadores deixam a Espanha em 1938 e, por opção ética, não levam nenhuma obra original, "mas as reproduções de 4.000 desenhos e 102 redações do concurso[26], além de 10.251 desenhos criados ao sabor da vontade das crianças" (Ripa, 2006). Mais tarde, a partir de 1945, eles hão de acolher numerosas crianças mártires dos campos de concentração nazistas, juntos às quais eles novamente utilizam o desenho para lhes permitir comunicar o indizível.

Dessas primeiras experiências, numerosos psicólogos adotaram a técnica dos três desenhos em sua prática com crianças que sofreram trau-

---

26. Proposto em 1938, em Barcelona – pela organização operária Socorro Rojo Internacional – aos alunos das escolas públicas e dos lares de crianças evacuadas e refugiadas. A partir do tema "Minha vida antes, durante e após a guerra", todos deverão elaborar um desenho ou uma redação (Ripa, 2006).

mas ou apresentam um episódio depressivo. Essa técnica deve ser adaptada a cada situação. Isso é o que nos mostram os dois casos clínicos descritos a seguir.

7.2.1 Uma consulta terapêutica

A mãe de Vincent, 10 anos, com seis meses de gravidez dá à luz um menino com trinta centímetros e pesando 900 gramas. Vincent está impressionado com o tamanho reduzido desse neném, mas exprime uma verdadeira e profunda alegria por finalmente ter um irmãozinho. No entanto, desde a segunda semana de vida, a saúde do bebê deteriora-se e esse irmão mais novo, tão desejado, não resiste a uma hemorragia cerebral.

Houve a expectativa, a alegria inseparável da ansiedade relacionada à prematuridade, a esperança e, em seguida, o impensável da morte.

A família relata a natureza dos gritos e prantos de Vincent, que dilaceram o coração. Assim, durante uma semana nada lhe serve de consolo, ele retrai-se e já não quer falar desse óbito. Ele regride, volta a chupar o polegar, adormece na sala de aula, usa uma linguagem bastante regressiva, rejeita qualquer alimento, dizendo: "Quero morrer para encontrar meu irmãozinho". E torna-se insone. Os antigos prazeres que cadenciavam a sua vida – as atividades físicas e, particularmente, andar de bicicleta, os videogames, as construções técnicas, assistir a programas esportivos na televisão em companhia do pai – foram abandonados; insinua-se uma profunda melancolia, que acaba tomando todo esse espaço deixado vago.

Ele opõe-se a qualquer atendimento psicológico proposto pelo hospital, mas aceita rever o psicólogo que ele havia encontrado quando tinha 5 anos, que vai recebê-lo no final de uma tarde, no mês de janeiro, e toma conhecimento da origem de seu sofrimento, a respeito do qual ele nada pode dizer de tão doloroso que é falar sobre aquilo. Tendo passado já dois meses depois da morte, a família não observa nenhum progresso em relação ao seu retorno ao mundo dos vivos. Os pais sentem-se bastante afetados e eles próprios ficam submersos pela melancolia.

A entrevista com a família é bastante tensa, obrigando o psicólogo a servir-se de todos os seus recursos pessoais e profissionais. Com Vincent instala-se o silêncio, ele está abatido: ele foi de livre-vontade, mas é incapaz de se exprimir. Para não desestabilizá-lo, o psicólogo evoca seu gosto antigo pelo desenho; com um movimento de cabeça, Vincent

7. Desenhos e abordagens psicoterapêuticas

aceita desenhar. Nesse momento, o psicoterapeuta tem em mente as abordagens clínicas desenvolvidas, em 1937, por Françoise e Alfred Brauner com crianças traumatizadas pela guerra da Espanha.

A técnica desses pesquisadores, que permite às crianças exprimirem seu sofrimento, consiste em pedir aos jovens para realizar três desenhos. Com uma instrução adaptada, o psicólogo faz esse pedido a Vincent: o primeiro para representar o "antes"; outro, "durante"; e, finalmente, o último, intitulado "depois", sem que seja dada qualquer especificação quanto a essas três etapas. Vincent deixa-se levar por essa ideia e traça rapidamente, em folha cortada ao meio, três representações da curta vida do irmão mais novo.

DaP4

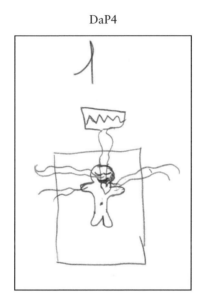

A primeira representação (*imagem DaP4*) é a do recém-nascido: está nu, com os olhos fechados, um sorriso nos lábios. Numerosas "ramificações", perfusões e sensores indicam que ele está no hospital, em tratamento. Um monitor colocado acima da cabeça mostra que ele está vivo.

O segundo desenho (*imagem DaP5*) é o da humanização do bebê, visto que está usando um boné e sapatinhos de neném. É a esperança de um irmão que volta para casa.

Por fim, a última representação (*imagem DaP6*) mostra o abandono da esperança: os olhos estão fechados, já não há nenhum sorriso, nem roupas; em vez de uma curva, o monitor está zerado, o coração dilacerado, tanto o do neném quanto o de Vincent, do pai e, evidentemente, da mãe.

A ajuda decisiva fornecida a Vincent consistiu em descrever detalhadamente esses três desenhos comoventes, em levá-lo a esclarecer, a responder uma pergunta, além de estabelecer conexões com seus sentimentos mais profundos e suas emoções. Em seguida, sempre com Vincent, mas na presença dos pais, os desenhos foram apresentados e a descrição repetida em uma atmosfera de grande emoção.

DaP5
(Texto da ilustração: boné – sapatinho de neném)

DaP6

7. Desenhos e abordagens psicoterapêuticas

Após essa consulta inaugural da elaboração dos três desenhos seguiram-se algumas sessões que, sem terem sido inúteis, pareceram dispensáveis em razão do elevado grau de intensidade da primeira. Vincent voltou a encontrar, muito rapidamente, o apetite e, em seguida, foi irrigado, de novo, pelo desejo de viver.

7.2.2 Terríveis pesadelos

Desde o recomeço das aulas em setembro, um mês antes, Hugo, 7 anos e meio, é perturbado por terríveis pesadelos: "Há um esqueleto ao meu lado na cama. É bacana! Ele tem olhos em forma de lâmpada, como um zumbi". "Às vezes, ele é invisível, só posso ver sua mão".

Seus pesadelos são recorrentes a tal ponto que Hugo teme o momento de ir para a cama porque ele sabe que, irremediavelmente, terá sonhos penosos que, na maior parte das vezes, o acordarão com palpitações cardíacas, levando-o a procurar a cama dos pais, situação que lhe garante toda a segurança.

DaP7

Esse primeiro desenho (*imagem DaP7*) representa em imagem, para uso do psicólogo, o que ele vive durante a noite. Nele, ele está estendido na cama com os olhos abertos, formulando-se perguntas sobre o que acontece com ele, sonhando com um zumbi, dotado de olhos verdes e boca ensanguentada. E o tempo passa: 21h; em seguida, 22h; e 23h, sem que ele consiga pregar o olho. O tempo passa até o momento em que é a hora de levantar-se para ir à escola.

Os pesadelos apareceram alguns dias após o acidente ocorrido durante as férias de verão (meses de julho e agosto): no acampamento, em companhia dos pais, ele foi mordido gravemente no rosto por um cão. Foi atendido no pronto-socorro do hospital mais próximo; a um médico que havia manifestado preocupação a respeito de possíveis consequências psicológicas, Hugo respondeu que não estava traumatizado pela mordida. Mas um pouco menos de uma semana após a sua saída do hospital, os pesadelos surgiram, tornando-se recorrentes e aterrorizantes.

Quando o psicólogo encontra Hugo, cerca de cinco semanas após o acidente, ele continua exibindo uma cicatriz bem visível na bochecha direita; evidentemente, ele rejeita evocar esse acidente porque seu maior desejo consiste em esquecer seu medo ligado às circunstâncias do ataque do cão. À semelhança de um grande número de crianças e de adolescentes, Hugo concebe uma representação dos cuidados adaptados ao acontecimento traumático vivenciado por ele. Em seu entender, é absolutamente primordial esquecer o ataque do cão na origem de seus sintomas; com o esquecimento – é o que ele pensa –, eles desaparecerão naturalmente. É claro que sua concepção difere daquela do terapeuta, que deve ser pedagógico e explicar-lhe a abordagem que acredita ser a correta.

O psicólogo pede-lhe, então, para representar a cena, servindo-se de três desenhos: um para mostrar a cena antes de ter sido atacado; outro, figurando o ataque; e o último para evocar o período após o ataque. A instrução é bem-recebida por Hugo, que agarra três meias folhas e rapidamente faz os desenhos solicitados, que são muito simples e diretos, porque não há enfeites além da ação tal como ela ocorreu.

DaP8

7. Desenhos e abordagens psicoterapêuticas

O primeiro desenho (*imagem DaP8*) representa Hugo andando sozinho pelas veredas do parque do acampamento. Então ele aproxima-se de um trailer pertencente a um homem, que segura um cão pela coleira. Observe-se que se trata de uma reconstrução, porque Hugo não viu o animal antes de sofrer o ataque. O desenho é designado como "passé" [passado] em ligação a uma aula recente sobre os três principais tempos da conjugação.

DaP9

O segundo desenho (*imagem DaP9*) representa o ataque propriamente dito. O cão, um pastor alemão castanho com manchas pretas, ataca inesperadamente, pelo lado direito, sem que Hugo possa prever tal investida ou se proteger. A surpresa reforça o medo e a dor. Felizmente, o dono, que tinha deixado cair a guia do cão, intervém de imediato e salva o menino de uma segunda mordida. O desenho é intitulado "présent" [presente].

DaP10
(Título da ilustração: futuro)

247

"O dono do cão veio (*imagem DaP10*), eu fiquei com sangue em toda a parte e ele escorreu até minha barriga; eu nem conseguia abrir a boca". Alertado por seus gritos, o pai veio rapidamente ao seu encontro. Os socorros médicos foram chamados, assim como o delegado, acrescentando um receio suplementar. Hugo sublinha, no entanto, que ele não caiu apesar da pancada do ataque; assim, ele dá entender que, em certa medida, mostrou uma boa resistência.

Aqui, novamente, a técnica dos três desenhos, que introduz uma perspectiva diacrônica, um processo que se desenrola no tempo, permitiu a um jovem – que se recusava a evocar o ataque de que tinha sido vítima – descrever precisamente os fatos. Por ocasião dessa sessão foi possível iniciar um primeiro trabalho de ligação entre os elementos fatuais e as emoções, que teve de ser mantido, evidentemente, ao longo de várias sessões.

No entanto foram detectados inegáveis avanços, facilmente mensuráveis, tanto pela própria criança quanto pelos pais: os pesadelos tornaram-se cada vez menos frequentes até seu completo desaparecimento, algumas semanas mais tarde. As possibilidades de elaboração e de mentalização do trauma foram abertas no momento da consulta dos três desenhos.

7.3 A MANDALA DAS EMOÇÕES

As mandalas, enquanto ferramentas terapêuticas – tendo virado moda há alguns anos –, são objeto de numerosas teorias, cuja demonstração é quase sempre deficitária, carecendo de referências suficientemente fundamentadas. Evitaremos, portanto, descrever uma topologia específica da interpretação da mandala para não corrermos o risco de propormos "chaves" que, de qualquer modo, não levariam em conta a subjetividade de cada um.

7.3.1 A mandala das emoções na criança em situação de luto

No plano psicológico, a mandala das emoções foi teorizada pelos psicólogos Barbara Sourkes e Michel Hanus na obra *Les Enfants en deuil. Portrait du chagrin* [As crianças em luto. Retrato do desgosto] (Sourkes & Hanus, 1997).

Trata-se de uma ferramenta simples: um círculo de cerca de dez centímetros de diâmetro é desenhado em uma folha. Combina-se com a criança os diferentes sentimentos, aos quais é atribuída determinada cor; aliás,

7. Desenhos e abordagens psicoterapêuticas

com essas cores a criança irá preencher o círculo em função do lugar que, para ela, cada sentimento está ocupando naquele momento. Sourkes e Hanus (1997) formulam esta pergunta bastante precisa: "O que sente dentro de você, hoje, quando pensa na morte de...?" (Sourkes & Hanus, 1997).

O objetivo desses dois pesquisadores consiste em permitir à criança verbalizar suas emoções, descrevê-las e explicitar suas sutilezas – misturado com o desgosto, haverá vergonha, sentimento de culpa, raiva? A representação gráfica permite observar seus sentimentos, como se estivessem fora dela, de maneira quase objetivada e, portanto, compartilhável com o psicólogo quando se promove precisamente a tentativa de tocar o indizível: o luto na criança.

7.3.2 A mandala das emoções em psicoterapia

A utilização da mandala das emoções não se limita à criança em situação de luto e pode ser uma ferramenta valiosa na avaliação psicológica, na psicoterapia ou no acompanhamento psicoterapêutico. Nesse caso, a instrução é adaptada, propondo à criança a seguinte ideia: "Você vai escolher as cores para cada uma das emoções que lhe proponho; assim, você vai colorir o círculo como se fosse o lugar que, neste momento, cada emoção ocupa em você (em sua cabeça e em seu coração)". Eventualmente, é possível acrescentar: "Gostaria de adicionar uma emoção em que eu não teria pensado?".

Não há nenhuma recomendação particular a fornecer sobre a maneira como preencher o círculo; as crianças vão utilizá-lo, às vezes, como um diagrama, recortando o círculo em "pedaços de bolo", mas são numerosas as que encaram a tarefa sem adotar um método específico.

O psicólogo desenha o círculo, escreve lateralmente o nome de cada uma das emoções, como se fosse uma legenda, e a criança vai diferenciá-las com a cor escolhida.

7.3.2.1 Quais são os objetivos pretendidos?

Essa produção pode permitir ao psicólogo avaliar:
- Como a criança concebe suas experiências emocionais: ela escolherá as emoções e as cores associadas, por ela, a cada uma, aplicá-las na proporção apropriada, questionar-se a respeito delas, além de justificar suas escolhas.
- A capacidade de introspecção da criança porque se trata, sobretudo, de processos conscientes, afinal a criança escolhe o que vem de si mesma.

- Os mecanismos de defesa em ação, especialmente se a mandala é proposta no início da terapia, pois é possível identificar quando a criança evita atribuir o verdadeiro lugar a cada emoção.
- As emoções naquele instante, porque, se explicarmos à criança que sua produção está ligada às suas emoções do momento, subentendemos também que elas podem evoluir. É, aliás, particularmente interessante propor esse desenho em diferentes momentos do acompanhamento psicoterapêutico a fim de observar as mudanças e as progressões, além de incentivar a criança a comparar a expressão de seus estados emocionais.

7.3.2.2 A que faixas etárias pode ser aplicado?

A mandala é uma ferramenta de uso fácil e rápido, o que permite propô-la a um amplo leque de crianças, especialmente por ela poder atenuar as dificuldades experimentadas por algumas crianças para exprimirem seus sentimentos mais profundos, ou porque elas são ainda muito pequenas, inibidas, pouco habituadas a se comunicarem ou não gostarem de desenhar etc. Assim, esse teste convém a ambos os sexos, desde a idade de 5 até 12 anos aproximadamente (é possível ir além dessa idade, mas a aplicação de cores pode constituir um obstáculo, percebida como infantilizante pelos adolescentes).

DaP11

Essa jovem adolescente, de 13 anos e meio, aceita de bom grado desenhar uma mandala das emoções. O conceito lhe interessa, mas ela apropria-se dele: ela própria desenha o círculo, e muito rapidamente traça, sem uma coloração real, uma importante parcela de alegria em vermelho-vivo; em seguida, a tristeza, em azul acentuado; a raiva, em preto; e termina representando o nojo em marrom.

7. Desenhos e abordagens psicoterapêuticas

7.3.2.3 Escolher quais emoções?

As quatro emoções básicas são: alegria, tristeza, raiva e medo. Em conexão com a questão do luto, Hanus e Sourkes (1997) propõem também o sentimento de culpa, a vergonha e o alívio. Pela nossa parte, indicamos às crianças para adicionarem a esperança: por um lado, porque a alegria é, entre essas emoções, a única que parece ter um valor positivo; por outro, porque parece interessante perceber como a criança – um ser em constante desenvolvimento – pode vislumbrar o porvir, seus progressos e suas projeções no futuro.

Por fim, as crianças também podem fazer suas próprias sugestões: ciúme, estresse, riso, surpresa, nojo etc. Apesar da impressão de que algumas sejam redundantes em relação ao quarteto de base, parece preferível autorizar as iniciativas da criança a fim de que sua produção torne-se mais personalizada e usufrua de uma maior carga afetiva.

7.3.2.4 Interpretações

Evidentemente, a interpretação da mandala das emoções deve levar em conta a idade da criança e inscrever-se na totalidade da psicoterapia. Vamos interessar-nos, em primeiro lugar, pelas cores escolhidas pela criança, pela área atribuída a cada emoção e pela distribuição das cores. Cada elemento pode ser discutido com a criança, a quem se pede também para explicar suas escolhas, para dar exemplos de situações em que ela experimenta essa ou aquela emoção etc.

7.3.2.5 Cores

É interessante observar que, com frequência, as cores repetem-se em função de uma cultura coletiva que associa o amarelo, o alaranjado ou o rosa à alegria; o vermelho ou o preto à raiva; o azul, o cinza ou o preto à tristeza; o lilás, o verde ou o preto ao medo; e o verde, o rosa ou o alaranjado à esperança. A escolha das cores vai depender do sentimento positivo ou negativo da criança em relação a uma emoção: as emoções positivas são associadas a cores brilhantes ou àquelas preferidas pela criança; quanto às emoções com valor negativo, a criança vai representá-las com cores mais escuras, associadas ao registro (preto, marrom) ou, ainda – como pode acontecer em alguns meninos pequenos – com cores consideradas femininas (rosa, roxo).

O estudo da escolha das cores pela criança não é relevante em si, mas pode ser a oportunidade para identificar tendências: consensual, original ou uma acentuada identificação feminina/masculina, e até um distúrbio visual em relação às cores.

7.3.2.6 Superfícies

A criança irá preencher o círculo, atribuindo um maior ou menor espaço a uma cor em função da preponderância e da intensidade da emoção que lhe está associada. A importância da superfície de cada cor no círculo parece-nos ser o mais importante indicador do que a criança deseja exprimir ao psicólogo no nível consciente e em relação aos seus mecanismos de defesa em ação:

– Quase sempre, a criança começa pela emoção à qual ela deseja atribuir o maior espaço; ora, a maioria dos pequenos pacientes preenchem uma boa parte do círculo com a cor associada à alegria, significando, por isso mesmo, que, apesar das dificuldades que os levam, talvez, a consultar um terapeuta, eles representam a si mesmos, sua interioridade, como se fosse, de preferência, alegre, luminosa e viva.

– Em seguida vem a negociação interior para reconhecer, ou não, o lugar ocupado por essa ou aquela emoção percebida como negativa, incômoda, vergonhosa. Dependendo de sua idade e de sua maturidade, uma criança será capaz de negar que sente raiva, de minimizar seus medos (quando, afinal, trata-se, por exemplo, da razão para as consultas), de exagerar as emoções positivas ou, pelo contrário, embora mais raramente, de acentuar alguns sentimentos a fim de garantir que a mensagem seja recebida de modo positivo pelo psicólogo.

Portanto, as superfícies de cada cor são indicadores tanto dos sentimentos da criança e de suas capacidades de introspecção quanto de seus mecanismos de defesa. Essa é, então, a oportunidade para perguntar se ela acha que atribuiu suficiente importância a essa ou aquela emoção, e também para explicar e justificar cada uma das emoções em particular, com exemplos. Aqui, novamente, é possível identificar tendências para evitar ou minimizar as dificuldades, mas também pode ser a oportunidade para a criança contar histórias específicas: um pesadelo (medo), uma briga com colegas (raiva), um sentimento de injustiça (tristeza).

7. Desenhos e abordagens psicoterapêuticas

7.3.2.7 Distribuição

Às vezes, a distribuição das cores pode ser feita em gráfico circular dividido em setores ou em tiras paralelas, mas muitas crianças vão propor produções mais complexas em que as emoções estão misturadas ou à volta umas das outras, correspondem-se entre si ou, ainda, estão associadas a uma forma específica. A mesma emoção pode retornar, por pequenos toques, em diferentes locais do círculo. Esse tipo de aplicação de cores fornece uma elucidação mais sutil sobre as representações que a criança tem de sua vida interior, das relações de força entre suas emoções, além de sua capacidade para conter suas angústias e sua impulsividade.

7.3.3 Casos clínicos

7.3.3.1 Arthur, 8 anos

DaP12
(Texto da ilustração: no sentido horário, de cima para baixo – Alegria – Tristeza – Raiva – Medo – Esperança)

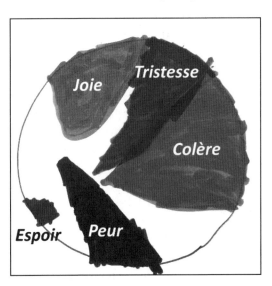

Arthur é um garoto de 8 anos que apresenta sinais de dispraxia com transtornos associados, em especial, uma ansiedade muito forte e dificuldades no relacionamento social. Durante as sessões de psicoterapia, o psicólogo propõe que ele faça uma mandala (*imagem DaP12*) a fim de ter um suporte para evocar seus sentimentos mais profundos porque

Arthur experimenta, inclusive, dificuldades para contar de forma coerente suas atividades cotidianas.

- É possível observar imediatamente a grande desorientação de Arthur para organizar e planejar a aplicação das cores: ele tenta fazer um diagrama, mas esse procedimento é complexo demais; assim, ele não consegue preencher o círculo.
- Observa-se também a escolha das cores, pouco estéticas ou insuficientemente diferenciadas, até mesmo um erro em relação à tristeza (em roxo, como a esperança, enquanto ele havia escolhido a cor turquesa). A mandala foi a oportunidade para constatar que Arthur era daltônico.
- Por fim, suas explicações são inexpressivas e, apesar da insistência do psicólogo, ele tem de se esforçar para traduzir as emoções em pensamentos: "Tenho muita tristeza"; "Estou cheio de alegria, com muita esperança". Ele exprime a raiva de maneira ríspida – pelo fato de sua vivência cotidiana – em relação à irmã e aos colegas de escola, por quem ele se sente rejeitado. Por fim, a emoção "medo" está associada a uma experiência sensorial muito ansiosa: "É um buraco negro no qual estou caindo".

Assim, a mandala das emoções permite constatar a dificuldade experimentada por Arthur para abstrair seu pensamento e para ter acesso à sua interioridade: há, visualmente, "brancos" em sua produção, e ele dispende esforços para explicar suas escolhas ou dar exemplos. Os mecanismos de defesa parecem ser principalmente antidepressivos: Arthur começa por desenhar a alegria, mas nada consegue dizer a seu respeito; quanto à tristeza, ela é particularmente reduzida, ao passo que a raiva é explosiva.

7.3.3.2 Milla, 10 anos

Milla é uma menina de 10 anos, muito inteligente (em avaliação psicológica, seu desenvolvimento foi considerado precoce), que vivencia problemas bastante recorrentes de relacionamento com os colegas da turma. Ela gosta de desenhar, mas começa a ficar muito crescida para aceitar outra coisa além de desenhos estereotipados, deixando pouco espaço para a expressão de mecanismos inconscientes. O psicólogo propõe-lhe uma mandala, que ela realiza com prazer.

Como boa aluna, ela elabora sua mandala (*imagem DaP13*) da esquerda para a direita. Observa-se que ela produz uma espécie de bola

7. Desenhos e abordagens psicoterapêuticas

alaranjada para a alegria, certamente identificada com o seu Ego e que, na aparência, é atacado por movimentos mais hostis que, por sua vez, são fragmentados, como se ela os percebesse de maneira pulsional, inconsciente e quase estranha a seu respeito, apesar do fato de ter colocado tudo no círculo de sua interioridade.

DaP13
(Texto da ilustração: no sentido horário, de cima para baixo – Tristeza – Raiva – Alegria – Medo – Tristeza – Esperança – Medo – Raiva)

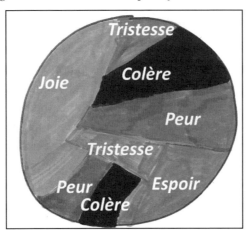

Milla explica que tem duas fontes de medo, fobias (sangue, aranhas) e também alguns pesadelos (é a oportunidade para contar um deles). Ela evoca raiva contra as irmãzinhas e também pensamento bastante elaborado, e raiva contra si mesma por seu mal-estar de manhã para dirigir-se à escola. Na verdade, sua tristeza está associada à mudança de sua melhor amiga para outra cidade. Esse pensamento afeta-a de tal modo que ela é incapaz de propor uma ideia diferente para a outra tira cinza de tristeza que ela desenhou.

Por fim, ela mantém a cor-de-rosa – a esperança, embaixo, à direita –, ou seja, voltada para um futuro bastante próximo que ela espera, repleto de novas amigas (ensino médio). É possível pensar também que a cor-de-rosa para o futuro está ligada à identificação, cada vez mais entusiasta, com a mocinha que, de acordo com sua sensação, ela já é.

Fora o interesse imediato que há para discutir com Milla o seu cotidiano e os temas de prazer ou de contrariedade do momento, a mandala serviu como padrão quando foi formulada a questão de interromper os encontros de acompanhamento; cada um dos elementos observados foi retomado, assim como sua evolução no decorrer do tempo.

Em particular, Milla fala de um melhor entendimento com as irmãzinhas, mas evoca especialmente a inesperada descoberta de amizade com uma colega de turma que, dali a poucos meses, frequentará o mesmo estabelecimento de ensino médio. Milla dá-se conta, com prazer, dos progressos realizados durante essas poucas semanas.

7.3.3.3 Marie, 7 anos

Marie é uma menina bastante reservada, que sofre de terrores noturnos e de sonambulismo, além de, às vezes, comportar-se de maneira renitente com os pais: recusa-se a ajudar nas pequenas tarefas da casa, a respeitar os horários e, em geral, a suportar a autoridade dos adultos. Ela tem dificuldade em exprimir-se espontaneamente e, ainda menos, a respeito dos assuntos que preocupam os pais: ela não tem nenhuma lembrança de seus episódios de terror noturno e ela não reconhece de modo algum seus erros nos conflitos com os pais. A mandala é utilizada para evocar, se for o caso, as emoções de Marie, mas também para avaliar sua objetividade e sua capacidade para a introspeção.

DaP14

Amour: Amor | *Colère*: Raiva | *Espoir*: Esperança | *Joie*: Alegria | *Peur*: Medo

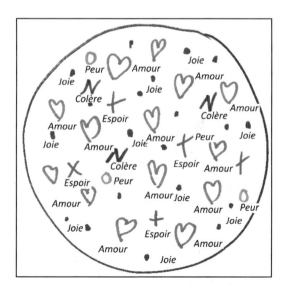

7. Desenhos e abordagens psicoterapêuticas

A mandala (*imagem DaP14*) de Marie não se assemelha àquela elaborada habitualmente pelas crianças de sua faixa etária porque ao invés de colorir porções do círculo, ela opta por simbolizar cada emoção por uma forma da cor escolhida e por desenhar certo número dessas formas em função de seus sentimentos mais profundos (*Tabela 7.1*).

TABELA 7.1 Vínculos entre os símbolos, as cores e as emoções

Emoção	Cor	Símbolo	Quantidade	Explicação
Alegria (Joie)	Azul	Ponto	21	Marie explica que é muito feliz na vida; por exemplo, faz yoga na escola.
Tristeza (Tristesse)	Rosa	Sem sinal associado	0	Marie não sente, segundo ela, nenhuma tristeza atualmente. Ela explica que pode ficar triste às vezes, quando discute com os amigos, mais isso é raro.
Medo (Peur)	Verde	Círculo	4	Marie expõe algumas de suas fobias: escuridão, aranhas etc.
Raiva (Colére)	Vermelho	Relâmpago	3	Marie dá o exemplo das brigas com a irmã (evita evocar suas próprias raivas).
Esperança (Espoir)	Alaranjado	Cruz	5	Marie espera crescer depressa, tornar-se uma pessoa adulta para poder tomar decisões sozinha.
Amor (Amour)	Roxo	Coração	14	Marie diz que ama a família, as amigas e a professora.

A apresentação de Marie é interessante: por um lado, ela duplica o simbolismo associado à emoção – por exemplo, a raiva, que é representada, além da cor vermelha, por um relâmpago; por outro, a superfície é substituída pela quantidade numérica de elementos, o que facilita o estabelecimento de relações entre eles. Por exemplo, o psicólogo chama a atenção de Marie para o fato de que suas raivas e seus medos estão sempre lado a lado, permitindo discutir com a criança acerca do vínculo que pode haver entre a agressividade manifestada e aquela que pode ressurgir à noite, o que parece ter sentido para ela.

Observa-se também que Marie evita a questão de sua raiva em relação aos pais e chega, inclusive, a desmentir que fica irritada, a menos que a culpa seja atribuída à irmã. Em compensação, a explicação associada à esperança está relacionada à sua oposição à autoridade parental: ela gostaria de crescer, de tomar decisões por sua conta e risco.

No final da sessão, Marie quer mostrar sua mandala à mãe, o que permite uma conversa a três sobre os sentimentos mais profundos da menina. A mãe de Marie, que deseja encontrar um pouco de alívio em casa, propõe à filha para elas estabelecerem um cronograma das etapas do dia – hora de levantar, de vestir-se, de fazer os trabalhos de casa – sem se esquecer do tempo para brincar ou assistir a um desenho animado. Marie parece mais disposta a aceitar as suas obrigações, desde que ela possa participar da organização, o que permite reduzir as tensões no cotidiano, mesmo que a atitude recalcitrante de Marie e os motivos inconscientes que levam a esse comportamento ainda não tenham evoluído de maneira significativa.

7.3.3.4 Fuko, 10 anos

Esse menino muito inteligente, que ingressa um ano mais cedo no 7º ano do ensino fundamental, sofre de alguma incapacidade de fazer amizade com outros jovens de sua idade. O confinamento relacionado à Covid-19 e, em seguida, uma mudança de residência, amplificaram tal dificuldade. Ele procura chamar a atenção dos pais, mas eles, aparentemente, estão muito preocupados com a filha mais velha, que é autista, para cuidarem do que lhes parece ser secundário. Os resultados escolares são bons: apesar da tristeza, Fuko consegue concentrar-se e aprender, como se existisse uma desconexão entre suas capacidades cognitivas e seu mundo afetivo. Entretanto, na família – espaço de segurança em que as convenções sociais são mais frouxas –, ele parece irritável e dá vazão a raivas incontroláveis.

É agendada uma consulta com um psicólogo. Nas duas primeiras sessões de contato, a mandala das emoções não é proposta a Fuko. Uma aliança terapêutica de boa qualidade é estabelecida muito rapidamente, trocas bastante instigantes são possíveis com esse menino, especialmente no que diz respeito a elementos factuais; no entanto as emoções e os sentimentos relacionados são manifestados com muito pouca expressividade. A mandala das emoções é proposta no final da terceira sessão.

A primeira mandala das emoções (*imagem DaP15*) feita por Fuko mostra uma peculiaridade: deve ser analisada levando-se em conta o eixo vertical. No centro, o aspecto predominante é a raiva: maciça, bastante sombreada, desenhada com traços bastante expressivos. Raiva que se manifesta no seio da família, assim como no desenho. Acima, aparece o medo (em azul), a respeito do qual o autor é incapaz de dizer algo: seria uma emanação da raiva ou, inversamente, seu desencadeador?

DaP15
(Texto da ilustração: Medo – Raiva – Alegria)

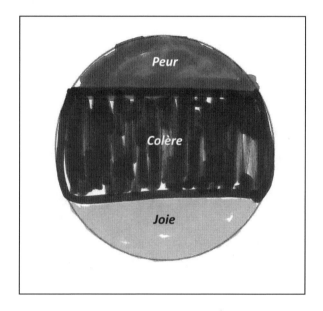

Em nosso entender, o termo "medo" não é verdadeiramente apropriado pelo fato de não existir um objeto de preocupação identificado. Seria mais correto evocar uma ansiedade maldefinida, flutuante; esse aspecto será abordado em uma sessão posterior.

Em seguida, Fuko representa uma porção de alegria (em amarelo), mas – indica ele com concisão – ela está embaixo, na parte inferior. Quanto à esperança, ele declara que, naquele momento, não tem nenhuma esperança. Mais uma vez, esse elemento será abordado em uma sessão posterior.

Após várias sessões, o psicólogo propõe a Fuko refazer uma mandala das emoções (*imagem DaP16*). Observemos que ele retoma, por iniciativa própria, as cores de sua primeira representação.

As emoções sentidas são manifestadas com maior precisão. Aqui, novamente, a leitura é de cima para baixo: a alegria tornou-se o sentimento não predominante (na superfície), mas aquele que o autor deseja distinguir. Ela acompanha quase todos os seus momentos na vida, seja na família, na escola ou na aula de instrumento musical (saxofone).

DaP16
(Texto da ilustração: Alegria – Medo – Raiva – Tristeza – Esperança)

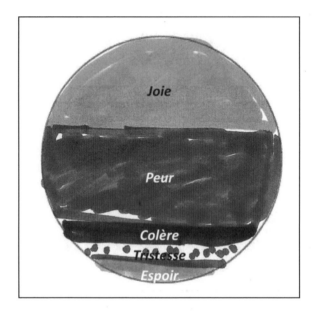

O medo, ou melhor, as ansiedades experimentadas, formam um bloco central e estão na origem – agora é algo bastante evidente – da raiva e da tristeza. Para essa última, Fuko faz um comentário de grande lucidez, declarando que a tristeza devia existir, por ocasião de sua primeira mandala, mas que tinha sido encoberta pela raiva. Comentário que o psicólogo entende como um passo importante na análise das emoções. Na parte inferior do desenho, a esperança aparece de maneira tímida.

7.3.4 Utilidade e limites da mandala das emoções

7.3.4.1 Utilidade do teste

Quando o círculo é preenchido, a criança verbaliza e explica a cor aplicada por ela, permitindo-lhe colocar em palavras o que a impressiona afetivamente. É uma maneira também de permitir a expressão de seus sentimentos. Assim, ela pode descobrir que um sentimento não tem nenhum valor moral: não é o fato de sentir raiva, medo, tristeza ou alegria que é bom ou ruim, mas o comportamento daí resultante é que pode ser adequado ou não. Vê-se imediatamente que esse teste, além de contribuir para revelar os afetos da criança, tem um valor terapêutico intrínseco pelo fato de permitir a introspecção e a verbalização dos sentimentos.

7.3.4.2 Limites do teste

Eles são numerosos de tal modo que a mandala não pode ser utilizada isoladamente. Com efeito, esse trabalho não é um desenho propriamente falando nem se trata de uma produção criativa; além disso, a instrução é muito restritiva, limitando o acesso aos processos projetivos e inconscientes. Esses limites podem ser usados para identificar mecanismos de defesa, tais como a reversão em seu oposto, os processos maníacos antidepressivos, além da aderência ao discurso dos pais.

7.4 O JOGO DO RABISCO [SQUIGGLE]

D.-W. Winnicott apresenta o *squiggle* [rabisco] como uma das ferramentas, flexíveis e sempre à disposição do psicanalista de crianças, sobretudo por ocasião da primeira entrevista, para "tirar todo o partido possível do material". O rabisco consiste na realização, alternadamente, de um garrancho rápido em que o outro participante deve adicionar elementos desenhados para transformá-lo na coisa à qual o traço poderia assemelhar-se.

O interesse – que é facilmente compreensível – incide sobre a interpretação das produções (e, portanto, das projeções) da criança, mas sua especificidade é baseada no fato de que se trata de um jogo entre o terapeuta e o jovem paciente, e não de um teste projetivo que pode tornar assimétrica a relação paciente/terapeuta.

O rabisco situa-se, assim, no encontro de duas áreas de jogo – a do paciente e a do terapeuta –, mesmo que, obviamente, as projeções do terapeuta não devam ser objeto de interpretações e que, na leitura de alguns casos, tenha sido constatado que Winnicott pretenda permanecer nas temáticas propostas espontaneamente pela criança.

Em seu livro *Therapeutic consulations in child psychiatry*, 1971. Winnicott apresenta 21 casos para os quais ele utiliza sistematicamente o rabisco. A consulta terapêutica, típica da prática desse psicanalista, consiste em utilizar o jogo unicamente no primeiro encontro com a criança para descobrir sua problemática e tornar essa sessão um momento terapêutico. Para isso, o rabisco é a ferramenta perfeita pelo fato de combinar aspectos projetivos, uma interação direta e igualitária entre o terapeuta e a criança, assim como o princípio do jogo que, para Winnicott, é terapêutico em si.

Nesse sentido, de acordo com ele, nem há sequer necessidade de propor interpretações à criança sobre suas realizações porque o fato de ser capaz de compartilhá-las com o terapeuta tem um valor terapêutico para a criança: ela consegue projetar no papel (área exterior) uma representação interna; trata-se, portanto, do que Winnicott designa como um fenômeno transicional, que poderia também ser denominado de a capacidade para simbolizar.

No plano metodológico, Winnicott expõe sua maneira de proceder, sem deixar de insistir sobre a ausência de protocolo rígido para dirigir esse jogo e sobre a necessária adaptação do terapeuta às reações e às transgressões da criança:

> No momento apropriado, após a chegada do paciente e, na maior parte das vezes, depois de pedir ao progenitor para aguardar na sala de espera, digo à criança: "Vamos brincar de alguma coisa. Sei o que eu gostaria de jogar e vou mostrar para você". Entre a criança e eu há uma mesa com folhas de papel e dois lápis. Em primeiro lugar, apanho algumas folhas e rasgo-as ao meio, dando a impressão de que nossa tarefa não é realmente importante; em seguida, começo a minha explicação. Digo o seguinte: "Gosto de brincar esse jogo que não tem regras. Pego apenas meu lápis e faço assim...". Fecho os olhos e faço um rabisco às cegas. Prossigo com a explicação: "Mostre-me se isso se assemelha a algo para você ou se você pode fazer algo com isso; e depois você faz a mesma coisa para mim e verei se posso fazer algo com o seu rabisco" (Winnicott, 1971).

Acrescentemos que o formato do papel não tem grande importância, apesar de algumas crianças, preocupadas com a ecologia, apreciarem que as folhas sejam cortadas ao meio e até usadas nos dois lados. No entanto, diferentemente de Winnicott, não usamos lápis preto, mas marcadores de uma cor para a criança e de outra cor para nós: por um lado, os marcadores são as ferramentas de escrita mais usadas por crianças pequenas; por outro, as cores diferentes permitem distinguir, de relance, as produções e as transformações de cada um.

7. Desenhos e abordagens psicoterapêuticas

– Caso clínico: Joseph, 5 anos

Joseph é um menino de 5 anos e meio cuja irmã não sobreviveu aos dois meses de vida, quando ele tinha apenas 3 anos. Ele sempre fala dessa irmã mais nova, integra-a sistematicamente entre os irmãos e tem dificuldade em aceitar irmão mais novo de um ano, repreendendo-o por não ser uma menina. Dificuldades de comportamento surgiram também na escola, o que convence os pais a solicitar uma consulta para o filho. No decorrer da psicoterapia, o psicólogo propõe a Joseph o jogo do rabisco.

Joseph é muito habilidoso nesse jogo, seja em rabiscar (simples, sem frenesi) ou em sua modificação (as ideias ocorrem-lhe com facilidade e é capaz de reproduzir um rabisco em outro desenho). Depois de algumas tentativas em conexão com a atualidade – boneco de neve (*imagem Rab1*), abóbora de Halloween (*imagem Rab2*) –, Joseph propõe sucessivamente duas alterações em relação à temática marinha – ondas (*imagem Rab3*), barco (*imagem Rab5*) – retomada pelo psicólogo ao transformar um rabisco em peixe (*imagem Rab4*).

Ele sugere-lhe um vínculo entre "mar" [*la mer*] e "mãe" [*la mère*] em razão da homonímia dos dois termos. Achando divertida essa ideia, ele responde que "aime beaucoup la mer" [gosta muito do mar]. Um pouco mais tarde, o terapeuta propõe transformar seu rabisco em uma figura

---

***Rab** = Rabisco [N.R.].

humana e Joseph, que é sempre muito intervencionista em suas modificações, diz que se trata de um "fantasma" (*imagem Rab6*), certamente levando em conta seu aspecto flutuante e seus braços levantados. Ele próprio transforma o rabisco do psicoterapeuta em "dente de tubarão" (*imagem Rab7*), ainda mantendo uma ligação com o mar, mas talvez em uma vertente mais agressiva ou assustadora.

O rabisco seguinte de Joseph (*imagem Rab8*) parece surpreendente por reproduzir, praticamente de maneira idêntica, o que ele havia transformado anteriormente, segundo suas palavras, em "fantasma" (*imagem Rab5*). O psicólogo diz-lhe, então, que deve se tratar "do mesmo fantasminha" e Joseph pega um marcador para proceder ele mesmo à sua modificação, caprichando nos detalhes do rosto, das mãos e dos pés.

O fantasma parece uma criança com uma cabeça grande e um sorriso. Joseph conclui: "É um bebê fantasma que está nadando". Ele ainda vai transformar dois rabiscos (*imagens Rab9* e *Rab10*) em personagens, respectivamente: "E.T., o extraterrestre" e, de novo, o fantasma.

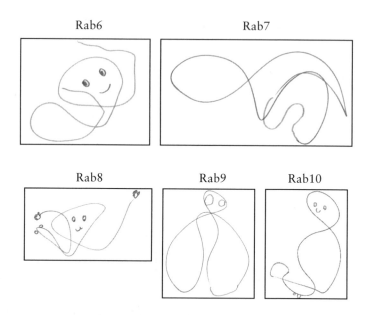

Eles começam, então, uma conversa sobre o que é um fantasma e é fácil sugerir um vínculo entre a falecida irmãzinha e esse fantasminha: sempre presente em seus pensamentos e em suas palavras, atribuindo-lhe o desejo de voltar para casa, como o E.T. É a oportunidade para Joseph afirmar que ele não sabe onde está a irmã; de fato, ele era muito jovem

7. Desenhos e abordagens psicoterapêuticas

quando ela foi enterrada e só tem representações imprecisas do que pode ser um funeral ou um cemitério. Isso lança luz sobre esse fantasminha que está nadando (*imagem Rab8*) em um lugar um tanto indefinido e, sem dúvida, relacionado ao primeiro mistério do bebê no ventre materno e mesmo do bebê antes da concepção.

Essa primeira entrevista permitiu abordar diretamente as questões difíceis e, com certeza, repletas de tabu, formuladas por Joseph a respeito da morte da irmã. O psicólogo teve oportunidade de falar desse assunto, no final do encontro, com os pais, eles puderam exprimir sua preocupação em falar de tal questão com o filho por medo de que fosse mórbida demais e não apropriada para sua idade. Eles sentiram-se autorizados a contar-lhe a história do funeral da irmãzinha e, inclusive, planejavam levá-lo, em um futuro próximo, ao túmulo dela.

8

O desenho da família

Quando a criança atinge o estádio correspondente a *pessoa-avatar*, o recurso ao desenho, à representação, deixa de estar centrado na construção de uma autoimagem; ao contrário, vai focalizar a relação – inclusive implícita – com o meio circundante da criança e, em particular, com os primeiros objetos de investimento, que são os membros da família.

8.1 O TESTE DO DESENHO DA FAMÍLIA

Assim, o desenho – em seu curso natural, em determinado momento da evolução de seu autor – coloca em cena pai, mãe, irmão e irmã, ascendentes e colaterais, relações filiais e entre irmãos. Na maior parte das vezes, o estabelecimento de relações é parcial: observa-se, então, uma representação da criança com um membro, ou vários, da família, e raramente com a família completa. Às vezes, a família é representada quase por completo, mas com a ausência da criança desenhista; nesse caso, o desenho adquire o valor de uma fotografia, na qual está evidentemente ausente o seu autor.

8.1.1 Família imaginada, família real

Na maior parte das vezes também, a família desenhada apresenta uma diferença em relação à família real, tal como ela pode ser descrita por um observador exterior. O desenho é uma fantasia, ou seja, a resultante de moções inconscientes em contato com o real materializado pela representação gráfica. Por isso a maioria das representações que, em certa medida, têm a ver com a família, afastam-se do real da genealogia ou do estado civil para expor, por meio das relações familiares e/ou entre irmãos, de certa forma, a realidade psíquica da criança; esse último aspecto é que fornece ao *desenho da família* toda a sua riqueza e importância para se ter acesso ao funcionamento psíquico do sujeito no interior de seu ecossistema familiar.

Muito cedo, diversos psicólogos clínicos interessaram-se pela representação gráfica da configuração familiar. Já em 1926, Sophie Morgenstern, uma das primeiras psicanalistas infantis a utilizar desenhos na terapia, trata o caso de Jacques, um menino de 9 anos e meio afetado por um mutismo psicogênico. Quando ela recebe-o em consulta, já fazia um ano que o garotinho tinha deixado de falar com o pai e quatro meses que não pronunciava nenhuma palavra. Obviamente, o desenho é necessário para o tratamento: "Logo na primeira sessão, pedi-lhe para desenhar. Minhas interpretações aos seus desenhos eram aprovadas, ou não, por Jacques, mediante acenos de cabeça. Foi assim que consegui ajudá-lo a exprimir seus conflitos inconscientes" (Morgenstern, 1927).

A terapeuta convida-o a desenhar e sugere-lhe, inclusive, representar "seus aborrecimentos com o papai". Para atender a esse pedido, Jacques desenha, de modo relativamente realista, toda a sua família aos prantos por causa de seu mutismo. Em várias oportunidades durante a terapia, por vontade própria ou a pedido de Sophie Morgenstern, o menino colocará em cena membros de sua família, imediatamente identificáveis ou transformados, deslocados em outras representações.

Para essa psicanalista, o desenho da família não é, obviamente, utilizado como um teste. Ele surge naturalmente, no desenrolar da terapia da criança, porque permite representar o contexto familiar, que é, como sabemos, o primeiro lugar de interações privilegiadas, de projeções, de identificações e de conflitos ligados às primeiras emoções.

8.1.2 As origens do teste

Mais tarde, Françoise Minkowska pede, sistematicamente, para seus jovens pacientes desenharem uma casa e depois a família deles (Minkowska, 1948). No entanto é com o professor, médico e psiquiatra Maurice Porot (1912-1997) que o *desenho de família* torna-se um verdadeiro teste. Esse autor toma o partido de considerar *o teste do desenho da família* como um teste projetivo e codifica as regras de sua aplicação: ele pede para a criança desenhar sua família e, para isso,

8. O desenho da família

entrega-lhe um papel e um lápis preto. O psicólogo observa a criança enquanto ela realiza o desenho, anotando a ordem de chegada das personagens, as rasuras e as hesitações. A análise da produção pronta é focada, em especial, nos lugares de destaque e no tamanho dos personagens. A ideia subjacente é que um personagem privilegiado, – o primeiro a ser desenhado na folha, em um lugar de destaque (p. ex., no canto superior esquerdo) ou de tamanho maior do que os outros, – é a pessoa mais bem trabalhada pela criança (Porot, 1965).

Após esses precursores, muitos outros autores elaboraram outras versões do teste inicial de Porot. Selecionamos três que, a nosso ver, marcaram a evolução do teste do *desenho de família*. Trata-se dos trabalhos de Louis Corman, de Colette Jourdan-Ionescu em coautoria com Joan Lachance, além de uma versão um pouco diferente de Roger Perron e de Michèle Perron-Borelli.

8.2 LOUIS CORMAN – O TESTE DO DESENHO DE FAMÍLIA ENQUANTO TESTE DE PERSONALIDADE

Duas convicções movem L. Corman (1901-1995) em suas pesquisas sobre desenhos: a primeira decorre de sua prática pedopsiquiátrica, na qual ele observa a frequência das "dificuldades de adaptação da criança a seu ambiente familiar", enquanto a segunda reside em um verdadeiro interesse pelo desenho como meio de expressão livre – e, em especial, o desenho da família – "que permite à criança projetar para fora as tendências reprimidas em seu inconsciente e, assim, ela pode revelar-nos os verdadeiros sentimentos que o sujeito experimenta pelos membros da família" (Corman, 1964).

8.2.1 O método proposto por Corman

Obviamente, para ele, "o desenho de família é, portanto, um teste de personalidade [que ele interpreta] baseando-se nas leis da projeção" (Corman, 1964).

Para isso, o desenho deve ter uma instrução aberta, permitindo projeções. Embora Corman inscreva seu trabalho na continuidade do teste de Porot, ele difere notavelmente de seu predecessor ao elaborar uma instrução que recorre muito mais ao imaginário. Em vez de pedir um desenho da família real da criança, ele propõe: "Faça o desenho de uma família, a família que você imagina" ou, então, "Imagine uma família e faça o desenho da família inventada por você". A padronização do teste também é bastante flexível: Corman insiste sobre a necessidade de deixar a criança à vontade, mas não indica dimensões específicas para o papel e sugere, para a realização, lápis preto ou lápis de cor, à escolha do psicólogo.

Em seguida, o autor enfatiza a maneira como se constrói o desenho, o que, para ele, tem quase a mesma importância do resultado final:

> Deve-se notar em que lugar da folha e qual é o primeiro personagem desenhado pela criança. A ordem em que os diversos membros da família são desenhados é, de fato, muito importante. [...] Importante também é o tempo levado para desenhar esse ou aquele personagem, o capricho dado aos detalhes ou, às vezes, uma tendência obcecante a voltar constantemente à mesma figura (Corman, 1964).

Corman sublinha que o desenho pode estar terminado, mas não o teste. De fato, "convém reduzir ao mínimo possível a parte de interpretação pessoal do psicólogo" (Corman, 1964) e, para isso, parece ser indispensável uma conversa pós-teste.

A análise do desenho sugerida por Corman ocorre em três etapas:

- **A descrição**: deve-se pedir à criança para descrever cada um dos personagens desenhados, seu lugar na família, sexo e idade.
- **As preferências afetivas**: a criança é convidada a indicar por quem sente simpatia ou antipatia; em seguida, com um maior distanciamento, a designar o personagem da família mais feliz e, obviamente, o menos feliz.
- **As identificações**: o autor aplica aos desenhos de família seu método de preferências-identificações, aperfeiçoado com o teste *Pata Negra*. O sujeito é, então, levado a envolver-se mais profundamente com a família imaginada, identificando-se a um dos personagens: "Você seria quem?".

Obviamente, Corman recomenda uma conversa semiestruturada com o autor sobre desenhos de famílias imaginadas; no caso em que a criança tenha realizado sua família real é necessário adaptar tal diálogo.

A última etapa do método de Corman consiste em considerar, junto à criança, seu próximo desenho de família. Será que ela vai fazer a mesma coisa? Caso contrário, que modificações ela vai introduzir no desenho inicial?

8. O desenho da família

Como indicamos um pouco mais adiante – no item "8.5 Em busca de uma abordagem renovada do desenho da família" –, a conversa que temos o costume de entabular é menos diretiva do que a sugerida por Corman. Na nossa prática clínica de exames, parece-nos que um questionamento demasiado rígido rompe o processo associativo e não favorece nenhuma fantasia, aspecto lúdico necessário para estabelecer uma tela de projeção. Mantemos, porém, a pergunta final de Corman: "Você está, ou não, satisfeita com o que desenhou?". Trata-se, então, de um convite para deixar de lado o mecanismo de projeção, dirigindo sobre o desenho um olhar distanciado.

8.2.2 Interpretação

Corman distingue três planos de interpretação:
- **O plano gráfico**: diz respeito, tradicionalmente, à força do traço (espessura, grau de escurecimento ligado à audácia, violência; ou, então, suavidade e até mesmo), o ritmo do traço (estereotipia) e a zona da página ocupada pelo desenho. Mais interessante ainda, Corman insiste nas "zonas em branco", sem grafismo, interpretadas por ele como espaços de censura.
- **O plano das estruturas formais**: a ênfase é colocada, por um lado, na maturidade, no grau de perfeição da produção (avaliado a partir da análise do desenho da figura humana); e, por outro, na "estrutura formal do grupo de personagens representados, suas interações mútuas, e no contexto, estático ou dinâmico, no qual eles evoluem" (Corman, 1964).
- **O plano do conteúdo e a interpretação psicanalítica**: para Corman, a subjetividade predomina em desenhos de família e a criança "comporta-se como um artista criativo que, em vez da verdadeira família, representa em seu desenho uma família de acordo com seus desejos" (Corman, 1964). O sujeito exprime, então, suas inclinações afetivas sob a forma de tendências positivas (investindo um objeto privilegiado ao valorizá-lo no desenho) ou negativas (desvalorizando um objeto pelo qual sente desprezo ou ódio).

O autor estabelece um paralelo entre o princípio de prazer, associado por ele à família imaginária, e o princípio de realidade, que, ao dominar o funcionamento psíquico do sujeito, leva-o a fazer um desenho exatamente comparável à sua família real.

8.3 COLETTE JOURDAN-IONESCU E JOAN LACHANCE – TESTES DO DESENHO DA FAMÍLIA

A grande originalidade da abordagem desses dois autores consiste em terem formalizado e codificado ainda mais o teste do desenho da família, sugerindo uma grade de avaliação que, de fato, adapta-se a diferentes instruções: "Faça o desenho de uma família, de sua própria família, de sua família em atividades, de uma família imaginária, de sua família de origem etc.".

As pesquisadoras e professoras universitárias de psicologia C. Jourdan--Ionescu e J. Lachance fornecem, previamente, ao sujeito, uma folha no modo horizontal (conhecido como "paisagem") e somente lápis de cor. O tempo de execução do desenho é cronometrado. Depois, uma vez pronto o desenho, pede-se à criança para denominar sua família, além de escrever, acima de cada personagem, nome, idade, sexo e laço de parentesco. Por fim, a criança é convidada a designar com qual membro ela se identifica: "Que personagem você gostaria de ser?". As autoras recomendam também que sejam formuladas algumas das perguntas sugeridas por Corman.

As autoras aconselham, de maneira bastante tradicional, os psicó-logos a observarem, com a maior atenção possível, a criança durante a execução do desenho: aparência, linguagem, atitude de espontaneidade, iniciativa ou retraimento, autonomia, maneira de relacionar-se, adapta-ção à situação de teste, grau de cooperação, grau de atenção, nível de an-siedade, comentários e respostas às perguntas formuladas anteriormente.

Em seguida, deve-se proceder a uma análise e codificá-la de acordo com:

8.3.1 Grade de avaliação[27]:

– **Família desenhada, família real.** O primeiro ponto consiste em comparar a família desenhada com a família real, tal como ela poderia ser descrita por um observador exterior. Observa-se, evi-dentemente, a valorização (p. ex., pelo tamanho) ou desvaloriza-ção (pela ausência) de um personagem, ou vários. Uma omissão costuma indicar um afeto de rejeição a uma pessoa, enquanto o acréscimo de um ser humano que não pertence à família real pode

---

27. Disponível no site da editora francesa Éditions du Centre de Psychologie Appliquée: https://www.ecpa.fr.

8. O desenho da família

ser compreendido como um deslocamento ou uma camuflagem de si mesmo em razão de uma censura.

– **Nível de desenvolvimento.** "Esse item visa situar o nível de desenvolvimento do desenho do personagem mais bem executado". As autoras sugerem basear-se na avaliação de Goodenough para avaliar o nível de desenvolvimento do personagem desenhado com precisão. Estamos convencidos, como já demonstramos, que a avaliação elaborada por Florence Goodenough é demasiado obsoleta e, portanto, não pode ser utilizada.

As pesquisadoras estão atentas aos seguintes parâmetros:

8.3.2 Aspecto global

– ao *posicionamento*: ao sentido de utilização da folha, à qualidade do desenho (equilibrado ou não), à situação na página (localização dos elementos no espaço gráfico);
– ao *tamanho* dos membros da família (pede-se aos profissionais para medir, com precisão, os diferentes personagens, bem como as partes de cada corpo); às proporções do tronco e da cabeça, dos braços e das pernas; ao *tipo de traço* (contínuo, leve, pressionado, esmaecido etc.);
– à *disposição*, ou seja, ao alinhamento global do desenho, à distância e à hierarquia (organização que o sujeito atribui à família) entre os personagens;
– à *perseveração* (estereotipia dos componentes);
– aos *fatores regressivos*, à simplificação da regressão (desenho simplificado), à fragmentação (presença de elementos dissociados), à escotomização (personagens ausentes, apesar de haver espaço disponível), às esquisitices;
– à *disposição de cada um*, equilíbrio, apresentação da silhueta, posição das partes do corpo, posturas e movimentos, simetria;
– às *cores*, utilização ou não de cor, tipos de cor, nuanças;
– à *expressão* dos personagens (sorridentes, tristes, preocupados, agressivos, reprovadores, plácidos, estranhos etc.).

8.3.3 Detalhes

– ao *tipo de detalhes*: essenciais, acessórios, adicionais ou incomuns;
– aos *detalhes corporais*: cabelos, cabeça, expressão do rosto, sobrancelhas etc.;

Compreender e interpretar desenhos infantis

- ao *processo de diferenciação sexual*: como a valorização do sexo de um personagem é enfatizado?
- a *elementos adicionais*: roupas, acessórios.

8.3.4 Aspecto clínico

- à *valorização* ou *desvalorização*: quais membros da família ganham destaque ou, ao contrário, são desqualificados e, até mesmo, ignorados?
- à *identificação*: com que personagem a criança identifica-se?
- à *organização da personalidade*: o desenho é expressionista, racional? A que modalidades do funcionamento psíquico faz referência?
- à *análise das relações entre os personagens*: às posições respectivas e inter-relações entre si.

A grade de avaliação elaborada por C. Jourdan-Ionescu e J. Lachance é fruto de um enorme trabalho de análise dos componentes de desenhos de família. No entanto ela parece muito exaustiva e complicada para permitir, em uma perspectiva psicodinâmica da personalidade, realizar--se uma síntese de todos os elementos detectados. O risco reside na perda do próprio sentido desse teste, ou seja, a apreensão do funcionamento psíquico de um sujeito em suas relações familiares.

8.4 ROGER PERRON E MICHÈLE PERRON-BORELLI – DESENHOS DE CRIANÇAS COM O PAI E COM A MÃE

Originalmente, a abordagem de R. Perron e M. Perron-Borelli (cf. anteriormente, p. 50 do orig.) inscreve-se em uma experimentação cujo objetivo consiste em identificar os significantes da diferença sexual nos desenhos. Assim, os autores pediram às crianças para desenharem "um(a) filho(a) com o pai e com a mãe".

> Essa instrução convida a diferenciar três personagens, de acordo com a dupla dimensão que pretendemos estudar: a diferença de sexos, comparando desenhos que representam o pai e a mãe; e a diferença de gerações, comparando a criança com os dois adultos considerados, então, pelo que eles têm em comum. Porém, além disso, é possível observar se os desenhistas utilizam, para indicar o seu sexo, as características que eles atribuíram aos pais. No final, procedemos, portanto, a uma análise dos três lados do triângulo, sobre os três personagens, em relação a cada desenhista, ou seja, uma análise das eventuais expressões da problemática edipiana em seus aspectos mais gerais (Perron & Perron-Borelli, 1996).

8. O desenho da família

A experimentação envolveu 600 sujeitos de ambos os sexos, com idades entre 4 e 10 anos. Os autores anotaram a ordem de execução dos personagens e, em seguida, entabularam uma conversa com cada criança para descobrir "suas intenções e o sentido de sua produção":

- Onde estão o papai, a mamãe e a criança?
- A criança é menino ou menina?
- Quem está mais bem desenhado? Quem é o mais bonito?
- Ao lado de quem está a criança? Eles gostam de estar juntos? O que eles gostam de fazer juntos?
- Com quem a criança prefere estar?
- Como dá para ver que é um papai? E uma mamãe?
- Eles poderiam ser o seu papai, a sua mamãe?

Obtêm-se os resultados dessa experimentação por meio de duas grades de avaliação: a primeira focada na evolução gráfica e a segunda nas diferenças e semelhanças dos personagens considerados dois a dois.

Nessa pesquisa achamos importante o que diz respeito à diferença dos sexos e das gerações; com efeito, como explicamos mais adiante, tal diferença encontra-se realmente no âmago dos desenhos de família. Contudo, antes de discutir esse aspecto, R. Perron e M. Perron-Borelli fornecem-nos referências estatísticas quanto à ordem de execução dos três personagens. Essa ordem é primordial – como já vimos em relação a L. Corman, assim como a C. Jourdan-Ionescu e J. Lachance, que atribuem, em sua interpretação, grande valor ao primeiro ser humano representado.

A questão que nos formulamos é a seguinte: a escolha do primeiro personagem desenhado na folha deve ser analisada como uma expressão da originalidade ou singularidade da relação do sujeito com essa pessoa, ou interpretada como o reflexo do funcionamento normal de crianças incentivadas a desenhar esses três personagens?

Esse ponto é, no fundo, essencial, por condicionar futuras interpretações que, conforme a resposta fornecida pelos autores, poderiam ser qualificadas como selvagens. Logo, caricaturando alguns psicólogos, predispostos a confirmar significados, o fato de que a criança se desenhe em primeiro lugar poderia parecer a expressão de um ego extremamente forte.

Assim, atribuímos especial importância aos dados obtidos por R. Perron e M. Perron-Borelli (1996):

> Constata-se que o personagem preferido, nesse sentido, é a criança, tendência que se afirma com sua idade; em seguida, vem a figura parental do mesmo sexo, enquanto a do outro sexo é desenhada raramente em primeiro lugar (e cada vez mais raramente à medida que a criança vai crescendo).

Compreender e interpretar desenhos infantis

Por conseguinte, cabe aos psicólogos demonstrar o máximo de prudência ao analisar desenhos de família e não tirar conclusões precipitadas em relação à ordem de surgimento dos personagens. Na maior parte das vezes, o desenho começa, então, com a criança ou com a figura parental do mesmo sexo. De qualquer modo, mesmo que a figura parental do outro sexo não seja representada em primeiro lugar com tanta frequência, ela acaba se manifestando em tais proporções (de 28 a 14%) que não se pode falar de patologia de identificação nem de outra problemática específica.

8.4.1 O espaço gráfico

Da mesma forma, parece difícil debelar ideias prontas sobre a localização dos personagens na página. Os estudiosos sabem coisas, ou melhor, repetem coisas sem verificar corretamente, desde M. Pulver (1889-1952)[*] e, em seguida, K. Koch (1906-1958)[**], os quais elaboraram um esquema do espaço gráfico (*Tabela 8.1*). Observa-se que o suporte é delimitado em quatro zonas, cada uma remetendo a interpretações com múltiplos fundamentos teóricos: por exemplo, referência à teoria das pulsões, dos estados do Ego e à psicossociologia, mas o conjunto também é impregnado de representações culturais (lugar da mulher, sentido da escrita ocidental).

TABELA 8.1 Interpretação das diferentes zonas do espaço gráfico, segundo Koch

Mãe passado	Zona da passividade. Espaço do espectador da vida.	Zona de confronto ativo com a vida.	Introversão
Pai futuro	Início, regressão, fixação em um estádio primitivo. Estado ultrapassado.	Pulsões, instintos, conflitos. Nostalgia da lama.	Extroversão

De saída, não se pode aceitar os qualificativos sugeridos por Koch, incutidos com uma concepção machista e arcaica das posições masculinas e femininas: as mulheres são assimiladas à passividade (talvez, na mente

---

[*]Escritor, dramaturgo e grafólogo suíço, contribuiu para teorizar a grafologia com a publicação de seu livro O *simbolismo da escrita* (Pulver, 1931); em 1950, fundou a Schweizerische Graphologische Gesellschaft [Sociedade Suíça de Grafologia], da qual foi presidente até sua morte [N.T.].
[**]Cf. Koch (1967) [N.T.].

8. O desenho da família

do estudioso, à da dona de casa) e ao passado; a valores depressivos e, ao que tudo indica, negativos.

No entanto deixemos a palavra com R. Perron e M. Perron-Borelli (1996):

> Embora, aos 4 anos, os três personagens pareçam estar frequentemente distribuídos um pouco ao acaso na folha (e trata-se, muitas vezes, de grafismos pouco identificáveis ou correspondentes a pessoas-girinos), observa-se, a partir dessa idade, que, em um terço dos casos, eles são desenhados em alinhamento horizontal da esquerda para a direita; a proporção sobe para 53% aos 5 anos e para 63% aos 6 anos, estabilizando-se em seguida em torno de 75%. O aprendizado da escrita, sem dúvida alguma, desempenha um papel capital nessa evolução; além disso, a ordem dos personagens da esquerda para a direita não é aleatória (ela não corresponde necessariamente a uma ordem de execução, visto que um personagem pode ser desenhado à esquerda de outro). A criança é figurada entre os pais na maioria dos casos (em 39% dos desenhos de meninos e 41% dos de meninas); constata-se, então, que o desenhista representa, na maior parte das vezes, a figura parental de seu sexo à esquerda, ao passo que a do outro sexo fica à direita.

Assim, de acordo com as conclusões dessa pesquisa, os meninos posicionam-se majoritariamente entre os pais e desenham o pai na zona que Koch atribui à "mãe", ou seja, na zona da passividade e do passado. Nossa experiência clínica, associada aos resultados desse estudo, levou-nos, já há muito tempo, a abandonar completamente qualquer referência a esse esquema do espaço gráfico elaborado por Koch. Nem por isso pretendemos que o posicionamento no espaço do papel seja aleatório e que representar esse ou aquele membro da família em uma parte bastante delimitada da folha, que valoriza ou relega, não significa um sentido latente que deve ser reconhecido. Por outro lado, aplicar sistematicamente uma grade de interpretação, tal como uma chave dos sonhos, parece-nos ser um erro que impede um verdadeiro encontro com o sujeito singular tratado em terapia ou avaliado em exame.

8.4.2 A diferenciação sexual dos personagens

Ao cabo do estudo, R. Perron e M. Perron-Borelli ressaltam que, desde a mais tenra idade, a partir de 4 anos, as crianças especificam o sexo das figuras de modo principalmente sincrético, por meio da dimensão (o pai é mais alto, a cabeça é comprida) e dos detalhes do rosto (em especial, os olhos e a boca). É claro que essas diferenças só são perceptíveis quando ambos os personagens são representados e identificados pela criança e quando podemos, então, compará-los.

Entretanto tais diferenças não bastam para identificar, às cegas, o sexo de um personagem único; para isso convém basear-se em "indicadores semânticos" que podem ser detalhes corporais significativos (pescoço, pés, cabelos), roupas e atributos (saia, calça, forma do corpo em trapézio ou triângulo). Para esses autores, "tais indícios constituem uma verdadeira linguagem gráfica da diferença dos sexos e adquirem valor de palavras. Os aspectos globais da representação, por meio dos quais a criancinha indica o sexo de seus personagens, limitam-se a desempenhar, nesse plano, um papel relativamente reduzido" (Perron & Perron-Borelli, 1996), ou seja, enquanto crianças mais jovens, por volta dos 4 ou 5 anos, podem representar a diferença dos sexos mediante o tamanho (o pai é mais alto), crianças um pouco mais crescidas não recorrem a um aumento da figura masculina. Na realidade, para crianças mais crescidas ou que, apesar de pequenas, são muito evoluídas, a escolha do personagem que será desenhado com tamanho maior está ligado ao sexo dela: as meninas, em sua maioria, representam a mãe maior do que o pai, ao passo que os meninos fazem o contrário.

Ainda nesse aspecto, essa conclusão parece-nos ser muito importante para ajudar os psicólogos em sua análise do *desenho de família*, a qual, baseada frequentemente em ideias, *a priori*, propõe interpretações abusivas e sem fundamento.

Fam*1

Desenho espontâneo de uma menina bem pequena (*imagem Fam1*), que havia acabado de completar 4 anos, mostrando justamente o quão é necessário proceder a uma análise sutil e singular. Ela representa os avós: à

***Fam** = Família [N.R.].

esquerda, a "Vovó", e à direita, o "Vovô". Uma leitura muito superficial pode levar a crer que se trata de duas representações femininas, porque os personagens têm cabelos longos e estão usando colares. No entanto, quando questionamos a criança, ela declara que à esquerda a representação é feminina (a mais imponente pelo tamanho, como é observado por R. Perron e M. Perron-Borelli), com cabelos louros, usando batom e várias bijuterias (em vez de orelhas, os brincos é que são representados), enquanto à direita está a representação masculina, com cabelos pretos e usando uma correntinha. Assim, convém sempre terminar uma sequência de desenhos com uma conversa a fim de apreender com precisão o lugar dos personagens.

8.5 EM BUSCA DE UMA ABORDAGEM RENOVADA DO DESENHO DA FAMÍLIA

Vamos apresentar aqui a nossa concepção da proposta do desenho da família, sem levar em consideração, diferentemente de nossos antecessores, a noção de teste com uma estrita padronização, uma aferição e amostragens. Nossa abordagem visa ao encontro com a criança ou o jovem adolescente; no caso concreto, o desenho da família desempenha o papel de suporte, de intermediário, que, certamente, manifesta características próprias.

Em que momento propor esse desenho? Qual procedimento adotar: sugerir o desenho da família real ou original, ou privilegiar a família imaginada? De que modo compreender as produções? O que prever para dar continuidade à tarefa? Outras tantas questões que serão abordadas nas próximas páginas.

8.5.1 O desenho da família como complemento da anamnese

Como é habitual ocorrer com todos os desenhos, nossa prática clínica convida-nos a levar nossos jovens consulentes a desenhar quando tiver sido estabelecida uma relação de confiança, a fim de implementar as melhores condições para que o desenho venha a explicitar um enunciado, além de induzir no terapeuta a compreensão do que se passa com seu interlocutor.

No entanto as exceções a essa regra são inúmeras: há crianças que foram preparadas para o encontro por suas famílias e que desejam, mediante um desenho, expor desde o início a sua problemática ou o seu sintoma; há também o desenho útil, aquele que substitui um longo discurso. Ele pode ser feito espontaneamente ou a pedido do psicólogo; trata-se, por exemplo, do desenho da família que complementa a entrevista com a criança.

Fam2

Desenho de uma menina de 11 anos, o qual lhe permite evocar sua família e certas características objetivas dos diferentes membros, assim como as respectivas aspirações. Observemos a família unida, na qual todos os membros apoiam-se mutuamente
(da esquerda para a direita: papai – mamãe – desenhista de mangá / irmão mais velho – médico / irmão – fotógrafo / eu – dentista / irmã).

Fam3

A adolescente, de 13 anos, recorre ao desenho para apresentar a família. Observemos a representação esquemática dos personagens, como se tratasse de pictogramas, o que permite ir ao essencial e, ao mesmo tempo, propor uma representação imaginada. Com efeito, um grande número de crianças mais crescidas ou jovens adolescentes recusam-se a desenhar com receio de produzir uma representação infantil ou desajeitada. A família é expandida aos avós, representados, simbolicamente, acima dos pais e dos filhos.

8. O desenho da família

Fam4

Desenho bastante estético e sensível feito por uma menina de 6 anos e meio, representando a família, ampliada aos avós e a uma tia. À esquerda, no alto, os pais; embaixo, ela e o irmão. À direita, os avós com bengalas (um avô e as duas avós), além de uma tia mais nova. Observemos a alegria estampada em alguns rostos e a melancolia nos semblantes do casal de avós paternos.

Esses três desenhos (*imagens Fam2, Fam3 e Fam4*) mostram que o desenho da família real pode ser concebido desde o início, na primeira sessão, como um suporte para a entrevista, para travar conhecimento com a criança. Trata-se, de algum modo, de um genograma filiativo que permite a representação da configuração global da família, tornando evidente o lugar de cada um de seus membros. No segundo desenho (*imagem Fam3*) está representada a linha vertical da filiação, com os avós acima e, na mesma linha horizontal, os pais e os filhos.

Em nossa prática clínica nunca encontramos uma criança ou um jovem adolescente cujos pais estavam separados que manifestou o desejo de desenhar a respectiva família.

8.5.2 Nossa abordagem do desenho da família

Em nossa prática clínica, entendemos a importância de que a instrução seja o mais aberta possível; com efeito, o exercício que consiste em evocar uma família em duas dimensões, frequentemente em estreita relação com a da criança, traz uma carga emotiva considerável que deve ser levada em conta. Negá-la significa correr o risco de expor o sujeito a uma impossibilidade de elaborar, além de acionar, de maneira maciça, os mecanismos de defesa; negá-la é, por exemplo, pedir a uma criança para representar sua família chamada real no momento em que ela experimenta dentro de si própria uma desestruturação, súbita ou embrionária, do grupo familiar que engendra angústias de perda no melhor dos casos e, até mesmo, de aniquilamento nos sujeitos menos estruturados; negá-la é também ignorar as *novas famílias*, ou seja, monoparentais, recompostas, até homoparentais; negá-la é, por fim, levar uma criança adotada ou oriunda de outra cultura a produzir representações conformes e correspondentes, a seu ver, às expectativas do adulto.

8.5.2.1 A necessidade de uma instrução aberta

Por isso pedimos sempre às crianças para desenharem uma família imaginada, inventada. Essa instrução apresenta, a nosso ver, uma tripla vantagem: ela está em maior sintonia com as novas configurações familiares; permite a expressão de particularidades culturais; e, enfim, abre mais espaço para fantasias, projeções e, em especial, para o complexo fraternal.

8.5.2.2 As novas configurações familiares

Desde o final do século XVIII, na Europa, "novas famílias" passaram a ser constituídas, não mais pela reunião de bens ou serviços, mas por amor, das quais ele tornou-se o fundamento. O amor permite formar o casal dos pais e atingir a satisfação sexual genital, depois transforma-se em "ternura inibida em seu alvo" (Freud, 1930), convertendo-se, então, no cimento da unidade familiar.

Esse tipo de família, cuja unidade repousa, originalmente, em sentimentos – ao que tudo indica, valores frágeis –, sofre, há várias décadas, mudanças radicais e reorganizações. Já não se pode sustentar o discurso de Durkheim de 1888: "O grupo que é o mais simples de todos e cuja história é a mais antiga: eu lhe atribui o qualificativo de família" (Durkheim, 1888).

Muitas vezes, as configurações familiares contemporâneas são oriundas de reorganizações após separação ou divórcio, ou provenientes das

8. O desenho da família

profundas revoluções da nossa sociedade. Há famílias recompostas ou monoparentais ou, ainda, com crianças criadas por casais homossexuais que

> se questionam igualmente sobre os laços entre filiação e autoridade parental. Nos últimos anos, o uso do termo de parentalidade difundiu-se amplamente, bem como o de homoparentalidade; a parentalidade engloba a função de assumir a responsabilidade, a proteção e a educação da criança, distinguindo-se de parentesco, que remete a uma relação de filiação. [...] a uma posição jurídica (Rebourg, 2010).

Para o psicanalista François Marty, o processo de parentalidade ocupa um lugar central na família e tem origem nas primeiras relações de objeto:

> A parentalidade é uma das figuras da relação de objeto que une o sujeito ao filho. A parentalidade funda-se em uma função psíquica e biológica: assegurar o desenvolvimento e o bem-estar do filho. A parentalidade alude ao caráter interativo dessa relação e pode distinguir--se em maternalidade (Racamier, 1961) e paternalidade, termos que designam o trabalho psíquico que se efetua em cada membro do casal que se torna mãe ou pai (Marty, 2003).

Assim, o conceito de família, que pensamos conhecer em termos de laços jurídicos ou filiais, mostra uma face muito mais complexa nas práticas reais da parentalidade.

Além disso, existem configurações familiares que poderíamos qualificar de proteiformes. Referimo-nos aqui, em especial, a algumas famílias de países do Sul, que seguem um modelo dito *familialista*, composto de solidariedade entre os membros de um grupo mais vasto e de uma divisão do trabalho, às vezes rígida, entre os sexos. Essas famílias são proteiformes porque são, também, com frequência, nucleares aqui, no Ocidente, mas voltam a ampliar-se durante as férias ou ao voltarem "à terra natal".

Enfim, há famílias que adotam crianças, em seu país ou no exterior, cujos filhos foram concebidos por fecundação *in vitro* com doador. E outras tantas configurações que permitem à socióloga Bernadette Bawin-Legros escrever que já foi o tempo "em que a família mostrava-se como algo essencialista, institucional, natural e, sobretudo, uniforme" (Bawin-Legros, 1996).

8.5.2.3 O campo fechado em que se situa a implicação edipiana

As configurações familiares evoluem, mas, como é sublinhado pelos professores, psiquiatras e psicanalistas Jean Bergeret & Marcel Houser (2002),

> não deixa também de ser verdade que, para os pacientes de Freud, bem como para os nossos, o contexto familiar (seja qual for a forma que lhe derem) permanece sempre um espaço de intercâmbios privilegiados, permitindo estudar tanto as causalidades quanto as projeções que operam nos dois sentidos da interação: o que vai da família ao sujeito que nos está consultando e o que vai do sujeito à sua família.

E, obviamente, é o contexto edipiano que continua sendo essencial investigar e elaborar no *desenho de família*: "Todo ser humano vê-se na obrigação de controlar o complexo de Édipo; se falhar nessa tarefa, ele será neurótico", escreve Freud em 1905. Não vamos discutir aqui as sucessivas etapas da descoberta do complexo de Édipo nem o mito de Édipo Rei aos quais Freud refere-se ao fazer um paralelo entre as emoções e os sentimentos que crianças pequenas experimentam com relação aos pais, por um lado, e a tragédia vivida por Édipo na obra de Sófocles, por outro.

Em vez disso, nesta parte dedicada a desenhos de família, gostaríamos de debater as relações muito precoces que uma criança pequena estabelece com os pais, levando-a a orientar-se quanto à sua identidade sexual e filiação.

Assim, para F. Marty, o complexo de Édipo age, em certa medida, como um GPS, fornecendo-nos pontos de referência psíquicos:

> O complexo de Édipo, além de conferir as coordenadas psíquicas à criança, descreve em seu interior um modo específico de investimento libidinal e de escolha de objetos. [...] A proibição do incesto sela as relações entre os seres humanos, distinguindo os lugares (simbólicos) dos pais e dos filhos no seio da dinâmica familiar. O complexo de Édipo é, nesse sentido, um processo de simbolização que permite à criança identificar-se com relação ao seu pertencimento sexual, aos seus ascendentes e à sua filiação.
>
> Com Édipo, a criança confronta-se, assim, com a diferença dos sexos e das gerações (Marty, 2008).

O desenho de uma família imaginada age, então, como um poderoso revelador do nível de elaboração das coordenadas psíquicas do sujeito.

8. O desenho da família

No desenho, manifesta-se a diferenciação mentalizada dos sexos e das gerações, profundamente integrada, distinta daquela descrita consciente-mente pela mente racional. Todavia ainda convém que o psicólogo saiba localizar os indicadores relevantes e simbólicos da inserção do sujeito em sua afiliação sexual e geracional.

Desenhos de família levam-nos igualmente a considerar as relações do sujeito com os/as irmãos/as e, se for o caso, a rivalidade entre ir-mãos e irmãs.

> Freud insiste sobre o ódio e a violência que presidem as relações fra-ternas: *Crianças pequenas não amam necessariamente os irmãos e as irmãs; aliás, em geral, elas não os/as amam nem um pouco.* Em *Além do princípio de prazer*, o nascimento de um novo filho é *a prova ine-quívoca da infidelidade* da figura parental amada e o sinal indubitável, para o primogênito, de que *seu quinhão é agora um imenso desprezo* (Bourdellon & Kamieniak, 2008).

8.5.2.4 A filiação

No que diz respeito mais especificamente à filiação, parece-nos oportuno mencionar a pesquisa realizada por Marie-Claude Miet-kiewicz, que pediu a 310 alunos de 6 a 12 anos para representarem os avós. A instrução exata era a seguinte: "Eu gostaria que você de-senhasse para mim o seu avô e a sua avó". O objetivo desse estudo consistia em tentar responder a várias perguntas: "Que visão as crian-ças têm dos avós? Como é a representação delas a respeito das avós e dos avôs? Que funções lhes conferem? Que papéis específicos lhes atribuem?" (Mietkiewicz, 2005).

Essas são questões capitais para professores e psicólogos que traba-lham com *desenhos de família* para identificar representações, a passa-gem do tempo, o salto de gerações e o envelhecimento.

A pesquisa ocorre em duas fases: a primeira, coletiva, com uma at-mosfera favorável e o apoio dos pesquisadores, consiste em representar um dos avós; a segunda, individual, convida cada criança a falar so-bre seu desenho no intuito de eliminar qualquer ambiguidade gráfica. As conclusões do estudo de Marie-Claude Mietkiewicz confirmam, em grande parte, o que os psicólogos costumam descobrir na análise dos *desenhos de família*:

> Crianças mais novas marcam a diferença de idade mediante uma diferença de tamanho, enquanto as mais crescidas tomam o cuidado de representar tanto os sinais do envelhecimento (em especial, a cor

> dos cabelos, o uso de óculos, a presença de rugas) quanto indicadores de gerações.
>
> Durante a conversa, o personagem designado como um dos avós é sistematicamente o mais alto, e a criança justifica o que, para ela, é evidente: a equação mais alto é igual a mais velho. Não é porque ela escuta, frequentemente, os adultos ao seu redor dizerem que ela é pequena demais (menos idade) para fazer igual ao irmão e à prima que são mais crescidos (mais velhos)?
>
> Não acho que seja preciso interpretar a ausência de indicadores de envelhecimento como uma prova de que a criança os ignora e, sim, como uma incapacidade para transcrevê-los por meio de sinais gráficos (Mietkiewicz, 2005).

Assim, os avós continuam sendo associados à velhice – e, por conseguinte, também à morte –, o que é consubstancial ao *status* deles: "Algumas crianças (33 de 310) demonstram, por meio do desenho, a maneira como, por um de seus avós, tiveram de enfrentar a mortalidade humana" (Mietkiewicz, 2005). Essa observação é, a nosso ver, preciosa para interpretar determinados desenhos que colocam em cena um personagem idoso, ou vários.

Dois desenhos raros, que nos foram entregues por uma colega psicóloga, ilustram esse estudo de forma bastante comovente. São as produções de uma menina de 12 anos que vai consultar-se não por causa de um problema de aprendizagem, mas por uma queda de rendimento, falta de dedicação e de interesse pelas disciplinas ensinadas no colégio. Na realidade, durante as conversas e encontros, a psicóloga detecta elementos depressivos, que são confirmados, assim nos parece, pelos desenhos realizados.

Utilizando uma abordagem pessoal, a psicóloga pede-lhe para produzir dois desenhos de família: o primeiro (*imagem Fam5*) – contrariamente à instrução de Corman – mostra sua família real ou, mais exatamente, a configuração atual de sua família; quanto ao segundo (*imagem Fam6*), trata-se de uma família imaginada, idealizada.

Obviamente, o desenho da configuração familiar atual não nos surpreende. A psicóloga tomou conhecimento, da própria boca da mãe, que levava a filha às consultas, que a separação e a recomposição familiar, dois anos antes, ainda não tinham sido aceitas nem elaboradas pela filha mais velha. E, talvez, nem por ela mesma.

8. O desenho da família

Fam5

O primeiro desenho, o da família real (*imagem Fam5*), é uma representação precisa e fatual da configuração atual. No lado esquerdo, a caçula, a mãe e a filha mais velha, autora do desenho; na extremidade, à direita, figuram o pai e, perto dele, sua companheira e as duas filhas dela.

Na realidade, esse desenho poderia parecer inútil, supérfluo, porque o aspecto descritivo do real predomina sobre a fantasia e a projeção. No entanto é interessante notar alguns elementos: por exemplo, somente dois personagens estão isolados, a filha mais velha e o pai, abrindo os braços como se quisessem reencontrar-se, apertarem-se em um abraço com nuanças edipianas. É possível perceber, enfim, que a jovem autora do desenho representou a si mesma como uma adolescente com uma calça *jeans* remendada.

O desenho seguinte (*imagem Fam6*), o de uma família imaginada, aparece imediatamente como o desenho de uma família idealizada.

Fam6

A utilização do imaginário exigida pela instrução funciona rapidamente – a autora representa uma configuração familiar que ela viveu quando era mais nova: mamãe e papai reunidos e ela, enquanto filha mais velha, encontra-se ao lado do pai. A fantasia pode correr solta quando se coloca em cena uma família imaginada. A autora tem, evidentemente, todos os direitos: por exemplo, o de transformar a irmã caçula, às vezes irritante na vida cotidiana, em um irmão mais novo, talvez mais conciliante. Ela permite-se também ressuscitar um avô prematuramente falecido e, portanto, realizar o afresco da família "idealizada", que ela gostaria que ainda existisse, como se o tempo tivesse parado. Embora todos os rostos de ambos os desenhos sejam afáveis e sorridentes, o conjunto não deixa de estar marcado pela nostalgia de um passado, de uma juventude definitivamente extinta.

Em uma perspectiva mais técnica, observa-se (*imagens Fam7* e *Fam8*) que a diferenciação das gerações é bastante evoluída, figurando sinais de envelhecimento, tais como calvície, cabelos brancos ou adição de uma barba. Todos esses elementos são facilmente realizáveis no plano gráfico.

Fam7
Avô de barba espessa
e calvície avançada.

Fam8
Avó sorridente, certamente vaidosa,
mas cujos cabelos embranqueceram
irremediavelmente. Deve-se
observar as qualidades expressivas
demonstradas pela desenhista.

8.5.2.5 O desenho de família imaginada enquanto teste projetivo

Não vamos repetir aqui a definição da projeção tal como a descrevemos no capítulo dedicado aos desenhos no contexto de exames psicológicos. O que nos parece relevante mencionar é que *desenhos de família*

8. O desenho da família

imaginada, ao darem a maior liberdade possível para a criança representar como melhor entender uma família inventada, permitindo liberdade psíquica e fantasia, oferecem-lhe "um meio de exteriorizar mecanismos e conteúdos internos, fornecendo-lhe, de certa forma, uma superfície de projeção" (Andronikof, 2008).

E a criança aproveita-se disso lançando mão de tal liberdade – por exemplo, graças aos deslocamentos – para liberar-se dos mecanismos de defesa que restringem sua criatividade e para exprimir características, às vezes essenciais, de seu lugar, como sujeito, no seio da família. Os conflitos edipianos, é claro, estão especialmente presentes ali, a partir de uma verdadeira trama de identificações cruzadas, de paralelismos e de evitamento.

Os desenhos a seguir ilustram bem a liberação que pode operar-se pelo mecanismo de deslocamento, permitindo tirar do centro – dissimular, de certa forma – as representações para torná-las mais acessíveis e elaboráveis.

Fam9

Para esse garotinho de imaginação fértil, a solução de compromisso consiste em colocar em cena uma família de marcianos (*imagem Fam9*). Ele opera, assim, um deslocamento direcionado à ficção científica, e o aspecto estranho da família desenhada – em todos os aspectos semelhante à sua própria família – permite-lhe, durante a conversa a respeito do desenho, exprimir um conflito fraterno causado por um ciúme edipiano.

Fam10

Aqui, o deslocamento opera-se por meio de um antropomorfismo. A princípio, ao invés de um desenho de família, trata-se de um desenho "livre" (*imagem Fam10*) elaborado por uma garotinha de 8 anos. O psicólogo interpreta o pequeno grupo de árvores como se fosse uma família que se assemelha muito à família dela. De imediato, entrando na brincadeira da fantasia consciente, essa menina acrescenta, em cada folhagem, os rudimentos de um rosto humano. Durante a conversa que acompanha esse trabalho, ela cita a separação familiar em andamento, sua tristeza e sua proximidade com o pai. Nota-se que, embora pai e filha não estejam perto um do outro no espaço da folha, eles têm em comum um rosto triste, ao passo que a mãe e o caçula exibem um largo sorriso.

Representação de uma "família do céu", como resposta de uma menina de 7 anos, precoce no plano intelectual, quando lhe é pedido para desenhar uma família imaginada (*imagem Fam11*). Estão ali o papai-sol, a mamãe-lua, o irmão-caçula-nuvem e a menina-estrela. Esse deslocamento, talvez excessivo, leva a pensar em uma formação reacional: a família é elevada à pureza do céu para conter, em melhores condições, desejos não aceitáveis.

8. O desenho da família

Fam11

Fam12

Família de fantasmas relegados ao sótão da casa, forma que adquire a família imaginada (*imagem Fam12*) por um menino de 7 anos. Os fantasmas estão estáticos, são pouco ameaçadores e, inclusive, parecem assustados por causa de uma aranha. É difícil interpretar esse desenho porque o garoto não conseguiu tecer nenhum comentário a respeito. O desenho impôs-se sem que ele pudesse acrescentar nada.

Em referência aos sonhos, podemos citar o procedimento de figurabilidade, que consiste em transformar pensamentos em imagens que não podem ser diretamente verbalizadas; aliás, o terapeuta deve saber que nem tudo pode ser dito.

Fam13

Esse menino, de 9 anos, bastante ansioso, elabora, de certa forma, o desenho da família total (*imagem Fam13*): família humana, mas também família de patos, flores no andar de cima, árvores (com a árvore-mamãe e numerosos arbustos) e até uma família de minhocas debaixo da casa.

Fam14

8. O desenho da família

O desenho da família inventada permite também – para algumas crianças – descrever, mediante um atalho surpreendente, sua própria família. Esse menino, de 7 anos, elabora uma família de personagens com pouca diferenciação (*imagem Fam14*), exceto os pais, com cabelo, família em que todos parecem fazer, de acordo com suas palavras, "o que bem entendem!". Um personagem de cabeça inclinada para baixo, outro deitado, um terceiro parece carregar a cabeça na mão com o braço estendido, outros seguram objetos; enfim – ele especifica –, "uma família estranha". O escárnio encenado permite-lhe abordar, sem criticá-la, sua família e seu funcionamento caótico.

8.5.3 Interpretar o desenho de uma família imaginada

Ao dar a instrução para desenhar uma família imaginada, o adulto deve, evidentemente, observar o processo de realização do desenho. Aconselhamos ao terapeuta que se abstenha de tomar notas durante essa fase, pois há o risco de que o sujeito sinta-se avaliado e, por conseguinte, freie sua fantasia e criatividade. Por outro lado, é absolutamente necessário estar presente de forma amável e atenciosa. Assim, a produção adquire valor de comunicação, de uma mensagem destinada a um outro, encarnado pelo psicólogo.

8.5.3.1 O sistema familiar

Em uma perspectiva sistêmica, a família é considerada como um complexo sistema biológico e psicossocial. Duas dimensões-chave são normalmente escolhidas para descrever as relações familiares: coesão e hierarquia.

> O termo "coesão" geralmente é definido como o laço ou o apego emocional entre membros de uma família. Com relação a sistemas familiares, o termo é utilizado para descrever em que medida os membros da família consideram-se como um todo coerente.
>
> O termo "hierarquia" é definido de forma diferente conforme os postulados teóricos de base. Ele pode, por exemplo, corresponder a autoridade, dominação, poder de tomada de decisões ou influências recíprocas dos membros da família. Esse conceito já foi utilizado também para estudar mudanças na estrutura dos papéis e das regras no interior da família (Gehring & Debry, 1992).

A esses dois conceitos fundamentais normalmente acrescenta-se o de "fronteira", que permite descrever as relações entre a família e o mundo ao seu redor, assim como, por exemplo, entre subgrupos ou subsistemas familiares, tais como as diferentes gerações que compõem a família. Fala-se, então, de fronteira geracional.

Essas diferentes noções parecem ser especialmente adequadas para analisar desenhos de família imaginada. De fato, uma interpretação baseada em conceitos sistêmicos leva em conta a coesão, ou seja, a proximidade dos diferentes personagens, enquanto a hierarquia corresponde ao tamanho dos protagonistas. Assim, pode-se qualificar a coesão do sistema familiar como forte (proximidade muito grande), média ou fraca (personagens espalhados na folha).

A hierarquia é avaliada em função da diferença de tamanho entre pais e filhos. Aqui, mais uma vez, é possível qualificá-la de forte, média ou fraca.

A vantagem da perspectiva sistêmica consiste também em considerar os subsistemas familiares, isto é, o subsistema-pais e o subsistema-filhos, caso haja irmãos. Em cada subsistema deve-se analisar a coesão e a hierarquia: por exemplo, um desenho representando pais bem próximos um do outro mostra que o subsistema-pais é muito coesivo. Esse subsistema pode também ser qualificado como bastante hierárquico se um dos dois for representado de tamanho muito maior do que o outro.

TABELA 8.2 Interpretação das diferentes zonas do espaço gráfico, segundo Koch

	Forte	Não equilibrada	Instável	Não equilibrada
Hierarquia	Média	Instável	Equilibrada	Equilibrada
	Fraca	Não equilibrada	Instável	Não equilibrada
		Forte	Média	Fraca
			Coesão	

Fonte: Gehring e Debry (1992).

Obviamente, esses tipos de estruturas relacionais (*Tabela 8.2*) de sistemas ou subsistemas familiares devem ser utilizados com muita prudência. Eles podem ser de grande ajuda como metodologia de análise, mas, a meu ver, não substituem uma perspectiva psicodinâmica que aprenda o sujeito com seus objetos privilegiados: os pais e as irmãs/os irmãos.

8.5.3.2 Ordem dos personagens

Tradicionalmente, observa-se a ordem dos personagens representados: quem foi o primeiro a aparecer na folha? Que lugar ele ocupa? A criança planejou desenhá-lo? Reservou espaço para os outros membros da família? Ou, então, o primeiro personagem é uma fantasia tão importante (*imagem Fam15*) que ocupa o espaço essencial do suporte? Existem personagens esquecidos, durante algum tempo, que no final do desenho são intercalados nos espaços restantes?

Fam15

É fácil entender toda a importância dessas observações, ainda mais quando o sujeito consegue deixar-se levar pela fantasia. A representação colocada no suporte é, então, guiada mais pelo fantasma do que pela racionalidade, e o personagem que surge em primeiro lugar, que se impõe quase involuntariamente, desempenha, é claro, um papel central na organização das relações de objeto do sujeito.

O último personagem que, ao contrário, é incluído em um espaço ainda não ocupado, que é "salvo", "reintegrado" pela retomada, no último segundo, do real sobre o imaginário – a criança dá-se conta de que se esqueceu de um membro real de sua família, o qual convém, de acordo com o princípio de realidade, representar –, ocupa um lugar totalmente diferente para o sujeito. A relação com esse "esquecido" pelo desejo é, muitas vezes, impregnada de sentimento de culpa.

Um menino de 9 anos começa o seu desenho (*imagem Fam15*) de uma família imaginada em uma folha no modo horizontal. Ele esboça metade de um personagem, depois vira a folha em formato retrato e desenha, com um traço forte, outro personagem, maciço. Essa família, que, no final das contas, limita-se a dois membros, coloca em cena o sujeito, onipotente, e o pai, esmagado pela metade. A expressão do fantasma parricida foi mais forte e não permitiu, mesmo em um segundo momento, uma fixação *a minima* no real, a fim de colocar na folha outros membros da família.

8.5.3.3 A entrevista discursiva

Uma vez o desenho pronto, é indispensável realizar uma conversa no intuito de esclarecer as identidades dos diferentes protagonistas e eliminar todas as ambiguidades gráficas. Preconizamos uma troca de ideias livre, discursiva, seguindo o raciocínio e as associações da criança a partir de uma frase de abertura do tipo: "Então você acabou de desenhar uma família imaginada. Pode falar sobre ela comigo?". Se for necessário fazer mais perguntas, elas podem vir no fim da consulta, sendo sempre, a meu ver, inspiradas nas que R. Perron e M. Perron-Borelli formulam no desfecho dos *desenhos de crianças com o pai e a mãe* (Perron & Perron-Borelli, 1996).

Por fim, chega a hora de fazer a análise propriamente dita do *desenho de uma família imaginada*, incluindo estas quatro etapas principais:

- A primeira consiste em tirar uma primeira impressão global. Como referência, pode-se consultar o capítulo dedicado ao desenho em exames psicológicos e, em especial, a parte que aborda o processo de análise do desenho. Será que a primeira impressão global transmite uma ausência de enraizamento na realidade, processos primários prevalecentes ou, ainda, fixação a um conteúdo manifesto (ou seja, quase sempre, na representação da família real) ou uma fantasia pessoal?
- A segunda etapa leva o psicólogo a comparar a família imaginada com a família real da criança. Estão presentes todos os membros

8. O desenho da família

desta última? Quais deles são valorizados, antes de tudo, pela ordem de surgimento, pelo tamanho e pela riqueza de detalhes e acessórios? *A contrario*, quais são os que foram esquecidos ou reintegrados, no último segundo, com um retorno *in extremis* ao princípio de realidade?

– A terceira etapa visa compreender as relações que se estabelecem entre os personagens presentes e observar as identificações cruzadas que, na maior parte das vezes, são evocadas com sutileza. Assim, deve-se notar as "aproximações", os evitamentos e as rejeições que sublinham a intensidade, ou não, dos laços afetivos, mas também as características físicas, as atitudes e as emoções pintadas nos rostos: estarão elas em harmonia ou em discordância com as relações de proximidade?

– A última etapa é a síntese de todas as informações, além das interpretações que deverão ser confirmadas, de forma bastante flexível, *hic et nunc*, junto ao sujeito.

8.6. DIFERENTES PRONTUÁRIOS

8.6.1 Famílias imaginadas

8.6.1.1 Um compromisso entre imaginário e realidade

Para ilustrar a representação de famílias imaginadas, selecionamos quatro desenhos feitos por crianças de 5 e 6 anos. Esse período da infância é duplamente interessante em termos de *desenhos de família imaginada*: por um lado, as capacidades de representação gráfica estão suficientemente desenvolvidas para produzir desenhos sutis e interpretáveis; por outro lado, é uma idade em que ainda se observa o complexo de Édipo em toda a sua acuidade, antes de sua "dissolução", subsistindo no inconsciente apenas a situação edipiana, organizador central da vida psíquica do sujeito.

Membros da família (*imagem Fam16*) desenhados por uma garotinha de 5 anos e meio, seguindo uma ordem anotada pelo psicólogo: em primeiro lugar, ela desenha o pai; depois, a si própria, bastante perto dele; a mãe, no canto direito da folha; e, por último, a irmã caçula. Ela acrescenta, por fim, um sol, como se quisesse "iluminar" a aproximação pai-filha.

Fam16

Tanto a ordem quanto a proximidade dos personagens revelam o sentimento de amor edipiano que ela experimenta pela figura parental de sexo oposto. Esse desejo é, em grande parte, inconsciente. De fato, se lhe perguntarmos se existem diferenças entre pais e filhos, ela responderá, com suas palavras, que os pais são muito mais velhos, mais responsáveis, mais altos... Só que no desenho, que é sempre um compromisso entre o imaginário e o real, ela representa a si própria com o tamanho do pai; ambos parecem, para um leigo ou alguém que não tenha observado a realização do desenho, formar um casal.

Ela não integra a diferença das gerações em si mesma, apenas na irmã caçula, representada em tamanho menor.

8.6.1.2 Um vínculo exclusivo

A desenhista tem 5 anos de idade. Ela representa sua família (*imagem Fam*17) dentro e perto da casa familiar. Com esse desenho ela mostra-nos que a diferença dos sexos foi bastante integrada. Os personagens são identificáveis: os de sexo feminino têm cabelos compridos, caindo pelos lados e sugerindo feminilidade; já o pai tem cabelo "erguido" e o irmão mais velho, à direita, é pouco favorecido em termos capilares. Pai e mãe são representados com tamanhos superiores ao da menina, o que marca uma integração da diferença geracional.

8. O desenho da família

Fam17

Porém a garotinha exprime também seu desejo inconsciente de ter um laço exclusivo com o pai ao posicionar-se perto dele e no interior da casa. A mãe e o irmão mais velho são dispostos no exterior, um de cada lado. Embora a autora do desenho deseje estabelecer uma relação privilegiada com o pai, nem por isso ela aceita a aproximação entre o irmão e a mãe. Ela exprime, assim, certa ambivalência de sentimentos.

Quanto aos detalhes que têm a ver com a resolução do conflito edipiano, observa-se que somente os pais têm umbigo, interpretado por nós como o equivalente a uma representação dos órgãos genitais. O cabelo, que é um símbolo sexual, é abundante na menina e na mãe, erguido no pai e ausente no irmão mais velho, a quem a desenhista denega qualquer expressão sexual que, nessa configuração edipiana, só poderia ser dirigida à mãe.

Por fim, deve-se notar a expressão de uma forma de sentimento de culpa edipiana ou de compensação que pode ser interpretada a partir da representação de uma casa com quatro janelas, indicando que, apesar de tudo, cada um tem seu lugar no interior da casa.

8.6.1.3 Identificações cruzadas

Fam18

Representação (*imagem Fam18*) de uma família imaginada muito simples no plano gráfico. Os personagens são traçados sumariamente com aspecto frontal. No entanto, embora a autora, de 5 anos e meio, apresente um desenho pouco desenvolvido, seu nível de evolução libidinal é, em compensação, mais elevado. De fato, ela mostra-nos que a diferenciação dos sexos e das gerações está integrada; além disso, as crianças ocupam o lugar que lhes é devido. São notadas também a identificação com a mãe (mesmo corte de cabelo) e uma aproximação discreta com o pai (mesmo tipo de roupa). À semelhança do desenho anterior, o irmão aparece pouco favorecido no plano libidinal.

8.6.1.4 Uma família indiferenciada

Trata-se da representação de uma família unida (*imagem Fam19*). Uma menina de 6 anos, muito ativa – até mesmo hiperativa –, representa pais (à esquerda) e filhos, indicando com precisão: "Todos eles têm as mesmas mãos". Observa-se uma indiferenciação tanto de tamanho quanto de gênero.

8. O desenho da família

Fam19

8.6.1.5 Deslocamento da representação familiar

Fam20

Desenho (*imagem Fam20*) de uma família imaginada realizado por um menino de 5 anos e meio. Observa-se um deslocamento em direção a uma família de animais permitindo, assim, liberar-se da problemática edipiana e fazer uma representação mais livre. Essa família imaginada retoma a configuração da família real. Vários aspectos são notáveis nesse desenho:

- O deslocamento da representação para a esfera animal com a majestosa escolha do leão que carrega o poder em sua juba. Vê-se, é claro, a identificação do leãozinho com o pai, mas também, implicitamente, o temor edipiano.
- A distinção dos sexos e das gerações é percebida e integrada satisfatoriamente: a hierarquia de tamanho é figurada de forma bastante manifesta, bem como a diferença dos sexos, mediante a presença ou a ausência de uma abundante juba.
- A coesão do subgrupo de pais é boa, mas é possível notar, além disso, a proximidade da leoazinha com o leão e do leãozinho com a leoa. Esses elementos indicam que embora o complexo de Édipo, enquanto tal, esteja desaparecendo, a situação edipiana está bastante presente no plano inconsciente. Observa-se também, a partir da expressão dos rostos, identificações cruzadas mãe/filho, pai/filha.
- A família é figurada dentro de um espaço fechado, protegido com a presença de um objeto fobiogênico (aranha), que condensa a angústia edipiana.

Os desenhos de família das duas crianças a seguir, apesar de serem bem-acabados no plano formal, veiculam angústias mais arcaicas que já não entram no registro da castração e, sim, no registro da perda do objeto.

8.6.1.6 Um comentário paradoxal

Fam21

8. O desenho da família

Esse desenho (*imagem Fam21*) foi rapidamente traçado por um menino de 7 anos e meio. Ele representa uma família imaginada composta de três personagens (em vez de quatro na vida real, já que a irmã caçula não é figurada): o primeiro personagem é o da esquerda; o segundo, o da direita; e o terceiro, o menor, no centro. Contrariamente à interpretação imediata que poderia ser feita dessa representação, o último personagem desenhado, no centro, não é a criança, mas o pai.

O menino comenta o desenho com muita agitação, ri da brincadeira que acaba de fazer com o psicólogo que, com certeza, segundo ele, esperava uma família tradicional. Enquanto observava a realização do desenho, o terapeuta teve o sentimento de que a ideia original do menino era representar uma família com o filho no meio dos pais, mas foi no último momento, durante o comentário, que as ideias encaixaram-se e levaram à descrição de uma família com um pai de tamanho bem pequeno.

Os sintomas, identificados também durante a conversa, tais como exaltação de humor, euforia, comportamento lúdico e fuga de ideias (telescopagem, profusão) levam a considerar um episódio hipomaníaco de defesa contra uma depressão que ameaça manifestar-se.

8.6.1.7 A expressão de um transtorno depressivo

Fam22

Essa família (*imagem Fam22*), em que quase todos são semelhantes, foi desenhada por um menino de 8 anos. A ordem de desenho dos personagens foi da esquerda para a direita. Essa família imaginada comporta, com relação à família real, um membro a mais (a criança representada à direita). A diferença das gerações não é marcante nos outros membros da família – somente a diferença dos sexos é visível.

Durante os encontros com o menino e os pais, constatamos todas as características de um transtorno depressivo infantil (agitação estéril, perda de interesse, irritabilidade, dificuldades de concentração e perturbações do sono), dissimulado sob uma alegria superficial, comprovada por seu desenho. Nele, observa-se que todos os membros da família estão muito próximos – até mesmo ligados –, superpondo-se e não parecendo muito diferenciados; além disso, as cores são escuras e bastante tristes.

8.6.2 Caso clínico: Louane, 4 anos

Fam23

Nas últimas semanas, Louane exprime sentimentos de tristeza e desânimo que causam inquietação entre as pessoas à volta dessa menina esperta e habitualmente alegre. O psicólogo propõe-lhe desenhar (*imagem Fam23*) e ela pede espontaneamente para desenhar sua família real. Muito identificada com a mãe, ela desenha-a como se fosse sua gêmea. Louane desenha-se em primeiro lugar, rodeada pelos pais, mas

8. O desenho da família

falta espaço para desenhar a mãe, que acaba por sobrepor-se a ela. Em termos de personalidade, a mãe de Louane parece muito volúvel, e sofre também de obesidade. O pai, muito alto, como na realidade, parece pouco consistente; essa representação desperta no psicólogo a sensação de que esse homem bom, já avançado em idade, participa muito pouco das tomadas de decisão na vida familiar.

As representações parecem estar relacionadas a determinada realidade: tamanho, diferenciação sexual, personalidade etc. Louane prossegue seu trabalho desenhando quatro flores, como se quisesse lembrar, inconscientemente, de que está faltando um membro na família: o irmão mais novo. Ela percebe, sozinha, o seu esquecimento, mas persiste na negação de sua presença e vai representá-lo no ventre da mãe. Louane parece nostálgica de um período em que ela havia sido o único centro de interesse dos pais, mas pretende limitar suas pulsões fratricidas. Ela encontra um compromisso por essa presença/ausência do pequeno irmão feto.

Fam24

No final da sessão, Louane apresenta seu desenho à mãe que, imediatamente, entende o conteúdo latente e mostra-se surpreendida (ela pensava que a primogênita estava encantada por ter se tornado a irmã mais velha) e, ao mesmo tempo, aliviada. A evocação da dificuldade para compartilhar os pais com o irmão mais novo traz uma ajuda real a Louane. Algumas semanas mais tarde, o psicólogo recebe por e-mail, a pedido de

Louane, outro desenho (*imagem Fam24*), verdadeiro eco do primeiro, mas no qual constatamos que ela prossegue o trabalho de elaboração de seu lugar no seio da família.

A renúncia identificatória edipiana já está em andamento: amor entre papai e mamãe, como é demonstrado pelo coração. Além disso, Louane já não é a irmã gêmea da mãe e parece realmente mais jovem no desenho. A mãe tornou-se "rainha": felizmente, as garotas têm o direito, portanto, de serem princesas, filhas de rainhas. O coração parece ter dois olhos, talvez à semelhança de um rosto. Quanto ao irmão mais novo, ainda em gestação, mas para o qual a ambivalência começa a oscilar de maneira mais favorável: ele tem um rosto, talvez até mesmo uma peça de roupa e, sobretudo, o direito também ao seu pedaço de grama e à sua nesga de céu azul... quase aceito, quase membro da família.

9

Proposições de desenhos temáticos

As proposições de desenho, suscetíveis de serem designados como *desenhos temáticos*, são numerosas. Neste livro selecionamos apenas os que nos pareciam mais relevantes e apresentavam uma dupla vantagem: por um lado, graças a certa padronização, eles permitem beneficiar-se de uma aferição e, em momentos oportunos, das indicações do autor dos trabalhos efetuados ulteriormente para interpretá-los; e, por outro, o fato de basearem-se em uma instrução – às vezes, bastante precisa – contribui para que alguns sujeitos superem seus bloqueios e produzam uma realização gráfica. A existência de uma instrução leva a ultrapassar, por intermédio do desenho, a inibição da expressão.

9.1 O TESTE DA ÁRVORE

Desde sempre, desenvolveu-se uma analogia entre a árvore – erguida verticalmente com galhos afastados e raízes plantadas no solo – e o ser humano: a primeira enquanto *alter ego* deste. Lendas, poemas e configurações artísticas celebram o paralelo, a semelhança e, ainda, a identidade entre um dos mais majestosos representantes da natureza e o ser humano. Lembremo-nos da fábula *Le Chêne et le Roseau* [O carvalho e o junco], obra-prima de La Fontaine (1621-1695), cujos últimos versos evocam a identidade entre o ser humano e a árvore:

> Lá no horizonte furiosamente surgiu
> A mais terrível das tempestades
> Que os ventos do norte podiam trazer.
> O carvalho tentou resistir, o junco se curvou.
> O vento redobrou seus esforços.

E tanto fez que arrancou
Aquele cuja cabeça era vizinha do céu
E cujos pés tocavam o império dos mortos.

(La Fontaine, 1668; trad. adaptada)

À semelhança das pessoas, nem todas as árvores são formadas pelo mesmo tipo de madeira e, portanto, não são idênticas; a imensa diversidade de umas e das outras sempre foi vista como outra semelhança entre os representantes desses dois reinos. Além disso – e é o que nos interessa aqui –, por meio de um movimento antropomórfico, os seres humanos, jovens ou mais velhos, atribuem traços de caráter aos grandes vegetais de nossas florestas: quando a árvore é ereta, imponente e monumental, ela é considerada orgulhosa, digna, imperial; se, pelo contrário, for franzina e curvada pelo vento, ela é qualificada como humilde e até servil. Uma vez coberta de frutos, eis que se torna generosa.

Os psicólogos do século XX – por exemplo, o suíço Emil Jucker[28], desde 1928; o psicólogo clínico inglês John N. Buck (1906-1983)[29]; o alemão Karl Koch[30]; ou, ainda, a psicóloga e psicoterapeuta francesa Renée Stora (1948-1980)[31] – perceberam sensivelmente essa metáfora.

9.1.1 Aplicação e análise

O *teste da árvore* é fácil de aplicar e pode convir tanto a crianças pequenas quanto a pré-adolescentes. À semelhança de qualquer teste temático, o teste da árvore é especialmente bem-acolhido pelas crianças que apresentam certa forma de inibição ou pelas mais crescidas que detestam realizar desenhos sem instruções.

---

28. Conselheiro de orientação profissional no cantão de Zurique que, pela primeira vez, a partir de um método empírico e intuitivo, utilizou o desenho da árvore como teste de personalidade.

29. Criador do teste *House, Tree, Person* (Buck, 1948, 1981). Cf. Callegaro Borsa (2010) [N.R.].

30. Koch (1957): o primeiro pesquisador a aperfeiçoar um método de aplicação – padronizado – do teste da árvore.

31. Stora (1978); ela enriqueceu os trabalhos de Koch com estatísticas e uma escala de maturidade. Cf. Castro Carneiro (1986, 1990, 1994) [N.R.].

9. Proposições de desenhos temáticos

Todavia veremos mais adiante que repetir o desenho da árvore, como estipula a instrução, pode mostrar-se proveitoso com algumas crianças, mas desagradável para outras. Já nos aconteceu, por exemplo, de alterarmos a instrução inicial para não colocarmos um jovem adolescente em dificuldade; de fato, ao considerarmos que o sujeito já se exprimiu plenamente no primeiro desenho, não lhe propomos realizar um segundo e depois um terceiro desenho da árvore, como indicado na instrução desse teste (cf. adiante).

Arv*0

Uma mocinha de 13 anos desenha uma árvore bastante original (*imagem Arv0*): de pequeno porte, ela está podada satisfatoriamente e plantada em um vaso. Quanto ao aspecto geral da árvore não há dúvida: trata-se de uma representação da própria menina, muito magrinha e com um recente "penteado afro".

***Arv** = Árvore [N.R.].

O que chama a atenção principalmente é o fato de a árvore não estar enraizada na terra, o que reflete uma circunstância de sua história: o pai foi adotado e não conhece sua família biológica.

No momento em que o psicólogo questiona-a sobre o sol, elemento relativamente infantil, que ela desenhou com um sorriso e grandes raios, como se fossem braços estendidos na direção da árvore – "O que isso poderia ser?" –, a jovem paciente compreende a interpretação simbólica sugerida e responde que ele poderia ser o pai e que a mãe seria, de preferência, a água do regador, permitindo o desabrochar das florezinhas dispostas no vaso ao pé da árvore. Deve-se notar que a mãe deseja vê-la crescer e tornar-se mais feminina. Ela conclui dizendo que sua árvore precisa de sol e de água para crescer.

9.1.2 A instrução

Ao longo do tempo verificou-se uma grande flutuação no que diz respeito às instruções. A primeira, de Koch, era a seguinte: "Desenhe uma árvore [*arbre*], mas não um pinheiro [*sapin*][32]". A segunda: "Por favor, desenhe uma árvore frutífera da melhor forma que você conseguir". Se o desenho fosse demasiado estereotipado, ele pedia outro desenho: "Por favor, desenhe outra árvore frutífera, mas totalmente diferente da que você desenhou".

A instrução proposta por Renée Stora é muito mais completa e decompõe-se em quatro etapas. Em cada uma, o sujeito recebe uma folha de papel no sentido vertical:

> "Desenhe uma árvore, qualquer uma, como você quiser, mas não um pinheiro".
>
> "Desenhe outra árvore, qualquer uma, como você quiser, mas não um pinheiro".
>
> "Desenhe uma árvore de sonho, uma árvore de imaginação, uma árvore que não exista na vida real, como você quiser".
>
> "Desenhe uma árvore, qualquer uma, como você quiser, mas de olhos fechados" (Stora, 1978).

---

32. O pesquisador queria, assim, evitar os estereótipos ligados à representação de *sapin de Noël* [pinheiro de Natal].

9. Proposições de desenhos temáticos

Arv1

A árvore de sonho (*imagem Arv1*) desse garoto de 11 anos – frequentemente ridicularizado na turma do 6º ano do fundamental por seus resultados e suas atitudes – representa perfeitamente seu autor, que declara: "É algo especial, como eu". Apreende-se o verdadeiro interesse do desenho da árvore: acompanhado por instrução, ele dá a possibilidade ao jovem estudante para exprimir-se por meio do desenho; ora, ele deixou de desenhar, como fazia habitualmente quando era criança. Ele aproveita, portanto, a oportunidade que lhe é oferecida para colocar-se em cena e propor ao psicólogo um excelente suporte de conversa, que incide, evidentemente, sobre a forma bastante particular do tronco, mas também sobre a ausência de enraizamento, que evoca sua história de vida, cujo elemento primordial é a sua adoção internacional.

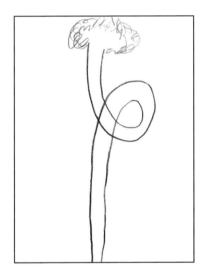

Koch baseia-se, sobretudo, na teoria das zonas de Pulver (cf., anteriormente, *Tabela 8.1*): cada parte do espaço gráfico corresponde a um simbolismo específico. Assim, a parte superior da folha teria a ver com a transcendência e o universo intelectual, ao passo que a parte inferior representaria a materialidade e instintos inconfessáveis. A direita da página refletiria extroversão, imagem paterna e, por conseguinte, sociabilidade e audácia, enquanto a esquerda indicaria introversão, passado, ou seja, atração pela mãe. Hoje em dia é perfeitamente perceptível o quanto tais formulações estão imbuídas de ideias, *a priori*, sobre o lugar das mulheres na sociedade e o quão elas são inaceitáveis.

Em nossa prática clínica costumamos observar que o espaço gráfico é portador de sentido: por exemplo, uma criança que só desenha, no alto da folha, estrelas e foguetes, pode apresentar – convém ser prudente ao fazer interpretações – um funcionamento em formação reacional, bloqueando, assim, a expressão de interesses que ela julga mais baixos, vergonhosos. No entanto hipóteses como essa não devem ser generalizadas sistematicamente em função da utilização dessa ou daquela parte do espaço da folha. Corre-se, é claro, o risco de negar a existência de um sujeito singular, atribuindo-lhe, em nome de alguns princípios, traços de personalidade e conflitos arbitrários.

O mesmo vale para os componentes da árvore, ou seja, a arborescência da folhagem, que simboliza as relações com os outros, o tronco – o qual, segundo Koch, é um fator de equilíbrio entre um lado e o outro – e, evidentemente, as raízes, cujo simbolismo remete, quando elas são abundantes, à curiosidade pelo que é proibido e à vida pulsional. Portanto, as possíveis interpretações são extremamente numerosas e, às vezes, contraditórias.

Foi a partir de um trabalho estatístico[33] que Renée Stora isolou grande quantidade de "traçados" (146), conferindo uma significação psicológica a cada um. "Entende-se por 'traçado' uma forma inteira ou uma forma específica, isolada do conjunto, ou um conjunto típico facilmente identificável, diferenciado no interior do desenho do qual ele faz parte" (Muel, 1978).

Por exemplo, se as raízes forem menores do que o tronco, isso indica que o sujeito "pretende ver o que lhe é escondido" (Muel, 1978). Ou, outro exemplo, se a folhagem acompanhar o formato da página, a interpretação sugerida é a seguinte: "O sujeito sente-se um pouco estorvado pelas normas do meio em que vive, mas se adapta a elas" (Muel, 1978).

9.1.3 Nossa proposta para o desenho da árvore

Leitor, você já entendeu, não concordamos com esse tipo de interpretação em que cada elemento traçado corresponde, seja qual for o sujeito que tiver realizado o desenho, a um esquema interpretativo pronto para uso. Tanto mais que as análises sugeridas são construídas a partir de registros diferentes: simbólico e pragmático. Por exemplo, um tronco dito "ascendente" refletiria um espírito empreendedor, enquanto

---

33. Pesquisa efetuada no âmbito do Laboratoire de Psychologie de l'enfant [Laboratório de Psicologia Infantil], dirigido sucessivamente pelos professores Henri Wallon (1879-1962) e René Zazzo (1910-1995).

9. Proposições de desenhos temáticos

um tronco "descendente" corresponderia à decepção, à tristeza – em ambos esses casos, as interpretações são de origem simbólica.

9.1.3.1 Uma instrução aberta

Na nossa prática clínica privilegiamos uma instrução aberta, pouco padronizada, que deixa um espaço importante para a expressão do imaginário, mas também para preocupações conscientes ou não do sujeito. No entanto reconhecemos a utilidade em dar uma instrução, especialmente para crianças mais crescidas e adolescentes, que, muitas vezes, romperam sua relação com o desenho. Desse modo, o desenho com instrução fornece uma moldura, e bastante ampla, o que facilita a aceitação da proposta no sentido de desenhar.

A instrução pode assumir esta forma:

> *Se você aceitar, eu gostaria que, nessas três meias folhas de papel, você faça sucessivamente o desenho de três árvores. Como você deve ter percebido, a árvore e o ser humano têm pontos em comum: ambos estão de pé; para descrevê-los são usados, às vezes, os mesmos termos, tais como majestosos, frágeis, fortes etc.*

9.1.3.2 Interpretações após cada desenho

Para evitar uma análise automatizada em excesso dos diferentes elementos e símbolos, pareceu-nos sempre criterioso propor imediatamente, após cada desenho, interpretações bastante livres que devem ser confirmadas, ou não, pelo sujeito. Em vez de utilizar o teste da árvore como um teste de personalidade – em que mal se faz quatro traços e tudo já é dito –, pensamos ser preferível lançar mão dessa boa ferramenta como suporte de incentivo psíquico.

Cada desenho é sucedido por uma conversa, em que são consideradas exclusivamente interpretações simbólicas, ligando determinados aspectos do desenho à problemática apresentada pela criança ou pelo adolescente. Já pudemos observar que esse método sempre enriquece os desenhos subsequentes ao primeiro. O sujeito apreende muito rapidamente que a árvore representada por ele é vista pelo psicólogo como uma analogia portadora de sentido; por conseguinte, as criações são realizadas na lógica de "disputa interpretativa".

Os prontuários clínicos expostos a seguir apresentam vários exemplos de utilização do desenho da árvore, além de diferentes opções de entrevista.

9.1.4 Casos clínicos

9.1.4.1 Menino de 11 anos

Um menino de 11 anos realiza, a pedido do psicólogo, três desenhos. O primeiro (*imagem Arv2*) mostra uma macieira, com raízes firmes, que ocupa a página inteira. A ramagem não é muito impressionante, mas a árvore está carregada de frutos.

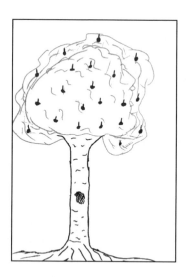

Assim que o desenho é finalizado, o psicólogo e o garoto entabulam uma conversa a respeito de sua produção. Ele caracteriza sua árvore como "generosa" e "bem-plantada".

Nesse momento, de forma muito explícita, o terapeuta evoca com ele a tradicional e cultural analogia que existe entre a árvore e o ser humano; de imediato, esse jovem paciente responde que sua árvore é mais "papai" do que "mamãe" e, segurando um lápis, ele desenha no tronco uma ferida, um galho quebrado. Ele explica, então, que o pai havia sofrido, quando ele tinha 8 anos, um acidente de bicicleta que havia deixado uma cicatriz bastante marcada no joelho; é possível perceber aqui a flexibilidade do funcionamento psíquico que leva essa criança a passar do imaginário, representado pelo desenho, para o real de sua família.

Ainda no registro simbólico, deve-se notar que o pai tem uma profissão bastante exigente, mas bem remunerada, permitindo-lhe suprir

9. Proposições de desenhos temáticos

amplamente as necessidades da família, o que parece ser indicado pela quantidade de frutos suspensos nos galhos.

Arv3

Assim que começa a realizar o segundo desenho (*imagem Arv3*), o menino indica que a árvore é uma "mamãe". Trata-se de uma palmeira, curvada pelo vento à direita, com a ramagem terminando na beira da página. Alguns esboços de dunas completam o desenho. O enraizamento está totalmente correto, embora o solo pareça menos consistente. Aqui, de novo, o simbolismo está muito presente – na verdade, a mãe pertence a uma família de navegadores habituados a dar a volta ao mundo – com a representação de uma palmeira, certamente, no litoral de uma ilha no fim do mundo.

Arv4

Por fim, o último desenho (*imagem Arv4*) de árvore é uma espécie de autorretrato. A árvore é desenhada com fluidez, ocupando todo o espaço da página e estando presa ao solo com sólidas raízes. Deve-se notar que os galhos começam logo na parte inferior do tronco.

Algumas observações

Para esse menino, o desenho da terceira árvore – representação de si mesmo – parece ser a expressão de uma teoria sexual infantil: o tronco ergue-se como o do pai, porém com um pouco mais de flexibilidade no alto, ao passo que a folhagem é indistinta e agitada como a ramagem do "desenho-mamãe". Portanto é com um pouco do papai e da mamãe que se faz um filho, parece-nos dizer esse menino. Obviamente, essa jovem árvore ainda não carrega frutos; aliás, será que um dia ela produzirá algum?

Apreciemos também as qualidades gráficas desses desenhos, que são sugestivos, ao invés de descrições muito precisas.

9.1.4.2 Menino de 10 anos

Quando o psicólogo propõe a esse menino de 10 anos a instrução tradicional de Renée Stora, ele vai, de imediato, interpretá-la à sua maneira e elabora uma *família árvore* que acaba coincidindo com a sua família real.

9. Proposições de desenhos temáticos

O jovem autor é descrito como sensível. De acordo com a mãe, ele apresenta "dificuldades de sintonia emocional com os colegas" e tem tendência a encarar as coisas com pessimismo. Ele considera-se bastante romântico.

De maneira bastante tradicional, essa criança desenha a primeira árvore (*imagem Arv5*) com folhagem descabelada, bem-enraizada, à qual ele atribui o seu nome – L'ARBRE DE... A árvore de... (nome rasurado no desenho por razões de anonimato).

Arv6

A segunda árvore é chamada de árvore-pai (*imagem Arv6*) e é caracterizada como segue: uma árvore um pouco velha, enrugada, mas muito alta e sólida; há um buraco no tronco no qual vive um esquilo.

Arv7

A última das três árvores (*imagem Arv7*) desenhadas é a *árvore--mamãe*, com uma folhagem comprida descendo aos lados do tronco, que passa na frente dos olhos e dos galhos, como se fossem braços esboçando um movimento de dança. Mas, sobretudo, as raízes estão claramente cortadas, "porque mamãe – explica-nos esse garoto de 10 anos – é libanesa e lamenta, com frequência, ter perdido em parte suas raízes orientais".

Algumas observações

Esse menino compreendeu muito explicitamente o vínculo que liga a árvore e o ser humano: a forma da primeira com a personalidade deste. Ele elabora uma representação metafórica da família, do que ele percebe a respeito da personalidade dos pais, de sua força e de sua fragilidade. Desse modo, ele entrega conscientemente ao terapeuta um suporte excepcional de conversa, de acompanhamento psicológico.

9.1.4.3 Adolescente de 12 anos

Esse jovem adolescente, de pouco mais de 12 anos, que sempre manifestou poucas habilidades sociais, apresenta os sintomas de um episódio depressivo. Houve uma mudança de casa, a matrícula em uma nova escola e provocações e deboches iniciados por um aluno que constituí uma forma de assédio. No início do 7º ano do fundamental, esse jovem adolescente parece estar desorientado e, na mensagem que escreve em um pedaço de papel, evoca sua morte.

Ele é recebido por uma psicóloga que, durante uma sessão, propõe-lhe desenhar árvores; aqui, em vez de ser considerado um teste, o desenho da árvore funciona como um suporte à relação, à conversa.

A primeira árvore feita (*imagem Arv8*) representa uma árvore com um buraco no meio, uma folhagem bastante reduzida, um fruto, um galho à esquerda com uma única folha e, à direita, um galho dividido em dois ramos. A impressão geral é marcada por certa forma de generosidade muito restrita (um único fruto, uma única folha). O tronco, no entanto, é robusto, apesar de pouco implantado. Observemos o grande buraco.

9. Proposições de desenhos temáticos

Arv8

Assim, a psicóloga descreve a árvore como sensível às aquiescências ou às negações do adolescente e, em seguida, propõe-lhe uma brincadeira com o objetivo de estabelecer uma espécie de carteira de identidade da árvore a partir de uma lista de perguntas (as respostas do adolescente estão indicadas em itálico):
- Qual é a sua idade? *35 anos.*
- Que tipo de árvore? *Macieira.*
- Onde está localizada? *Na Espanha.*
- Como está o tempo no momento do desenho? *Bastante agradável, um pouco úmido.*
- Ela é sólida? *Não, é uma macieira não muito sólida.*
- Você conhece a história dela? *Francamente, não tenho nenhuma ideia.*
- Qual será o futuro dela? *Tenho certeza de que, em determinado momento, será cortada. Os homens têm necessidade de um espaço cada vez maior.*
- Ela se parece com alguma coisa, com alguém que você conhece? *Nenhuma semelhança.*

Arv9

Durante o primeiro desenho, a interação foi vivenciada de forma bastante positiva pelo adolescente. Ele aceita prontamente efetuar uma segunda árvore (*imagem Arv9*), no entanto ele pergunta à psicóloga se é possível representar uma árvore cortada.

- Qual é a sua idade? *21 anos.*
- Que tipo de árvore? *Uma cerejeira.*
- Onde está localizada? *No Japão.*
- Como está o tempo no momento do desenho? *Não sei.*
- Ela é sólida? *Não, foi cortada, tem um galho que se destaca, pequeno e jovem.*
- Você conhece a história dela? *Francamente, não tenho nenhuma ideia.*
- Qual será o futuro dela? *Como está morta, servirá para fazer papel ou algo parecido.*
- Ela se parece com alguma coisa, com alguém que você conhece? *Talvez eu tenha visto uma parecida em companhia de meus pais.*

Para esse terceiro desenho, a instrução torna-se mais diretiva, uma vez que a psicóloga faz o seguinte pedido: "Desenhe uma árvore dos sonhos, uma árvore imaginária".

Apesar de ter estabelecido um bom entendimento com a terapeuta, o jovem hesita e manifesta um ar de dúvida. Em seguida, ele pega o lápis e faz a árvore, bastante perturbadora, da *imagem Arv10*.

9. Proposições de desenhos temáticos

Arv10

- Qual é a sua idade? *52 anos.*
- Que tipo de árvore? *Um enorme carvalho preto.*
- Onde está localizada? *Não sei.*
- Como está o tempo no momento do desenho? *Bastante nublado.*
- Ela é sólida? *Sim, muito sólida, mas será cortada.*
- Você conhece a história dela? *Francamente, não tenho nenhuma ideia.*
- Qual será o futuro dela? *Será cortada, como a outra, e transformada em papel; também será utilizada para construir um chalé. Acontece a mesma coisa com todas as árvores.*
- Ela se parece com alguma coisa, com alguém que você conhece? *Em um videogame (Kirby), o boss é uma árvore semelhante a esse desenho.*

Algumas observações

Esse jovem adolescente, bastante relutante durante a conversa, aceita prontamente fazer os desenhos da árvore e participar da brincadeira no sentido de definir a identidade de suas três representações. A partir dos desenhos vários elementos descritivos poderão ser retomados nas consultas seguintes.

O desenho da árvore assume aqui um duplo valor: o de um suporte para a relação com a terapeuta, mas também um valor projetivo. Não deixamos de notar a restrição da generosidade do primeiro desenho, o amplo buraco que o machuca – em pleno peito ou, seríamos induzidos a escrever, no coração; a árvore derrubada do segundo desenho; e a árvore que instiga inquietação e ansiedade, representada no terceiro. Além disso, o destino comum consiste em ser cortada, em perder a vida; apenas uma tênue esperança é indicada, no segundo desenho, sob a forma de um ramo jovem que se destaca.

9.2 A SENHORA DE FAY

Os testes de desenho, um pouco antigos, atravessam décadas como *bens culturais* e, às vezes, implantam-se em um terreno marcado por suas particularidades e produções. Foi o que aconteceu com o teste do *desenho da Senhora de Fay*, cuja primeira publicação saiu em 1924, mas que ainda é ensinado em um número restrito de universidades, como em Paris - Descartes. Ao invés de uma tradição, trata-se de um interesse pela riqueza clínica dessa ferramenta suscetível de ser utiliza-da com grande facilidade.

Seu autor foi o Dr. Fay, clínico geral do Hospital Saint-Jacques, em Paris, e inspetor médico de escolas, que define seu teste da se-guinte forma:

> Esse teste permite estudar, de maneira mais detalhada, a atenção, a memória, a imaginação, o juízo e, por conseguinte, tem um alcance mais abrangente do que a maioria dos textos coletivos. Ele permite também, sobretudo quando é aplicado individualmente, descobrir di-versas especificidades do caráter (Fay, 1933).

Em aplicações coletivas, muito prezadas na primeira metade do século XX, pede-se às crianças para exprimirem, por meio de um de-senho, a curta frase que o professor escreve no quadro-negro: "Uma senhora está passeando e chove". Percebemos, assim como Fay em sua época, o erro de sintaxe que consiste em ligar duas proposições bastante distintas. Para respeitar as regras da língua, conviria escre-ver: "Uma senhora está passeando, chove". Esse pesquisador adotou a primeira fórmula porque lhe pareceu ser mais bem compreendida por crianças pequenas.

9. Proposições de desenhos temáticos

9.2.1 A composição do teste

Antes de começar o desenho propriamente dito, o aluno é convidado a copiar a frase no alto da folha e o professor abstém-se absolutamente de dar instruções complementares: deve-se fazer um guarda-chuva, colocar a pessoa em passeio na cidade ou no campo etc.?

Em seguida, os desenhos são avaliados não por seu valor estético, mas em função da quantidade de ideias representadas, que são outros tantos indicadores das capacidades expressivas da criança.

Deixemos a palavra com o Dr. Fay:

> No tema-tipo proposto por mim há cinco elementos: (1°) uma mulher; (2°) está passeando. Nessas palavras existe a noção de caminhada e, por conseguinte, de um deslocamento que ocorre ao ar livre, na cidade ou no campo, daí (3°) uma paisagem; (4°) chove, portanto (5°) a mulher abriga-se de alguma forma. A ideia de que a mulher possa enfrentar a chuva sem proteger-se não passa pela cabeça das crianças parisienses; ela é, pelo contrário, perfeitamente normal para aquelas que moram no campo – assim, se for necessário, levarei em conta essa especificidade.
>
> Para fazer a avaliação examina-se a forma como esses cinco elementos essenciais são representados.
>
> A mulher deve ser reconhecível a partir de certos atributos. O mais importante é a roupa – deve-se reconhecer uma saia. Quando o personagem é esquemático a ponto de representar apenas uma nebulosa figura humana, é avaliado como 0. Se tiver um coque como único atributo ganha 0,5 ponto. Uma saia basta para dar 1 ponto. Quando há mais de quatro atributos femininos dá-se 0,25 por atributo adicional.
>
> É possível reconhecer o ato de passear por meio da posição dos pés, da presença de um cachorro sendo levado pela coleira etc.
>
> A chuva, representada com turbilhões semelhantes a fumaça, ganha 0,25 ponto; com pequenas hachuras regulares no alto do desenho ou com linhas mais ou menos curvas espalhadas, 0,5 ponto; com riscos regulares atravessando o fundo em sentido único, 1 ponto. Se a chuva parar no guarda-chuva, em um toldo, ou gotejar das pontas do guarda-chuva, ou respingar ao cair no chão, ou formar poças d'água, ou escorrer abundantemente na sarjeta da rua, dá-se 0,25 ponto a mais e mesmo 0,5 ponto se três ou quatro dessas particularidades forem representadas.
>
> Uma paisagem simples representada com um traço único vale 0,25 ponto; se o chão for representado em vários planos, 0,5 ponto. Uma rua ou uma paisagem, mesmo que se limite a uma árvore, loja ou casa, vale 1 ponto.

> Se o guarda-chuva não estiver na mão, 0,5 ponto. Na mão, 1 ponto. Um capuz ou uma capa de chuva valem igualmente 1 ponto (Fay, 1933).

Depois, esse autor apresenta uma aferição realizada junto a várias centenas de crianças de 6 a 14 anos.

9.2.2 A abordagem psicométrica

Desde então, diversos pesquisadores levaram adiante o trabalho iniciado por Fay. A começar pelo psicólogo e pedagogo suíço André Rey (1906-1965), que, certamente consciente dos limites da avaliação de Fay, realiza, em 1946, outro tipo de avaliação, inspirando-se nos trabalhos de F. Goodenough, com 44 itens. Ele obtém, é claro, um quadro de aferição muito mais preciso e rigoroso. No entanto, apesar de seus esforços, a abordagem psicométrica do desenho da *Senhora de Fay* continua sendo pouco apropriada porque a vantagem desse teste não reside em uma visão quantitativa, mesmo que ela seja sólida, mas em uma análise qualitativa e clínica da produção do sujeito, no intuito de ter acesso a uma parte de seu funcionamento psíquico.

Jean Guillaumin e o Dr. René Lachanat conduziram um trabalho cujo enfoque era objetivar elementos de interpretação clínica do desenho em geral. Eles escolheram o da *Senhora de Fay* para essa experimentação, realizada no Centre d'Observation Régionale de la Sauvegarde de l'enfance [Centro de Observação Regional em Defesa da Infância], na cidade de Lyon, França, envolvendo 183 sujeitos de ambos os sexos com idades entre 5 e 14 anos.

Para esses autores, o objetivo consistia em comprovar bases interpretativas cientificamente e não repetir as mesmas observações sem verificá-las previamente (Guillaumin & Lachanat, 1959). De fato, como já dissemos na parte dedicada aos desenhos de família, muitos profissionais fazem referência a indicações de análise que nunca foram demonstradas.

Três variáveis são estudadas na pesquisa citada: o tamanho do personagem, a sua posição na folha e a paisagem (definida como composta por todos os constituintes do grafismo, exceto a senhora e seus acessórios).

Deve-se ter em mente que antes de fazer qualquer interpretação, é necessário "levar em conta parâmetros de desenvolvimento em uma

9. Proposições de desenhos temáticos

área na qual, com demasiada frequência, não nos preocupamos com eles". Isso quer dizer que o significado das dimensões ou da posição de um elemento muda completamente dependendo da idade da criança; por exemplo, se a estatura da _senhora passeando_ desenhada por crianças mais novas é alta, vai aproximando-se da média conforme elas vão crescendo.

Mais interessante ainda é que os personagens que, antes dos 6 anos, são representados no meio da folha, passam a figurar à esquerda com a entrada da criança na escola. Portanto a composição na página evolui simultaneamente à aprendizagem das regras da escrita. A paisagem, por sua vez, é ignorada aos 5 anos de idade, porém aparece ulteriormente – em primeiro lugar, como a representação humana, no lado médio e esquerdo da folha; e, em seguida, com as crianças mais crescidas, ocupa a totalidade da página, em torno da figura feminina, que se torna central.

9.2.3 Instruções, análise e interpretação

9.2.3.1 Instruções de aplicação

A instrução não varia desde 1924. Em nossa prática clínica propomos que se desenhe em um quarto da folha, à semelhança do procedimento de Fay; não nos parece útil mudar esse formato, que é inusitado, e, além disso, agrada às crianças. Uma única concessão à modernidade: com frequência, fornecemos caneta esferográfica para obter desenhos mais precisos do que com lápis preto, o que se mostra necessário em um espaço tão restrito.

Como ocorria na origem, o psicólogo dita a instrução (quando a criança tem a capacidade e o desejo de escrever por si própria) ou a copia no alto da folha em outros casos: _Uma senhora está passeando e chove._ Em seguida, a criança é convidada a representar o que ela ou o adulto acabou de escrever. Obviamente, não há limite de tempo nem cronometragem. A criança fica totalmente livre para desenhar o que desejar, mas respeitando a instrução.

Fay aplicava seu teste em crianças com idades entre 6 e 14 anos. Hoje, esse teste parece ser mais adequado às crianças na fase de latência. A instrução, extremamente simples, e o lado pueril do tema, não convêm a pré-adolescentes ou jovens adolescentes.

9.2.3.2 Análise e interpretação – estudo da produção escrita

A análise pode ser dividida em duas partes: a primeira consiste, quando tiver sido a própria criança quem escreveu a instrução, em um estudo da produção escrita; já a segunda, mais clássica, focaliza-se na criação gráfica.

"Uma senhora está passeando e chove".

Na verdade, a instrução pode ser resumida, no plano formal, em uma frase: você escreve e depois desenha. Isso quer dizer que, de um lado, os processos cognitivos e os aprendizados avançados são acionados; e, de outro, um desenho em pequeno formato, com lápis ou caneta preta, incentiva a certa forma de regressão. O teste solicita, portanto, maturidade escolar e rigor, mas também criatividade e relaxamento.

No primeiro caso há apenas uma única maneira certa de escrever e copiar a frase, enquanto no outro há uma infinidade de maneiras de desenhar e representar o enunciado por intermédio de traços gráficos. O espaço de liberdade pertence ao desenho e o de imposição à escrita. Em determinadas situações, a violência ligada à escrita e à ortografia é tamanha que o adulto é obrigado a desistir de ditar a frase e escrevê-la no lugar da criança; em outras, o caráter escolar do exercício pode ser vivenciado como inspirador de confiança na medida em que o sujeito tem a impressão de estar em território conhecido.

A instrução é simples, fácil de entender. Alguns elementos são inevitáveis: em primeiro lugar, o fato de ser uma senhora passeando, perambulando, alguém que, por conseguinte, pode simplesmente aproveitar e demorar o tempo que quiser. Porém entra, então, o último componente, que é essencial: a chuva, que vem estragar tudo, obrigando-a a voltar mais cedo para casa ou procurar abrigo, e estabelece a distinção entre os precavidos, os que saem com guarda-chuva ou capa de chuva, e os outros, os hedonistas, os que gozam da vida, os que andam com a cabeça no mundo da Lua, que se aventuram ao ar livre sem tomarem nenhuma precaução.

– Análise da instrução escrita pela criança

Se a própria criança tiver escrito a curta frase da instrução, o psicólogo deve analisar, ao mesmo tempo, os elementos ortográficos e grafológicos.

9. Proposições de desenhos temáticos

- *A análise ortográfica* aplica-se, em primeiro lugar, à escrita fonética das palavras. É possível reconhecê-las ao serem lidas em voz alta? Depois, deve-se prestar atenção à escrita lexical. O verbo "passear" apresenta uma dificuldade especial para as crianças mais novas, com duas fontes de erro: o dígrafo "ss" é frequentemente trocado por "c", "ç" ou um só "s", e a letra "e" muitas vezes é substituída por "i". O verbo "chover" também contém o dígrafo "ch", que costuma ser confundido com "x", além da letra "o", às vezes trocada por "u". Por fim, termina-se com uma análise gramatical do acordo de ambos os verbos e da acentuação – às vezes, o verbo conjugado "está" é confundido com o pronome demonstrativo "esta"; na França, essa diferenciação – já estudada na classe correspondente ao 1º ano do enino fundamental – faz parte do programa do 2º ano.

- *A análise grafológica* aplica-se, por sua vez, à frase escrita ditada ou à copiada. Obviamente, a avaliação da letra nesse teste é fragmentária ao basear-se em uma única frase; e, à semelhança do que se passa com a ortografia, nota-se uma evolução muito nítida dependendo da idade do sujeito. No entanto diversos elementos podem ser identificados:
  - A presença, ou não, de letra maiúscula no início da frase que reflete uma forma de respeito das regras.
  - A ausência de ponto-final na frase não é, segundo parece, significativa. De fato, a maioria das crianças não pontua o fim desse curto texto, como se ele continuasse no desenho.
  - A letra é grande, caótica, as linhas são retilíneas, as palavras estão muito apertadas, as ligações entre as letras são interrompidas, algumas delas interpenetram-se, há distorções entre elas, uma equívoca altura relativa dos diferentes tipos, formas ambíguas, correções, hesitações e tremores? E outros tantos elementos que traduzem desde dificuldades gráficas, mais ou menos sérias, até uma patologia da escrita (Charles, Soppelsa & Albaret, 2004).

Qual é a velocidade de escrita? Excessivamente rápida e, por conseguinte, responsável pelas dificuldades citadas ou, então, muito lenta, laboriosa demais?

Se grande quantidade desses indicadores for reunida, talvez seja preciso considerar uma consulta especializada a fim de verificar se existe, ou não, uma possível disgrafia. Aqui, mais uma vez, mostra-se necessário realizar uma conversa com a criança sobre sua produção gráfica.

9.2.3.3 Análise e interpretação do desenho – estudo da produção gráfica

Evidentemente, a análise pode basear-se no que escrevemos sobre os desenhos de figura humana. Contudo parece ser mais interessante concentrar a avaliação e a interpretação nas especificidades do teste da *Senhora de Fay*.

– O respeito da instrução

O primeiro ponto a verificar é se a criança respeitou, ou não, o enunciado. De fato, esse teste é determinado por uma instrução precisa que não exclui, porém, certo potencial de liberdade criativa dentro do tema geral definido pela frase: *Uma senhora está passeando e chove*. Já tivemos a oportunidade de notar que, apesar dessa estrita instrução ou, ao contrário, em reação a ela, certas crianças apresentam um desenho completamente diferente dos termos da frase de instrução. Nesse caso, a interpretação, fundada na conversa subsequente ao desenho, orienta-se, de preferência, no sentido de uma provocação ou oposição.

Pudemos observar, com muito mais frequência, que as crianças costumam respeitar a instrução em sua totalidade. A partir de um estudo de 50 desenhos[34], realizados por crianças não pacientes, percebemos que todas atendem, com mais ou menos precisão, ao pedido inicial, e que suas produções enriquecem-se com a idade; por exemplo, o guarda-chuva aparece somente na metade dos desenhos de alunos do 1° ou 2° ano do ensino fundamental; em contrapartida, ele está presente em três quartos das produções de alunos do 3° ou 4° ano. Essa proporção eleva-se a nove décimos nos desenhos de alunos do 6° ano.

A segunda observação que nos parece ser relevante é a harmonia ou a discordância constatada entre a frase escrita, em termos de ortografia e de grafologia, e a qualidade total do desenho, inclusive o respeito à instrução. Qualquer desarmonia deve alertar o psicólogo e levá-lo a refletir sobre sua natureza.

---

34. Fazemos questão de agradecer à Brigitte Couteau, psicóloga do sistema educacional na cidade de Villers-Cotterêts, França, pela grande quantidade de desenhos da *Senhora de Fay* que ela gentilmente nos cedeu.

9. Proposições de desenhos temáticos

Fay1

Desenho raríssimo, realizado por uma menina de 8 anos, que coloca em cena uma senhora segurando um guarda-chuva fechado. A chuva, é claro, ainda está fraca, sem molhar demais, e a pessoa em passeio certamente só vai abri-lo quando ela ficar mais forte. Porém só a conversa com a criança permitirá determinar isso.

(Texto da ilustração: Uma senhora está passeando *est*[é, ao invés de "et" = e] chove [*pleut* grafado *pleux*])

Fay2

Esse desenho foi realizado por uma menina de 10 anos, excelente aluna, que apresenta transtornos de origem psicossomática. Como vemos, a frase escrita está em conformidade com o rendimento em sala de aula, sua aplicação está perfeitamente correta, bem como a ortografia. Em compensação, o desenho é pouco elaborado – o personagem parece flutuar acima da grama, sem proteção e, ao mesmo tempo, estático. De forma semelhante, já pudemos observar, no TAT, histórias inacabadas, pouco legíveis e factuais. Há aqui certa discordância entre as capacidades de aprendizagem refletidas pela frase escrita e a realização gráfica, que é mais regressiva.

(Texto da ilustração: Uma senhora está passeando e chove)

– A dinâmica do desenho

A instrução do *desenho da Senhora de Fay* não suscita inquietude nem projeções angustiantes e, sim, depressão. A chuva é, na maior parte das vezes, associada à morosidade, à melancolia e até à depressão dita sazonal. Dias chuvosos são frequentemente descritos como dias sombrios e muitos são os paralelos que se estabelecem entre chuva e tristeza. Não se diz por aí "lágrimas são como gotas de chuva", "depois da tempestade vem a bonança" etc.?

Fay3   Fay4

As figuras abaixo mostram como uma garotinha de 8 anos representa, ao mesmo tempo, em um quarto da folha, "a senhora" antes, com o guarda-chuva na mão, e durante a pancada de chuva. Como vemos, a alegria está associada ao tempo bom, ao passo que a tristeza chega junto ao tempo entediante e chuvoso.

Nesse contexto, o guarda-chuva [*parapluie*] surge como um elemento que protege, que guarda a senhora da chuva, mas também, em certa medida, como um guarda-depressão [*para-dépression*]. As crianças entendem bem o prefixo "para", associado facilmente por elas a paraquedas, para-raios e, às vezes, inclusive, a acepções temerárias, como relatado por uma criança a propósito da palavra *parvis* [adro, pátio], compreendida por ela como algo contra a vida [*vie*][35]. Deve-se notar também que o guarda-chuva, gramaticalmente de gênero masculino, parece ter uma inscrição simbólica bissexual: fálico enquanto está fechado, feminino e materno em posição aberta, protetora, pronta para abrigar.

---

35. Considerando que as letras – "s" de *parvis* e "e" de *vie* – são mudas, a criança teria imaginado um termo "paravie", aliás, inexistente em francês [N.R.].

9. Proposições de desenhos temáticos

A chuva pode ser fraca – garoa, chuvisco, bruma – ou, ao contrário, cair abundante e violentamente, quando chove canivetes, cai trombas d'água, dá trovoadas, há chuvas tropicais e tempestades. Ela pode vir acompanhada de nuvens baixas, relâmpagos e rajadas de vento. Ela invade, então, o desenho, ou se aboleta em um espaço significativo, com frequência, logo acima da pessoa que passeia. E outros tantos elementos que convém interpretar, como acabamos de ver, em relação ao aspecto simbólico das inclemências do tempo: vaporoso, agradável ou denso, ameaçador e opressivo.

Fay5
Desenho de um menino de 6 anos e meio. Aluno inteligente, que já demonstra boas competências em escrita e ortografia após um mês de aula no 1º ano do ensino fundamental. Criança muito abalada no plano psicoafetivo e em suas relações com os outros. A tempestade, que arranca o guarda-chuva das mãos da senhora, obrigando-a a enfrentar sem proteção a natureza enfurecida, corresponde à imagem de seu imaginário invasivo.
(Texto da ilustração: uma senhora está passeando *est* [é, em vez de "et" = e] chove [*pleut* grafado *ple*])

Os outros acessórios que servem para se precaver da chuva – tais como a capa de chuva, o chapéu, a jaqueta impermeável e as botas – assemelham-se mais a elementos de diferenciação sexual do personagem do que a componentes simbólicos de proteção contra o mau tempo e, por extensão, contra o tédio e a melancolia.

9.2.4 Senhora de Fay e personalidade

Muitas vezes, esse teste rápido, dotado de instrução específica, age como um teste projetivo. O sujeito revela uma parte de seu funcionamento psíquico em tentativas de configurações e de simbolizações primárias e secundárias.

Embora esse desenho permita ao sujeito um elevado grau de liberdade para suas representações, o caráter restritivo da instrução – ao mesmo tempo simples e preciso – é capaz de suscitar movimentos projetivos. De fato, como já vimos, determinadas temáticas (chuva, guarda-chuva) agem como condensações simbólicas, suficientemente elaboradas e secundarizadas para serem aplicadas com sucesso em crianças no período de latência.

À semelhança do que se passa com o TAT, espera-se uma resposta global em função do sexo, da idade etc.; por isso mesmo é nos detalhes que se descobrem elementos que traduzem a singularidade da personalidade.

Fay6
Desenho feito por uma menina de 11 anos. Vê-se que a chuva está concentrada no personagem que, em traje social, acaba estando bem protegido, com botas e guarda-chuva. O desenho é um reflexo fidedigno da personalidade bastante rígida, conformista e caprichosa da autora.

9. Proposições de desenhos temáticos

Fay7

Desenho de um menino de 9 anos e meio. O conjunto é bastante homogêneo entre a escrita e a parte gráfica: ambas feitas de forma atabalhoada, até caótica, em conformidade também com a organização da personalidade do desenhista. "Está chovendo canivetes e a água está escorrendo na estrada", explica o autor, que acrescenta: "Ela está chorando porque o tempo está ruim". De fato, pelas bochechas da personagem estão escorrendo lágrimas que se misturam com a água da chuva. O efeito depressivo, marcado pelo choro, parece estar em harmonia com a chuva, tal como ela é desenhada, mas desproporcional com relação à representação consciente do que é a chuva: embora esteja acompanhada de tédio, ela não desencadeia o desespero.

(Texto da ilustração: Uma senhora [*damme*, em vez de *dame*] está passeando e chove [*pleut*])

9.2.5 Caso clínico: Astrid, 4 anos

Fay8

Compreender e interpretar desenhos infantis

Astrid tinha 4 anos quando, de repente, começou a sentir dores de cabeça e a vomitar com frequência. Tendo sido diagnosticado um tumor no cérebro, foi agendada uma intervenção cirúrgica com urgência. Após uma operação bem-sucedida, seguem-se longas semanas de radioterapia diária, durante as quais Astrid deve ser colocada sob anestesia geral para não atrapalhar o tratamento devido aos seus movimentos. Tudo ocorre bem, dadas as circunstâncias, mas um risco significativo de morte foi prognosticado por pelo menos um mês e a família não saiu ilesa desse incidente.

As três sessões do psicólogo com Astrid, acompanhada sempre pela mãe, são uma oportunidade para escutar a menina relatar as provações vivenciadas nos últimos meses. Como ela gosta de desenhar, o terapeuta propõe-lhe a elaboração da Senhora de Fay (*imagem Fay8*), que parece ser uma oportunidade para avaliar seu sentimento de segurança e de proteção.

É interessante observar que a chuva não é representada isoladamente, mas com sua origem, as nuvens, o que parece ser uma forma de intelectualização por parte de Astrid, ou, dito por outras palavras, uma maneira de controlar a origem dos eventos. A chuva cai sobre dois personagens: Astrid e a mãe, a única que segura um guarda-chuva. Astrid percebe-se, talvez, como muito pequenina, indefesa, pouco capaz de se proteger. Aliás, o guarda-chuva é representado de maneira estranha: com certeza, trata-se de um objeto complexo a ser desenhado por uma criança tão pequena, mas constata-se que o personagem da mãe segura um cabo em cada mão e que o pano do guarda-chuva envolve-a como uma capa. Apesar dessas características bastante protetoras, observa-se que mesmo assim a chuva consegue passar um pouco por ele.

Dois elementos adicionais chamam a atenção: por um lado, o fato de que os personagens estejam representados com as bocas abertas para simular um enorme sorriso, o que parece ser uma atitude defensiva, até mesmo maníaca, para compensar a angústia e a tristeza que reinaram em sua casa nos últimos meses; e, por outro, a presença de cubos marrons sobre a cabeça dos dois personagens. Astrid nada consegue explicar a esse respeito; em compensação, a mãe intervém imediatamente, dizendo que isso lhe evoca uma parte do material que, durante a radioterapia, era colocado na cabeça da filha.

As angústias de Astrid encontraram, portanto, as condições para exprimirem-se sobrepondo-se ao desenho da Senhora de Fay. Seu desenho

9. Proposições de desenhos temáticos

leva à alternância entre elementos ansiosos e uma tentativa vigorosa de recuperar o controle e encontrar métodos de se proteger dos perigos do mundo exterior. Durante esse encontro, a conversa refere-se ao fato de que durante todo o período ela deve ter ficado preocupada e Astrid pede, então, à mãe, para ela contar uma história particular: de fato, logo após a remoção do tumor cerebral, ao despertar da anestesia, Astrid proferiu uma série de palavrões que nem mesmo os pais imaginavam que fossem de seu conhecimento. Astrid não se lembra disso e parece divertir-se diante desse absurdo e, ao mesmo tempo, manifesta sua inquietação, aliás, como certamente ocorre com os pais, que estão preocupados pelos danos causados pela operação ao seu cérebro.

Fay9

Astrid procura recuperar uma parte do controle sobre sua vida e seu corpo, ganhando confiança gradualmente, como é demonstrado por esse segundo desenho, enviado via correio para o psicólogo, algumas semanas mais tarde. Sobre esse desenho de família (*imagem Fay9*), observa-se que Astrid parece feliz (sorriso, sol) e vê-se como protegida pelo amor dos pais (emoldurada pelos pais, rodeada por corações). De acordo com a explicação fornecida pela mãe na carta que acompanha o desenho, Astrid lança sementes na grama; o fato de ver lindas flores crescendo, quem sabe seja o sinal de esperança no futuro? Mas uma parte dos medos de Astrid e dos pais permanece viva, como é evidenciado pela moldura em que ela envolve a família, como se estivesse à procura de uma proteção suplementar.

Compreender e interpretar desenhos infantis

9.3 O D10 DE JEAN LE MEN

O D10, desenho com instrução que consiste em produzir uma paisagem composta de 10 elementos, foi criado por J. Le Men, um dos primeiros psicólogos escolares contratados no departamento de Isère [sudeste da França] logo após a Segunda Guerra Mundial. Assim, no início dos anos de 1950, enquanto o desenho vai adquirindo um valor catártico com os Brauner – dedicados a coletar produções de crianças que retornavam dos campos de concentração –, J. Le Men aperfeiçoa seu teste em colaboração com o quadro de funcionários da instituição République d'enfants du Moulin-Vieux [República de Crianças do Moulin-Vieux][36], que acolhe crianças sem família sobreviventes da Guerra Civil Espanhola (1936-1939), da deportação e dos bombardeios, além de crianças judias.

O estabelecimento é implantado no que se tornou o Parque Nacional de Écrins [no sudeste da França], e numerosos textos psicológicos daquela época estudam a gênese do espaço (Piaget, Wallon etc.). Duas formas de influência – panorama grandioso e pensamento inovador – contribuíram, certamente, para a elaboração do D10.

9.3.1 Aplicação e análise

Originalmente, o D10 destina-se a sujeitos entre 7 anos até a idade adulta. Tal amplitude é, na nossa opinião, demasiado grande: se a faixa etária inferior, de 7 ou 8 anos, é definida por esse pesquisador como o limite aquém do qual o conceito de paisagem não é compreendido, a faixa etária superior parece ser elevada demais para um teste de desenho. Em nossa experiência clínica já pudemos constatar que as produções mais interessantes são elaboradas por crianças no fim do período de latência ou no início da adolescência: fora desse limite, corre-se o risco de obter uma justaposição, sem grande utilidade, de elementos; e, para além, o D10 pode parecer muito infantil e ser objeto de rejeição.

9.3.1.1 A instrução

Você vai desenhar uma paisagem com um homem, uma estrada, uma mulher, algumas montanhas, um menino, uma casa, uma menina, um

---

36. Fundada no departamento de Isère pelo casal de professores primários Henri e Henriette Julien.

9. Proposições de desenhos temáticos

> rio, um animal e um carro. Você pode começar quando quiser e acrescentar o que quiser no desenho. Você vai desenhar sem borracha, nem régua (Le Men, 1996).

O sujeito recebe, então, uma folha de tamanho padrão, na qual está impresso um resumo da instrução, que lhe serve de referência ao longo da execução. Obviamente, é bom o psicólogo explicar o que é uma paisagem para as crianças mais novas: "é o que vemos quando estamos ao ar livre", "é um pedaço do território à volta" etc.

Durante a realização do desenho, traçado com lápis preto ou qualquer outro instrumento de escrita com ponta fina, às vezes é necessário incentivar, de forma amável, o sujeito a continuar seu trabalho, mas sem fornecer-lhe informações específicas. A principal vantagem desse teste reside no confronto entre uma instrução bastante precisa, indicada no alto do espaço gráfico, e a liberdade não somente de execução, mas também de criação.

9.3.1.2 O método de análise de J. Le Men

Para seu autor, o D10 "representa a vivência real e profunda do sujeito, oposta ao que poderíamos inferir a partir de seus comportamentos cotidianos" (Le Men, 1996), ou seja, essa ferramenta é considerada por ele como um teste projetivo que põe "à prova a capacidade da criança para estruturar seus objetos internos (registro narcisista – identitário), mediante uma encenação gráfica figurada na realidade externa (configuração dos limites internos, articulação entre os espaços, configuração das capacidades de interação etc.) (Roman, 2007).

Esse pesquisador sugere analisar quatro aspectos:
- A estruturação da paisagem no espaço da folha.
- A grafomotricidade – deve-se examinar sistematicamente os gestos, os comportamentos motores, a pressão do lápis no papel, as "freagens" etc.
- A busca do dinamismo, principalmente no exame dos personagens, de suas atividades e de seus vínculos. Essa análise deve basear-se naquela das sinestesias e do caráter introvertido no Rorschach.
- O estudo do simbolismo dos 10 elementos presentes, ou omitidos, durante a execução do desenho.

Evidentemente, ressalta esse pesquisador, a utilização correta do teste exige uma prática apurada, uma longa experiência, além de um "aperfeiçoamento incansável de sua técnica", comparável à de um violinista.

9.3.2 Psicologia clínica e interpretação

Se tivéssemos de expandir a comparação iniciada por J. Le Men entre o D10 e um violino, não citaríamos o mais ilustre deles, o Stradivarius, que deve ser reservado ao Rorschach, mas um instrumento mais modesto que, apesar disso, fosse capaz de obter belas harmonias em mãos habilidosas, porém prudentes.

9.3.2.1 Primeira impressão geral

A análise começa, tanto no D10 quanto em qualquer outro desenho, com uma primeira impressão geral: a produção está organizada, estruturada e, sobretudo, é fácil de interpretar? Ela sugere certa unidade que a torna abordável, compreensível pelos outros? O desenho obedeceu à instrução ou acabou por afastar-se dela?

Como vemos, tais perguntas pertencem a registros bem diferentes: uma expressão confusa, pouco legível e sem ligação com as diretivas iniciais revela uma prevalência dos processos primários; um desenho que atende rigidamente à instrução, com elementos justapostos e configurações estereotipadas, mostra que a inibição da mente está em primeiro plano; uma produção que, além de respeitar a instrução, cria laços entre os 10 elementos e demonstra criatividade, leva a pensar que a mão do desenhista foi guiada pela fantasia, pelos processos secundários.

Desenho caótico (*imagem LeM0*), não estruturado e com elementos justapostos, realizado por um menino de 9 anos. Obviamente, um desenho desse tipo expõe no geral as perturbações que estão afetando a criança; por outro lado, uma análise mais detalhada dos diferentes elementos (somente o personagem masculino é omitido) não nos permite compreender seu funcionamento psíquico em uma perspectiva psicodinâmica.

LeM∗0

9.3.2.2 Análise dos elementos e interpretações

A instrução do D10, muito precisa, nem sempre abre espaço suficiente para o imaginário e para a focalização em um objeto. De fato, muitas vezes o pedido para realizar uma paisagem remete para um quadro ou uma obra de arte, supondo, então, uma estética que o sujeito pode interpretar como um clichê ou um estereótipo. É o que se observa frequentemente nesse teste quando as montanhas aparecem no plano de fundo, superpondo-se em uma sucessão de cumes e picos.

Além disso, uma paisagem não é uma história, mas uma vista em que tudo parece estar petrificado. Os personagens, aliás, não precisam necessariamente relacionar-se uns com os outros, podem coexistir no espaço da folha sem estarem próximos, nem mesmo se encontrarem. Por conseguinte, é imprescindível conversar com a criança a respeito do que ela desenhou: onde se situa a paisagem? Os diferentes elementos estão ligados, fazem parte de uma cena? Por que teria ela valorizado, se for o caso, este em vez daquele? Como é que um dos elementos brilha por sua ausência? Os personagens conhecem-se uns aos outros? Qual é a atividade deles? Por que teria escolhido determinado animal? Etc.

---

*LeM = Le Men [N.R.].

– Interpretação dos diferentes elementos

No entanto interpretar o desenho é uma iniciativa arriscada. Não pode haver interpretação unívoca dos diferentes elementos representados, à semelhança do que se passa com a criticadíssima chave dos sonhos, que analisa os constituintes dos sonhos individualmente e fora de contexto. A elucidação baseia-se, então, nos aspectos simbólico e cultural dos diferentes componentes, como se cada elemento proposto, cada elemento desenhado, cada elemento manifesto, só possuísse uma ligação, e somente uma, com um sentido latente.

Lembremos que "se os símbolos descobertos pela psicanálise são numerosos, o campo do simbolizado é muito limitado: corpos, pais e consanguíneos, nascimento, morte, nudez e, sobretudo, sexualidade (órgãos sexuais, ato sexual)" (Laplanche & Pontalis, 1967). Em outras palavras, existe uma grande quantidade de símbolos culturais, por essência, diferentes de uma cultura para a outra (o que suscita o problema da interpretação unívoca de tais símbolos com crianças de diversas origens), ao passo que os símbolos individuais são inúmeros e o campo do simbolizado permanece, em todo caso, bastante restrito.

J. Le Men escreve, a respeito do rio, que "a água é a vida: o rio é, à semelhança de qualquer ser humano, sempre diferente e sempre o mesmo. Assim como o destino pessoal transcorre irremediavelmente, a água do rio nunca volta à sua nascente" (Le Men, 1996).

Ele lembra também a história de Moisés, a travessia do Mar Vermelho, as fadas das nascentes e das fontes, as águas do Estige etc. Os símbolos citados são evidentemente culturais, assim como o "deus água" da cosmogonia do povo dogon, mas não constituem, por si só, todo o conjunto dos laços simbólicos possíveis. Levar em conta apenas os códigos culturais e ignorar as metáforas individuais representa um enorme erro de interpretação.

Desenho de um menino de 11 anos, que obedece à instrução de forma metódica e com concentração (*imagem LeM1*). Ele marca os elementos já ilustrados à medida que vai desenhando. Eles estão justapostos, sem integração, quase na ordem sugerida pela frase escrita no alto da página. Logo, aparecem primeiro o homem e, depois, a estrada, no centro da folha. Vêm, em seguida, as montanhas, que envolvem os dois primeiros elementos. Por fim, os outros componentes do D10 são distribuídos um pouco ao acaso, dependendo dos espaços ainda livres ou para respeitar relações de contiguidade óbvias.

9. Proposições de desenhos temáticos

LeM1

(Texto da ilustração: Desenhe uma paisagem com um homem, uma estrada, uma mulher, algumas montanhas, um menino, uma casa, uma menina, um rio, um animal e um carro.)

Observa-se, em especial, que a estrada e o rio são representados como porções de estrada e de rio que não vêm e não levam a lugar algum. Nesse caso, é possível dar dois tipos de explicação: a primeira relacionada a graves transtornos cognitivos na área da organização visuoespacial (nota-se, aliás, uma discrepância de dois desvios-padrão no exercício da figura complexa de Rey ou no teste dos cubos do Wisc-IV); e a segunda ligada a uma síndrome depressiva (cansaço, baixa autoestima, humor triste). Portanto nesse teste de desenho os elementos revelados não bastam para distinguir um transtorno cognitivo primário ou a repercussão, nas funções cognitivas, de um episódio depressivo já instalado.

– As omissões

Obviamente, é tentador prestar atenção em um só ou em vários elementos omitidos, esquecidos, censurados. O que desperta esse interesse por omissões é a hipótese de um ato falho e não um esquecimento banal. Muitas vezes, a criança deseja consertar seu erro, como está acostumada a fazer na escola, e alega ter feito uma besteira; por isso é necessário, durante a conversa pós-desenho, mencionar as omissões, lembrando imediatamente ao sujeito que se trata de sua escolha, mais ou menos consciente, e respeitada por nós.

Em seguida, de maneira direta ou de modo mais indireto, parece-nos importante refletir em conjunto sobre o sentido simbólico daquilo que está faltando e tentar estabelecer ligações a esse respeito. Convém não esquecer o que Freud escreve a propósito dos símbolos nos sonhos, que surgem como elementos mudos sem trazerem nenhuma associação.

– Os acréscimos

A nosso ver, os acréscimos são mais interessantes do que as omissões: são elementos não mencionados na instrução inicial, no entanto a criança precisa deles para expor o seu imaginário e permitir que seu desenho seja compreendido. Pode-se distinguir dois tipos de acréscimos: por um lado, aqueles que enriquecem a produção são portadores de secundarização e parecem imediatamente simbólicos para nós; e, por outro, os acréscimos quase compulsivos e automáticos que preenchem o espaço da folha fazem referência, portanto, a um registro mais primário.

– As associações de elementos

O fato de ser preciso ligar todos os elementos entre si representa, ao mesmo tempo, a riqueza, mas também uma das lacunas desse teste. Essa obrigação de estabelecer laços parece-nos ser propícia a frear uma parte das projeções, tornando as interpretações menos interessantes.

Por exemplo, embora os elementos da instrução sejam citados em uma forma de desordem no intuito de evitar aproximações muito óbvias – os termos "estrada" e "carro" estão afastados na frase de instrução –, tais aproximações são, é claro, logo percebidas pelas crianças, que tentedrão a reproduzi-las. Assim, a casa convoca, de saída, o homem, a mulher, o menino e a menina, o que evoca irreprimivelmente um desenho de família; com frequência, a ela acrescenta-se o animal que, perdendo seu poder de projeção, é reduzido a algo doméstico – na maior parte das vezes, gato ou cachorro – e não selvagem, como seria possível esperar de uma produção mais livre.

9. Proposições de desenhos temáticos

LeM2

(Texto da ilustração: cf. LeM1)

No desenho (*imagem LeM2*), executado por um menino de 10 anos, vê-se que os diferentes componentes foram ilustrados na ordem indicada pela instrução e da direita para a esquerda: isto é, o homem é representado primeiro; depois, a estrada, em uma linha reta, a mulher etc. As montanhas foram colocadas à direita por causa de sua solidez, a fim de deixar espaço livre, à esquerda, para os outros elementos. Observa-se que o animal é necessariamente um bicho de estimação para respeitar a coerência do conjunto. Os únicos elementos projetivos são os corações lançados pela moça em direção ao homem de boné.

No outro desenho (*imagem LeM3*), feito por um menino de 11 anos, o animal é muito mais surpreendente porque se trata de uma girafa. Poderíamos ficar tentados a imaginar interpretações acerca desse animal fálico, mas correríamos o risco de ocultar o essencial, ou seja, o fato de que a produção foi efetuada sem nenhum planejamento, de que o garoto realizou-a em um estado de grande exaltação de humor, o que o leva, por exemplo, a dar ao psicólogo, na conversa pós-desenho, a possibilidade de escolher entre várias análises plausíveis. Os diferentes personagens (a menina é omitida) exercem atividades frenéticas, escalando as montanhas, acelerando "ao máximo" o carro, outros tantos elementos pouco integrados, levando a pensar na expressão de uma sintomatologia hipomaníaca.

343

Compreender e interpretar desenhos infantis

LeM3

O D10 surge, assim, como uma ferramenta adequada para crianças no fim do período de latência e no início da adolescência. Na verdade, o ponto forte desse teste reside em sua instrução extremamente precisa: ela permite superar a inibição que poderia ser engendrada por um desenho livre. Os sujeitos não vivenciam o D10 como algo intrusivo e perigoso nem chegam a mobilizar seus mecanismos de defesa em um grau muito elevado.

Seu ponto fraco encontra-se também na instrução, que dificulta a projeção, em especial a das crianças, que respeitam cuidadosamente o pedido do adulto. Delimitar a expressão gráfica com instruções restritivas é, de certa forma, comparável a dirigir uma conversa utilizando uma lista de perguntas. Na esteira do psicanalista e bioquímico húngaro Michael Balint (1896-1970), pensamos que, ao darmos diretivas, obtemos sobretudo respostas – gráficas, no caso do D10 –, mas poucas associações livres (Balint, 1957).

9.3.3 Casos clínicos

9.3.3.1 Jules, 8 anos

Jules, 8 anos, é um menino muito sorridente, educado e simpático, mas seu discurso claramente carece de autenticidade: nunca é crítico com as

9. Proposições de desenhos temáticos

pessoas à volta, dá razão a todo o mundo, garante que está feliz pela oportunidade de ir à consulta, mas acaba não falando nada de suas experiências, nem mesmo de seu cotidiano. No entanto sua situação familiar é difícil há vários meses: separação dos pais, a irmã mais velha em plena crise de adolescência e a caçula hospitalizada recentemente com graves problemas respiratórios. Jules parecia suportar bem essas provações, até o momento em que os pais constataram que ele se batia, arranhava e mordia a si próprio em momentos de ansiedade.

LeM4

Bastante inibido em termos de imaginação e de criatividade, em geral, Jules é incapaz de desenhar espontaneamente. Quando o psicólogo propõe-lhe um desenho com instrução, ele parece encantado com tal tarefa, mas é tão lento que sabe que deverá terminá-lo na consulta seguinte – o que lhe permite evitar qualquer fala sobre si mesmo antes de finalizá-lo. Assim que ele termina o desenho, apressa-se para começar outro. O psicólogo conta-lhe, então, a história de Xerazade, explicando-lhe que ele utiliza uma astúcia semelhante àquela adotada pela heroína diante do sultão. Jules parece sentir alívio pelo fato de sua tática de evitamento ter sido revelada.

Ele elabora o D10 (*imagem LeM4*) com prazer e preocupação, questionando o psicólogo, como é seu costume, durante a execução, para pedir conselhos, uma opinião... ou, dito por outras palavras, Jules procura conhecer precisamente as regras, a fim de experimentar o prazer sutil de transgredi-las da maneira mais leve possível. Nesse caso, as intervenções do terapeuta pontuam a progressão do desenho e afetam seu conteúdo.

– A paisagem geral

Jules aplica-se, em primeiro lugar, a desenhar a casa, o que vai ocupar todo o tempo do final da primeira consulta. Com efeito, ele empenha-se em desenhar um tabuleiro de xadrez com uma régua, cujas casas são sombreadas alternadamente, mediante um procedimento bastante obsessivo, rígido. Além disso, a casa propriamente dita, a estrada e a maior parte dos elementos da paisagem são colocados na parte inferior da página, à procura de um escoramento oferecido pelos limites da folha. Jules contém suas emoções, confere-lhes uma moldura estrita e mal se atreve a exprimir uma eventual raiva, como é testemunhado pela fraca fumaça lançada pela chaminé: a agressividade é simbolizada sem passar pela ab-reação.

– Os personagens

No encontro seguinte, Jules aplica-se a executar os seres vivos. Essa parte do desenho é mais investida emocionalmente, começando, então, uma série de perguntas: ele podia desenhar um pato? Como distinguir o macho da fêmea? etc. Esse recurso à intelectualização permite-lhe encolher ainda mais o tempo da consulta e conservar o contato com o psicólogo, mantendo à distância suas intervenções.

Em seguida, ele desenha um menino e uma menina, identificados como ele e como a irmã caçula. Mas como tem duas irmãs, ele sente-se um pouco culpado e justifica sua escolha pela obrigação de seguir a instrução. O psicólogo diz a Jules que talvez ele tenha evitado representar a irmã mais velha pelo fato de sentir-se rejeitado por ela, que privilegia os amigos e as redes sociais às brincadeiras que eles compartilhavam até alguns meses antes; tal interpretação não é desmentida por ele. Observa-se que a bicicleta com dois assentos – veículo raro e simbólico da dualidade –, torna ainda mais evidente a rejeição da irmã mais velha.

9. Proposições de desenhos temáticos

– Aquele(s) que falta(m)

Jules está contrariado pelo fato de achar que já não tem espaço para representar a água. Ele pergunta se desenhar um poço no topo da montanha seria uma possibilidade: à semelhança do que ocorre em *O pequeno príncipe*, cujo carneiro é visto dentro da caixa, supostamente a água estaria no fundo do poço. Notamos que, sem entrarmos nas interpretações sistemáticas de J. Le Men, essa água escondida no fundo do poço parece correlata à dificuldade de Jules de exprimir suas emoções, em particular, quando ele teme que sejam antagônicas em relação às pessoas à volta. Ele também pede uma opinião sobre o desenho do poço. O psicólogo faz um rascunho e mostra para ele. Além de apreciar muito a obra do terapeuta, Jules felicita-o por seu realismo. É uma oportunidade para o psicólogo dizer-lhe que se trata do poço no quintal de sua avó. Muito interessado por essa referência pessoal, o garoto vai evocar as próprias férias no campo, lugar em que ele viu um poço que o deixou fascinado.

Em seguida, Jules olha para seu desenho e questiona-se: será que falta algo? Parece incrível ele não ter percebido a ausência do homem e da mulher, mas, na realidade, ele já sabe disso, e reitera a explicação usada para a água: não há espaço. Jules pensa e abaixa sua voz (certamente pensando na mãe, na sala de espera) e pergunta se pode colocá-los no poço. O psicólogo, surpreendido, mas interessado por essa demonstração de agressividade e de rejeição, tão rara em Jules, confirma-lhe que ele tem esse direito, acrescentando – como quem não dá importância para isso – que ambos não têm obrigação de falar no assunto para a mãe quando, no fim da consulta, ela virá ao seu encontro, como de costume. Jules reage imediatamente ao que ele percebe como uma dupla traição: colocar os pais no fundo do poço e guardar segredos com o psicólogo.

Finalmente, como se se tratasse de um compromisso entre sua agressividade e a necessidade de representá-los, ele acaba encontrando um lugar: desenha-os dormindo no sótão, cada um em sua cama, como acontece atualmente em sua casa. Se ele não os joga no fundo do poço, ainda assim os mantêm afastados da vida e das atividades.

O pensamento de que, no fim da sessão, encontrará a mãe, que certamente lhe pedirá para ver seu desenho (pedido que ele nunca se atreveria a recusar), leva-o a dar espaço também para a irmã mais velha: com a ajuda da borracha, ele transforma a bicicleta, incluindo outro assento, de

Compreender e interpretar desenhos infantis

modo a instalar as três crianças. Ele explica que eles vão subir ao topo da montanha a fim de buscar água para o pato... Não! Para a família pato; e reproduz, dessa vez respeitando a instrução, dois adultos e dois jovens de cada sexo, agrupados em uma família unida, diferente daquela que é a dele naquele momento.

9.3.3.2 Marjorie, 7 anos

Marjorie tinha 7 anos quando encontra o psicólogo para fazer uma avaliação de precocidade. É uma menina maravilhosamente inteligente e animada, muito culta e imaginativa; em compensação, ela está terrivelmente angustiada, dorme muito mal, fala muito sobre a morte e chora com facilidade.

A mãe está em recuperação de um grave câncer e o pai acaba de ser diagnosticado com um grave distúrbio psiquiátrico. As razões para sua ansiedade são, portanto, bastante sérias.

Durante a aplicação do WISC-V, cujo resultado é muito bom no geral, mas com um nível extremamente elevado no plano verbal, Marjorie está muito preocupada e chega a evocar uma profunda tristeza quando ela acha ter cometido um erro. O Rorschach mostra uma boa gestão das emoções e dos conflitos internos, com temáticas previsíveis para sua idade.

Ela fica entusiasmada com a proposta de elaborar um desenho, porém sente dificuldades para respeitar a instrução: ela parece ter uma necessidade muito importante para exprimir-se por esse meio e toma toda a liberdade que ela pode em relação às condicionantes.

Como é possível ver (*imagem LeM5*), são poucos os elementos representados: trata-se, de fato, de uma paisagem, mas bastante imaginária. Uma casa-pasta escolar, um homem-planta enfermo, um burro com sela que galopa ao longe...

Pode-se sublinhar a parte um tanto maníaca do desenho: espaço ocupado por inteiro, colorido, animado pelo vento (traços azuis), o animal claramente em movimento.

O homem-planta enfermo evoca, sem dúvida, o pai, a respeito do qual a mãe tinha dito "que vegetava em casa" após ter começado o tratamento com neurolépticos. Doente, estranho, bloqueado, sem deixar de ser sorridente e simpático, como se Marjorie procurasse restaurar um pouco a imagem dele, arranhada pela fala da mãe.

9. Proposições de desenhos temáticos

LeM5

Decerto, a casa-pasta escolar remete ao seu gosto pela escola, mas também refere-se ao fato de que a mãe (que é funcionária escolar) é muito exigente com ela no que diz respeito à aprendizagem: todas as atividades são utilitárias, de elevado nível intelectual, em um contexto de "escola de antanho", de acordo também com a expressão utilizada pela mãe. Assim, o burrinho a galope faz-nos lembrar de "bonnet d'âne" [orelhas de burro], que se enfiava na cabeça do gazeteiro nos velhos tempos, mas que talvez seja mais livre.

9.4 O AT9 DE YVES DURAND

O AT9 ou Arquétipo-Teste consiste em fazer com que o sujeito produza um desenho e uma narrativa a partir de uma instrução contendo nove palavras de estímulo: "Componha um desenho com uma queda, uma espada, um refúgio, um monstro devorador, uma coisa cíclica (que gira, que se reproduz ou que progride), um personagem, água, um animal e fogo". No plano formal, esse teste é bastante parecido com o D10 de J. Le Men, mas diferencia-se notavelmente dele por seus fundamentos teóricos.

De fato, em 1962, Y. Durand concebe seu teste baseando-se, de um lado, nos textos do antropólogo, filósofo e pesquisador Gilbert Durand (1921-2012), que descreve o imaginário de acordo com três dimensões estruturais, a que ele atribui os nomes de *esquizomorfa* (ou *heroica*) *mística* e *sintética* (Durand, 1960); e, de outro, nos trabalhos do filósofo romeno, Stéphane Lupasco (1900-1988), dedicados à concepção de *três ordens de sistematização energética* (Lupasco, 1960).

9.4.1 Aplicação e análise

À semelhança do D10, a instrução é impressa no alto da página e serve de suporte à produção gráfica; em compensação, os adolescentes (principal público-alvo dessa ferramenta) são convidados, em um segundo momento, a escreverem uma narrativa correspondente ao desenho.

Para Y. Durand, a instrução do teste leva o sujeito a realizar "um desenho 'unificado' a partir de nove elementos – considerados como estímulos arquetípicos –, acionando uma dimensão universal do imaginário" (Roman, 2007).

9.4.2 Psicologia clínica e interpretação

Primeiramente, deve-se interpretar o desenho no geral, classificando a produção do adolescente em duas grandes categorias arquetípicas: heroica ou mística, cada uma "contendo, por sua vez, quatro categorias, distribuindo-se entre uma orientação hiperpolarizadora (monopolar) e a tendência a uma equilibração bipolar" (Durand, 1998). A segunda fase consiste em interpretar os diferentes constituintes conforme o sentido latente deles:

> O personagem representaria, assim, o elemento da dramatização; a queda e o monstro devorador refletiriam a questão do tempo, da morte e das angústias; a espada, o refúgio e o elemento cíclico constituiriam "alavancas" de estruturação da produção gráfica; a água, o animal e o fogo seriam solicitados a título de elementos complementares, suscetíveis de orientar a expansão do imaginário (Roman, 2007, p xx).

Esse desenho (*imagem YvD1*) foi feito por um menino de 12 anos, bom aluno, capaz de cultivar muitas relações sociais, mas apresentando transtornos alimentares. É possível notar a implicação e o especial capricho dedicados à elaboração do desenho, assim como a presença simultânea de dois registros no espaço da folha: no lado esquerdo, o registro é místico (empurrado por um gorila, o personagem cai em cima

9. Proposições de desenhos temáticos

do monstro que ele próprio devora e, inclusive, e é atacado pela espada, agitada por um movimento cíclico); e, no lado direito, a cena é mais tranquila e concreta (uma árvore morta, um pescador à beira da água, o corvo pousado em um galho).

YvD∗1

(Texto da ilustração: componha um desenho com: uma queda, uma espada, um refúgio, um monstro devorador, uma coisa cíclica – que gira, que se reproduz ou que progride –, um personagem, água, um animal – pássaro, peixe, réptil ou mamífero – e fogo.)

De um lado, portanto, o jovem adolescente deixa a fantasia instalar-se em um plano controlado (a caverna, o monstro e o personagem atuam como se estivessem em um cenário de teatro) e, do outro, em um espaço de tempo muito próximo, os procedimentos do discurso gráfico são mais factuais (o jovem explica que desenhou uma árvore do jeito que aprendeu na aula de artes plásticas). O único elemento fantástico no lado direito consiste na presença de um chapéu na cabeça do corvo, o que interpretamos como um subterfúgio, um elemento irônico que adquire aqui um valor defensivo de luta contra os afetos depressivos.

∗YvD = Yves Durand [N.R.].

Em nossa prática clínica já pudemos observar que esse teste é bem-aceito pelos adolescentes, principalmente pelos rapazes. Em função dos símbolos universais mobilizados, ele corresponde à época do início da adolescência e das reorganizações impostas por ela. Além disso, a instrução lembra, para muitos e sobretudo para os meninos, um imaginário com o qual eles têm um contato frequente nos videogames, em alguns livros fantásticos e nas obras cinematográficas que lhes são destinadas, mas que também conseguem despertar o interesse dos adultos.

Apesar da utilidade desse teste, algumas questões essenciais ainda esperam por resposta: os simbolismos transmitidos pela instrução, que são fortes e às vezes nem um pouco sutis (monstro devorador, espada, fogo etc.), não criam um risco de colocar o adolescente na defensiva, de deixá-lo com medo de que sua interioridade seja revelada pelo desenho? Como sabemos, "o que caracteriza, então, o período pubertário, é seu aspecto invasivo: inelutabilidade e brutalidade em termos biológicos, reorganizações psíquicas extremas nas instâncias ideais e do superego, reatualização e renúncia frustrante ao Édipo infantil" (Cognet, 2006).

Ou, ao contrário, será que a travessia desse imaginário simbólico e arquetípico libera suficientemente "o adolescente de uma manobra traumática, autorizando, ao mesmo tempo, um reconhecimento implícito [...] pelo fato de que ele pode sentir-se visado pela solicitação da instrução"? (Roman, 2007).

9.5 O MAPA DA ALDEIA IMAGINÁRIA DE RAPHAËL DJAN

Esse teste de desenho pode ser definido como uma versão simplificada, em duas dimensões, do test du village [teste da aldeia]. Seu autor é R. Djan, psicólogo que, encarregado de selecionar candidatos para os cursos preparatórios da École Supérieure de Commerce [Escola Superior de Comércio] de Marselha, em 1971, sugeriu que ao invés de aplicar-lhes o teste da aldeia com um material concreto, eles realizassem o mapa de uma aldeia imaginária. A instrução é, então, a seguinte: "Faça o desenho do mapa de uma aldeia na qual você gostaria de morar. Indique, principalmente, a localização dos principais edifícios... a localização de sua casa (e a idade que você teria), eventualmente a localização da casa de seus pais" (Djan, 2001).

9. Proposições de desenhos temáticos

Esse pesquisador emprega essa técnica com cerca de 5.000 adolescentes e, depois, ao tornar-se perito no Tribunal de Segunda Instância da cidade de Aix-en-Provence, França, continua utilizando o Mapa da aldeia imaginária em suas perícias judiciárias. Uma considerável quantidade de desenhos é recolhida junto a pequenos delinquentes e também junto aos maiores criminosos do fim do século XX em Marselha. Sua interpretação do Mapa da aldeia imaginária é impressionante: em poucos minutos, após alguns traçados, R. Djan apresenta ao sujeito hipóteses que ele confirma *hic et nunc*. No entanto, como de costume, é difícil transmitir a experiência clínica; assim, esse teste, que alcançava tão bons resultados nas mãos experientes de Djan, requer hoje um manejo mais delicado e complexo.

9.5.1 Do teste da aldeia imaginária ao Mapa da aldeia imaginária

Em seu livro *Le test du village imaginaire*[37], Roger Mucchielli retoma o histórico desde o teste do mundo até o teste da aldeia. A primeira versão – o World Apparatus (Instrumento-Mundo) chamado, de maneira mais familiar, o "Jeu du Monde" [Jogo do mundo] – foi elaborada, em 1925, por Margaret Lowenfeld; depois, em 1934, Charlotte Buhler aperfeiçoa o World Test com um material inteiramente padronizado que, ainda hoje, continua sendo utilizado.

O primeiro teste da aldeia foi criado na França, pelo Dr. Henri Arthus, em 1939: versão composta de 30 casas, uma igreja e um castelo, uma usina, uma prefeitura, uma escola, uma estação de trem etc. (Arthus, 1947; 1949). A padronização do material e da aplicação, assim como a interpretação do teste da aldeia, resultam do trabalho do Dr. Pierre Mabille, em seu livro *La technique du test du village* [A técnica do teste da aldeia] (Mabille, 1950).

Em sua mais recente versão, o teste da aldeia imaginária tem necessidade de um material abundante, bem como um tempo de aplicação longo; esse foi o motivo pelo qual R. Djan aperfeiçoou seu Mapa da aldeia imaginária, de aplicação mais fácil, mas incapaz de substituir o teste original.

---

37. Literalmente, O teste da aldeia imaginária: texto tirado de sua tese de doutorado defendida em 1960.

9.5.2 Aplicação e análise

Como ocorre em qualquer teste projetivo, é importante fazer com que o sujeito sinta confiança. A singularidade dos testes de desenho consiste no fato de recorrerem a uma competência compartilhada pela maioria das crianças pequenas, mas que, desde o início da adolescência, com frequência transforma-se em um talento que o sujeito tem ou não. Assim, o ato de desenhar torna-se a expressão de um dom criativo. Desse modo, os indivíduos cientes de não tê-lo ficam inibidos diante de uma realização gráfica. Para evitar recusas por causa de um sentimento de falta de habilidade para desenhar é importante indicar com precisão que o teste limita-se a pedir o estabelecimento de um mapa que todo o mundo é capaz de fazer. Observa-se, então, alguma fruição em ocupar o posto de um urbanista que pode expor suas concepções de planejamento.

9.5.2.1 As instruções

A instrução é a seguinte: "Imagine que você mora em uma aldeia imaginária. Desenhe o mapa dessa aldeia em vista aérea". Obviamente, o psicólogo deve explicar ao sujeito que não há respostas certas ou erradas e que tudo deve ser representado de forma plana (p. ex., uma casa é um retângulo); além disso, o tempo para executar essa tarefa é livre.

Enquanto o sujeito estiver desenhando seu mapa, o examinador anota a ordem em que são desenhados os diferentes edifícios que compõem a aldeia e, em seguida, sugere a ele para acrescentar, se quiser, outros elementos: agência de correios, banco, biblioteca, livraria, moinho, hotel, escola, bar, café, redil, discoteca, delegacia, lojas, prefeitura, igreja, confeitaria, quartel de bombeiros, creche, rio, coreto para shows de rock, salão de cabeleireiro, farmácia, hospital, local para lavar roupa, prisão, posto de gasolina, estádio e semáforos, entre outros elementos de uma aldeia que são portadores de um simbolismo. Essa lista, é claro, não é exaustiva nem definitiva – deve-se adaptá-la à época e aos sujeitos que estejam fazendo o teste. Seguem-se várias perguntas:

- Onde você mora?
- Qual seria sua idade imaginária, aquela que você teria se morasse nessa aldeia?
- Qual seria a sua atividade?
- Se a aldeia fosse atacada, de onde viria o ataque?

9. Proposições de desenhos temáticos

– Como defendê-la? Suponha que a aldeia fosse destruída e que você tivesse um poder mágico que permitisse salvar três edifícios: quais seriam eles?

Depois, uma instrução bastante precisa:

– Agora, sem pensar, acrescente um elemento insólito à aldeia. Faça isso rapidamente. Você não é obrigado a desenhá-lo. Escreva o nome desse elemento no lugar onde ele deve ficar.

E, por fim, o psicólogo pergunta:

– Você está satisfeito com o que fez?

– Se sim – ou, se não – diga o porquê.

– Qual é a parte da aldeia que mais lhe agrada? Por quê?

9.5.2.2 Especificidades do tema da aldeia

O tema da aldeia traz em seu bojo lembranças, em certa medida, regressivas: pode tratar-se da aldeia natal, de um vilarejo isolado, da localidade em que se exerce uma forma de vida social comunitária e, talvez, sobretudo, um lugar imaginário, sonhado.

Esse conjunto de elementos parece-nos ser especialmente adequado aos adolescentes, na medida em que não se trata da grande cidade e, sim, de um local de vida em escala humana.

9.5.2.3 Psicologia clínica e interpretação

Desde o princípio, a síntese interpretativa apresentada por esse pesquisador insere-se em uma abordagem decididamente subjetiva. R. Djan explica: "Não há nenhum esquema interpretativo, uma espécie de grade que bastaria aplicar para interpretar" (Djan, 2001) o Mapa da aldeia imaginária. O psicólogo deve demonstrar empatia, deve deixar-se impregnar pela aldeia desenhada e "até fantasiar", além de interessar-se pela maneira como o desenhista utiliza o espaço: Será que, para usar as palavras de Corman, trata-se de uma aldeia dilatada ou retraída? Por fim, a interpretação se apoiará na dimensão simbólica dos elementos desenhados, bem como na idade imaginária que o sujeito deu a si mesmo na resposta ao item já mencionado: "Qual seria sua idade imaginária, aquela que você teria se morasse nessa aldeia?".

No entanto, com base em nossa experiência, sugerimos evitar esquemas de interpretação muito rígidos e confirmar as interpretações diretamente com o sujeito. Em tal momento, esse teste de desenho com instrução oferece, principalmente a sujeitos confrontados ao processo da adolescência, um suporte para expressarem a estruturação psíquica em elaboração deles. Embora convenha ser prudente ao se interpretar símbolos, recomendamos, de preferência, levar os sujeitos a estabelecerem associações a partir de lembranças da infância, pois elas podem estar subjacentes, latentes, no teste do Mapa da aldeia imaginária.

AiM*1

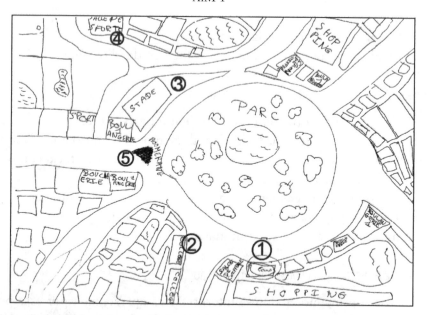

(Texto da ilustração: 1 (em sentido horário) 6 anos – shopping – salão de cabeleireiro; 2 – colégio – colégio – padaria – açougue; 5 – bumerangue – padaria – esporte; 3 – estádio; 4 – sala de esportes – shopping – salão de cabeleireiro – padaria – padaria; círculo central – parque)

Esse mapa da aldeia (*imagem Aim1*) foi concebido e executado por um adolescente de 14 anos e, à primeira impressão, parece coerente, estruturado e aberto ao mundo. No entanto podemos observar que ele não desenhou uma unidade independente, como seria uma aldeia, mas um bairro, parte de um conjunto maior que não aparece na folha. Essa observação indica-nos que sua produção é, de certo modo, enraizada no real, no concreto, e, *a contrario*, pouco imbuída de fantasia.

---

*AiM = Aldeia imaginária [N.R.].

9. Proposições de desenhos temáticos

Esse rapaz fornece-nos também informações contraditórias. Assim, se ele vivesse nesse "bairro", teria 6 anos e residiria (destaque 1) bastante perto do colégio (destaque 2), único tipo de instituição de ensino representado. A idade imaginária de 6 anos, assim como a representação de dois colégios, locais de convivência do rapaz e de seus colegas, indicam perfeitamente a ambivalência entre a dificuldade de superar o "salto da puberdade" (Marty, 2001) e o intenso desejo de viver esse momento de genitalização do corpo e da psique.

As lojas posicionadas no mapa também representam uma dimensão simbólica. Esse jovem colocou, de um lado, muitos comércios alimentares (padaria e açougue), que correspondem à satisfação de necessidades, com certeza primárias, mas também ligadas à oralidade; e, de outro, dois salões de cabeleireiro e três locais para praticar esportes (destaques 3 e 4). Esses componentes da aldeia têm a ver com o corpo, o narcisismo e o investimento libidinal de si.

O objeto insólito desenhado por esse rapaz (destaque 5) é um bumerangue. Na conversa pós-desenho, esse jovem adolescente não conseguiu fazer associações em torno dessa escolha, indicando, por isso mesmo, que se tratava para ele de um objeto simbólico. Não conseguimos deixar de pensar, com muita prudência, que a natureza do bumerangue é voltar ao seu ponto de partida quando o alvo não é alcançado; trata-se, na verdade, de efeito bumerangue quando ele indica a idade imaginária de 6 anos, que corresponde ao fim do complexo de Édipo e à entrada na fase de latência, enquanto ele enfrenta o processo da adolescência.

Devemos notar, por fim, que o centro – o coração – do desenho é um parque composto por um laguinho e bosques, que lembram a vida fora de casa e o reencontro com a natureza. Certamente, há aqui um simbolismo do paraíso perdido da infância: brincadeiras na rua, férias.

Referências

Abraham, A. (1985). *Le dessin d'une personne* – Le test de Machover [1962]. EAP (Éditions et Applications Psychologiques). 203 p.

Ajuriaguerra, J. (1970). *Manuel de psychiatrie de l'enfant.* (P. C. Geraldes e S. R. Pacheco, Trad.). 3. ed. Masson [1980].

Alexandroff, M. C. (2010). Os caminhos paralelos do desenvolvimento do desenho e da escrita. *Ima Psicopedagógica, 18*(17), pp. 20-41. http://pepsic.bvsalud.org/scielo.php?script=sci_arttext&pid=S1415-69542010000200003&lng=pt&nrm=iso&tlng=pt

American Psychiatric Association - APA. Manual diagnóstico e estatístico de transtornos mentais: DSM-5. Artmed, 2014.

Anderson, H. H., & Anderson, G. L. (1978). *Técnicas projetivas do diagnóstico psicológico (An introduction to projective techniques and other devices for understanding human behavior)* (E. Bennett, Trad.). Mestre Jou.

Andronikof, A. (2008). Le Rorschach et les techniques projectives. *Psychiatrie, 37*(150-A-10). Elsevier Masson; EMC.

Anzieu, A. et al. (1996). *Le dessin d'enfant, de l'approche génétique à l'interprétation clinique.* La Pensée Sauvage.

Anzieu, A., Barbey, L., Bernard-Ney, J., & Daymas, S. (2008). *Le travail du dessin en psychothérapie de l'enfant.* Dunod. 245 p.

Anzieu, D. (1974). Le moi-peau. *Nouvelle Revue de Psychanalyse, 9*, pp. 195-208.

Anzieu, D. (1990). Préface. In Shentoub, V. S. *Manuel d'utilisation du TAT. Approche psychanalytique.* Dunod.

Anzieu, D., & Chabert, C. (1961). *Les méthodes projectives.* PUF.

Arbisio, C. (2003). Le diagnostic clinique de la dépression chez l'enfant en période de latence. *Psychologie Clinique et Projective, 9*, pp. 29-58.

Argan, G. C. (1964). Réflexions d'un critique d'art sur l'interprétation de dessins d'enfants. In Argarn, G. C, & Traversa, C. (1964). *Le dessin de l'enfant et sa valeur dans les relations entre médecin et malade*, vol. 4. Sandoz.

Argan, G. C., & Traversa (1964). *Le dessin de l'enfant et sa valeur dans les relations entre médecin et malade* (Coleção Psychopathologie de l'expression, vol. 4). Laboratoires Sandoz.

Arthus, H. (1947). Le village: un test d'activité créatrice. *Psyché*, 9-10, juillet-août.

Arthus, H. (1949). *Le village*. Test d'activité créatrice. PUF. 308 p. (obra póstuma).

Augras, M. R. -A. (1978). *O ser da compreensão*: fenomenologia da situação de psicodiagnóstico. 10a ed. Vozes, 2002.

Austin, J. (1962). *How to do things with words*. Clarendon.

Avaliação Psicológica: Diretrizes na regulamentação da profissão (2010). Conselho Federal de Psicologia/CFP.

Azoulay, C. (2002). La feuille de dépouillement de TAT: des origines à nos jours. *Psychologie clinique et projective*, 8, pp. 21-59.

Bacqué, S. (2000). *Dessins et destins d'enfants*: jours après nuit. Hommes et Perspectives.

Balint, M. (1957). *The doctor, his patient and the illness*. Churchill Livingstone.

Barrault, J. L. (1948). Prefácio. *Mayo*. Galeria Dina Vierny.

Bawin-Legros, B. *Sociologie de la famille* – Le lien familial sous questions. Coleção Ouvertures Sociologiques. De Boeck Université. 192 p.

Bergeret, J., & Houser, M. (2002). La famille et les aléas d'Œdipe "couper-coller" ou "copier-coller"? *Revue Française de Psychanalyse*, 66(1), pp. 71-88.

Bergeret-Amselek, C. (2005). *De l'âge de raison à l'adolescence*: quelles turbulences à découvrir? Érès.

Birraux, A. (2009). Chemin faisant avec l'angoisse. *Enfances & Psy*, 42(1), pp. 18-27.

Blanchouin, C., Olivier, M.-C., Lighezzolo, J., & De Tychey, C. (2005). Dysharmonie d'évolution, abus sexuel et dessin: approche comparative chez l'enfant par la grille diagnostique de Van Hutton. *Annales Médicopsychologiques*, (163), pp. 465-475.

Boë, E., Botbol, M., & Mazet, P. (2005). Qu'est-ce que l'adolescence nous apprend sur les abus sexuels vécus dans l'enfance?. *La Psychiatrie de l'Enfant*, 48(1), pp. 5-29.

Referências

Boekholt, M. (1998). Épreuves thématiques en clinique infantile – Approche psychanalytique. Dunod.

Bourdellon, G., & Kamieniak, I. (2008). Frères et sœurs. *Revue Française de Psychanalyse*, tomo LXXII, 2.

Bowlby, J. (1979). *Attachment and loss*: separation [1973]. 2a ed. Basic Books.

Brasil. Lei Federal n.° 8069, de 13 de julho de 1990. ECA – Estatuto da Criança e do Adolescente. https://www.gov.br/mdh/pt-br/navegue-por-temas/crian ca-e-adolescente/publicacoes/o-estatuto-da-crianca-e-do-adolescente

Brauner, A., & Brauner, F. (1991). *J'ai dessiné la guerre, le dessin de l'enfant dans la guerre*. ESF.

Brelet, F. (1986). *Le TAT*: fantasme et situation projective. Dunod.

Brelet-Fourlard, F., & Chabert, C. (2003). *Nouveau manuel du TAT* - Approche psychanalytique. Dunod.

Brun, A. (2006). Le travail de l'archaïque par la médiation picturale dans la psychose. *Cliniques Méditerranéennes*, 74.

Buck, J. N. (1948). The H-T-P technique: a qualitative e quantitative scoring manual. *Journal of Clinical Psychology*, monograph supplement, 4, pp. 317-396; 5, pp. 1-120.

Buck, J. N. (1981). *The house-tree-person technique* – revised manual. Western Psychological Services.

Callegaro Borsa, J. (2010). Considerações sobre o uso do Teste da Casa-Árvore--Pessoa – HTP. *Avaliação Psicológica*, 9(1), pp. 151-154. http://pepsic.bvsalud. org/scielo.php?script=sci_arttext&pid=S1677-04712010000100017&lng= pt&nrm=iso.

Campos, D. M. S. (1969). *O teste do desenho como instrumento de diagnóstico da personalidade* – Validade, técnica de aplicação e normas de interpretação. 47a ed. Vozes, 2018.

Castro Carneiro, F. (1986). *Le test de l'arbre*: une approache dynamique – Contribution à l'élaboration de techniques projectives. [Tese de Doutorado]. Université Paris 7.

Castro Carneiro, F. (1990). O teste da escolha de árvores. *Jornal de Psicologia*, 9(2), pp. 3-7.

Castro Carneiro, F. (1994). O desenho da árvore e o índice de Wittgenstein. *Análise Psicológica*, 4(XII), pp. 539-545. https://core.ac.uk/download/ pdf/70652925.pdf.

Castro, D. (2000). *La mort pour de faux et la mort pour de vrai*. Albin-Michel.

Chabaud, F. (1999). *Enquête Licoll 1999*: les résultats descriptifs – Relatório n. 60; Produtor: ORS Poitou-Charentes; Comanditário: Info Relais 17. http://www.ors-poitou-charentes.org.

Chabert, C. (1983). *Le Rorschach en clinique adulte*. Dunod.

Chabert, C. (1987). *La psychopathologie à l'épreuve Du Rorschach*. Dunod.

Chabert, C. (2004). *Psychanalyse et méthodes projectives*. Dunod.

Chagnon, J. Y. (2008). L'identification. In Marty, F. *Les grands concepts de la psychologie clinique*. Dunod.

Chagnon, J.-Y. (2011). L'apport des épreuves projectives – approche psychanalytique – au bilan psychologique de l'enfant et de l'adolescent. Bilan de 30 ans de travaux. *Neuropsychiatrie de l'enfance et de l'adolescence, 59*, pp. 48-53.

Chalmel, H. (2014). *Construction du schéma corporel*. Connaissance du corps et conscience de soi chez les élèves de maternelle. Nantes: Espe. https://dumas.ccsd.cnrs.fr/dumas-01097825/document

Charles, M., Soppelsa, R., & Albaret, J. M. (2004). *BHK, échelle d'évaluation rapide de l'écriture chez l'enfant*. Ecpa.

Ciavaldini, A. (2001). La famille de l'agresseur sexuel: conditions du suivi thérapeutique en cas d'obligation de soins. *Le Divan Familial, 6*, pp. 25-34.

Ciavaldini, A. (2004). Mobilisation des affects par le psychodrame de groupe dans le traitement des auteurs d'agressions sexuelles. *Revue de Psychothérapie Psychanalytique de Groupe, 42*(1), pp. 69-78.

Ciccone, A. (2001). Enveloppe psychique et fonction contenant: modèles et pratiques. *Cahiers de Psychologie Clinique, 17*, pp. 81-102.

CIIVISE (2022). *Conclusions intermédiaires*. https://www.ciivise.fr/wp-content/uploads/2022/03/CCl-inter_2803_compressed.pdf.

Cognet, A. (2006). Mauriac. Adolescence. *Psychothérapie III*, tomo 24, 56(2), pp. 499-506.

Cognet, G. (1996). *Enfants voleurs d'étincelles*. Le dessin d'enfant, de l'approche génétique à l'interprétation clinique. La Pensée Sauvage.

Conférence de consensus [Conferência de Consenso] (1997). *Les troubles dépressifs chez l'enfant*. Frison-Roche.

Convenção sobre os Direitos da Criança. Disponível em: https://www.unicef.org/brazil/convencao-sobre-os-direitos-da-crianca.

Coq, J. M., & Cremniter, D. (2004). Les thèmes exprimés dans les dessins d'enfants réfugiés du Kosovo. *Perspectives Psy, 43*(3), pp. 218-225.

Corman, L. (1964). *Le test du dessin de famille dans la pratique médico-pédagogique*. PUF.

Cosnier, J.; & Kohler, C. (1959). Troubles du schéma corporel et dessin du bonhomme. *Revue de Neuropsychiatrie Infantile et d'Hygiène Mentale de l'Infance*, a. 7, 9-10.

Croas, J. (2008). *Approche psychodynamique de troubles dépressifs chez l'enfant de la latence à travers deux versants contrastés, l'inhibition et l'agitation.* Biblioteca do Instituto de Psicologia. [Tese de Doutorado]. Universidade Paris-Descartes.

De Clercq, M.; & Lebigot, F. (2001). *Les traumatismes psychiques.* Masson.

De Léonardis, M. et al. (org.). (2003). *L'enfant dans le lien social.* Érès.

Debray, R. (1987). Le TAT aujourd'hui et demain. *Psychologie Française*, 32, 3.

Debray, R. (2000). *L'examen psychologique de l'enfant à la période de latence (6-12 ans).* Dunod.

Decobert, S.; & Sacco, F. (1994). *Le dessin dans le travail psychanalytique avec l'enfant.* Érès.

Di Donna, L.; & Bradford, E. P. (2016). Pensando as ideias iniciais de André Green. *Revista de Psicanálise da SPPA* [Sociedade Psicanalítica de Porto Alegre], *23*(1), pp. 69-100. https://revista.sppa.org.br/RPdaSPPA/article/view/228.

Djan, R. (2001). *Plan du village imaginaire.* EAP (Éditions et Applications Psychologiques).

Dolto, F. (1948). Rapport sur l'interprétation psychanalytique des dessins au cours des traitements psychothérapiques. *Psyché*, v. 3, n. 17, pp. 324-346.

Dolto, F. (1971). *Le Cas Dominique.* Seuil.

Dolto, F. (1984). *L'image inconsciente Du corps.* Seuil.

Dolto, F. (1997). *Le sentiment de soi* – Aux sources de l'image du corps. Gallimard.

DSM-5 [American Psychiatric Association] (2014) (M. I. C. Nascimento et al., Trad.); revisão técnica por Aristides Volpato Cordioli et al. 5a ed. Artmed. https://www.institutopebioetica.com.br/documentos/manual-diagnostico -e-estatistico-de-transtornos-mentais-dsm-5.pdf.

DSM-5 [American Psychiatric Association] (2014) (M. I. C. Nascimento et al., Trad.); revisão técnica por Aristides Volpato Cordioli et al. 5a ed. Artmed. https://www.institutopebioetica.com.br/documentos/manual-diagnos tico-e-estatistico-de-transtornos-mentais-dsm-5.pdf

Dufour, V. (2007). A criança, o bonhomme e a família. *Epistemo-somática*, *4*(2), pp. 29-48. Disponível em: http://pepsic.bvsalud.org/scielo.php?script=sci _arttext&pid=S1980-20052007000200004&lng=pt&tlng=pt.

Dugas, M., & Mouren, M. C. (1980). *Les troubles de l'humeur chez l'enfant de moins de 13 ans*. PUF.

Durand, G. (1960). *Les structures anthropologiques de l'imaginaire*. PUF.

Durand, Y. (1988). *L'exploration de l'imaginaire*. L'espace Bleu.

Durand, Y. (1998). L'apport de la perspective systémique de Stéphane Lupasco à la théorie des structures de l'imaginaire et à son expérimentation. *Bulletin Interactif du Centre International de Recherches et Études Transdisciplinaires*, 3. http://basarab.nicolescu.perso.sfr.fr/ciret/bulletin/b13/b13c3.htm].

Durkheim, É. (1888). *Introduction à la sociologie de la famille*. http://dx.doi.org/doi:10.1522/cla.due.int2.

ECA – Estatuto da Criança e do Adolescente. Brasil. Lei Federal n.° 8069, de 13 de julho de 1990. https://www.gov.br/mdh/pt-br/navegue-por-temas/crianca-e-adolescente/publicacoes/o-estatuto-da-crianca-e-do-adolescente

Eliacheff, C. (2021). *Le mal du siècle*: inceste et pédophilie. Presses Universitaires de France.

Envolvimento de Crianças em Conflitos Armados. https://www.unicef.org/brazil/convencao-sobre-os-direitos-da-crianca#protocolo_conflitos.

Fauconnier, E., Scalabrini, J., & Meljac, C. (2009). Une épreuve de schéma corporel, réétalonnage et actualisation. *Anae* (Approche neuropsychologique des apprentissages chez l'enfant [Abordagem neuropsicológica das aprendizagens realizadas pela criança]), Psychomotricité, *21*(104-105), pp. 367-375.

Favez-Boutonier, J. (1953). *Les dessins des enfants*. Préface de Gaston Bachelard. Les Éditions du Scarabée.

Fay, H. M. (1923). Une méthode pour le dépistage des arriérés dans les grandes collectivités d'enfants d'âge scolaire. *Bulletin de la Ligue d'Hygiène Mentale*, *3*(7-8), pp. 60-63.

Fay, H. M. (1933). *L'intelligence et le caractère* – Leurs anomalies chez l'enfant. L'Imprimerie Universelle.

Ferenczi, S. (1934). *Articles posthumes* – Réflexions sur le traumatisme. O. C. IV, Psychanalyse. Payot, 1982.

Fernandes, C. (2015). Atentados de 13 de novembro em Paris. *Brasil Escola*. https://brasilescola.uol.com.br/historiag/atentados-13-novembro-paris.htm.

Ferrant, A. (2007). Angoisses et défenses. In Roussillon, R. *Manuel de psychologie et de psychopathologie*: clinique générale. Masson [2018, 3. ed., enrichie d'un nouveau chapitre sur la délinquance et la criminalité et d'un développement conséquent sur les psychothérapies].

Fréjaville, A. (2010). La phobie dans tous ses états. *Le Carnet Psy*, *8*(148).

Referências

Freud, A. (1965). *Normality and pathology in childhood*. Int. Univ. Press.

Freud, S. (1900). *A interpretação dos sonhos*. Imago, 2001.

Freud, S. (1905). Três ensaios sobre a teoria da sexualidade. *Edição Standard Brasileira das Obras Psicológicas Completas de Sigmund Freud, vol. VII*. Imago, 1996.

Freud, S. (1920). Além do princípio de prazer. *Edição Standard Brasileira das Obras Psicológicas Completas de Sigmund Freud, vol. XVIII*. Imago, 1996.

Freud, S. (1925). Algumas consequências psíquicas da distinção anatômica entre os sexos. *Edição Standard Brasileira das Obras Psicológicas Completas de Sigmund Freud, vol. XIX*. Imago, 1996.

Freud, S. (1926). Inibições, sintomas e ansiedade. *Edição Standard Brasileira das Obras Psicológicas Completas de Sigmund Freud, vol. XX*. Imago, 1996.

Freud, S. (1930). O mal-estar na civilização. *Edição Standard Brasileira das Obras Psicológicas Completas de Sigmund Freud, vol. XXI*. Imago, 1996.

Gannagé, M. (1999). *L'enfant, les parents et la guerre*: une étude clinique au Liban. ESF.

Gehring, M., & Debry, M. (1992). *L'évaluation du système familial* – Le Fast. ATM.

Girardeau, Z. (2017). *Déflagrations*: dessins d'enfants, guerres d'adultes. Anamosa.

Golse, B. (2008). *Le développement affectif et intellectuel de l'enfant*: compléments sur l'émergence du langage [1985]. Coleção Médecine et psychothérapie. 4. ed. revue et augmentée. Elsevier Masson. 379 p.

Goodenough, F. L. (1926). *Measurement of intelligence by drawings*. World Book Company. https://archive.org/details/in.ernet.dli.2015.268362/mode/2up?view=theater.

Grappe, M. (2006). Les enfants et la guerre, un regard clinique – Vingtième Siècle. *Revue d'Histoire, 1*(89), pp. 93-98.

Green, A. (1973). *Le discours vivant*. La conception psychanalytique de l'affect. Coleção Le fil Rouge. PUF.

Guillaumin, J. (1959). Interprétation clinique et problèmes génétiques dans l'étude des dessins d'enfants. *Revue de Neuropsychiatrie Infantile et d'Hygiène Mentale de l'Enfance*, a. 7, 9-10, pp. 385-391.

Guillaumin, J. (1965). *La dynamique de l'examen psychologique*. PUF.

Guillaumin, J., & Lachanat, R. (1959). Étude systématique en fonction de l'âge de trois variables du dessin de la dame de Fay sur une population dans le cadre du Centre d'Observation Régional de la Sauvegarde de l'Enfance de Lyon. *Revue de Neuropsychiatrie Infantile et d'Hygiène Mentale de l'Enfance*, a. 7, 9-10, pp. 392-403.

Gusmão, F., & Morgado Braga, G. (2023). *Pedofilia na Igreja*: um dossiê inédito sobre casos de abusos envolvendo padres católicos no Brasil. Máquina de Livros.

Haag Rodrigues, M. (2010). Análise do desenho infantil segundo as ideias de Luquet. *Revista da Unifebe (1)*8, pp. 19-34.

Haag, G. (1994). La constitution du fond dans l'expression plastique en psychanalyse de l'enfant – Sa signification dans la construction de la psyché. In Decobert, S.; & Sacco, F. *Le dessin dans le travail psychanalytique avec l'enfant.* Érès.

Haag, G. (1996). Entre figure et fond: quelques aspects de la symbolique dans l'organisation du dessin des enfants de 2 à 6 ans. In Anzieu, A. et al. *Le dessin d'enfant, de l'approche génétique à l'interprétation clinique.* Éditions La Pensée Sauvage.

Haag, G. (2003). O teatro das mãos. *Revista de Psicanálise da SPPA* [Sociedade Psicanalítica de Porto Alegre], *10*(1), pp. 9-29. https://revista.sppa.org.br/RPdaSPPA/article/view/1084

Habigzang, L. F. et al. (2008). Entrevista clínica com crianças e adolescentes vítimas de abuso sexual. *Estudos em Psicologia*, *13*(3), pp. 285-292.

Hanus, M., & Sourkes, B. M. (1997). *Les enfants en deuil, portraits du chagrin.* Frison-Roche.

HAS (Haute Autorité de Santé; 2011). Repérage et signalement de l'inceste par les médecins: reconnaître les maltraitances sexuelles intrafamiliales chez le mineur. https://www.has-sante.fr/upload/docs/application/pdf/2011-06/malt raitance_sexuelle_recommandations_2011-06-30_11-12-0_519.pdf

Iavelberg, R. (2021). *O desenho cultivado da criança*: prática e formação de educadores. 3a ed. revista e ampliada. Zouk [2013].

Jourdan-Ionescu, C., & Lachance, J. (2000). *Le dessin de la famille* – Présentation, grille de cotation, éléments d'interprétation. Ecpa.

Jumel, B. (2011). La place des adultes dans le dessin d'enfant. *Le Journal des Professionnels de la Petite Enfance*, 68, pp. 32-35.

Kant, I. *Antropologia de um ponto de vista pragmático* [*Anthropologie in pragmatischer Hinsicht*, 1798]. (C. A. Martins, Trad.). Iluminuras, 2006.

Klein, M. (1932). *The psychoanalysis of children.* Hogarth Press.

Koch, C. (1957). *Der Baum-Test* [1949]. 3a ed. Berne: Verlag Hans Huber.

Koch, C. (1967). *Der Baum-Test* – Der Baumzeichen-Versuch als psychodiagnostisches Hilfsmittel. Huber.

Konicheckis, A., & Forest, J. (1999). *Narration et psychanalyse*: psychopathologie du récit. L'Harmattan.

Korff-Sausse, S. (2005). Émergence de la forme dans la clinique de l'esthétique. *Recherches en Psychanalyse*, 3, pp. 97-109.

Kouchner, C. *La familia grande*. Seuil, 2021.

La Fontaine, J. (1668). *Fables de La Fontaine*. Claude Barbin.

Lacan, J. (1966). Le stade du miroir comme formateur de la fonction du Je telle qu'elle nous est révélée dans l'expérience psychanalytique (1949). *Écrits*. Seuil.

Laplanche, J., & Pontalis, J. B. (1967). *Vocabulaire de la Psychanalyse*. 5a ed. PUF [1976].

Le Men, J. (1966). *L'espace figuratif et les structures de la personnalité* – Une épreuve clinique originale: le D10. PUF.

Le Men, J. (1996). Le dessin d'un paysage: une étude évolutive, une méthode d'interprétation. In Anzieu, A. et al. *Le dessin d'enfant, de l'approche génétique à l'interprétation clinique*. Éditions La Pensée Sauvage.

Lebigot, F. (2006). Comment traiter les traumatismes psychiques? *Psychomédia*, 9, pp. 13-17.

Leibniz, G. W. (1704; publ. 1765). *Nouveaux essais sur l'entendement humain*. Amsterdam et Leipzig.

Lourenção Van Kolck, O. (1974-1975). *Técnicas de exame psicológico e suas aplicações no Brasil*. 2 vols. Vozes, 1981.

Lowenfeld, M. (1939-1941). The world picture of the children. *Br. J. of Med. Psych.*, *(XVIII)*.

Lupasco, S. (1960). *Les trois matières*. Julliard.

Luquet, G. H. (1913). *Le dessin d'un enfant*. Alcan.

Luquet, G. H. (1927). *Le dessin enfantin*. Delachaux et Niestlé, 1977.

Mabille, P. (1950). *La technique du test du village*. Éditions Revue de Morpho-psychologie humaine. 154 p.

Machover, K. (1949). *Personnality projection in the drawing of human figure*. C. Thomas.

Malraux, A. (1951). *Les voix du silence*. Gallimard.

Marcelli, D. (200). *Enfance et psychopathologie*. Coleção Les Âges de la Vie. 8a ed. Elsevier Masson. 722 p.; 11a ed., 2021.

Marcelli, D. (2003). Dépression chez l'enfant. *Psychologie Clinique et Projective*, 9, pp. 59-78.

Martinhago, F.; & Caponi, S. (2019). Breve história das classificações em psiquiatria. *Revista Internacional Interdisciplinar INTERthesis*, 16(1), pp. 74-9. https://periodicos.ufsc.br/index.php/interthesis/article/view/1807-1384.2019v16n1p73/38451.

Martins, J. P. C. (1975). *Le test du Village au Portugal et l'Association des Mots*. [Tese de Graduação]. Institut Catholique de Paris.

Marty, F. (2001). La psychose pubertaire, une impasse du processus d'adolescence. *Revue de Psychothérapie Psychanalytique de Groupe*, 36, pp. 153-166.

Marty, F. (2003). La parentalité: un nouveau concept pour quelles réalités? – La place du père. *Le Carnet Psy*, pp. 27-32.

Marty, F. (2008). Le complexe d'Œdipe ou la question des origines. In Marty, F. (2008). *Les grands concepts de la Psychologie Clinique*. Dunod.

Matisse, H. (1972). *Écrits et propos sur l'art*. Hermann.

Meljac, C., Fauconnier, E., & Scalabrini, J. (2010). *Épreuve de schéma corporel révisée*. Ecpa.

Meljac, C., Stambak, M., & Bergès, J. (1966). *Manuel du test du schema corporel* – Une épreuve de connaissance et de construction de l'image du corps. Ecpa.

Mietkiewicz, M. C. (2005). S'il te plaît, dessine-moi tes grands-parents – Le point de vue des petits-enfants sur les grands-parents. In Schneider, B., Mietkiewicz, M. C., & Bouyer, S. (2005). *Grandsparents et grands-parentalités*. Érès.

Minkowska, F. (1948). *Le test de la maison chez les enfants appartenant aux différents groupes ethniques*. Communication au Congrès des médecins et aliénistes de langue française [Palestra no Congresso de Médicos e Alienistas de Língua Francesa], Marselha.

Morgenstern, S. (1927). Un cas de mutisme psychogène. *Revue Française de Psychanalyse*, Première année, T. I, 3, Éd. G. Doin et Cie, pp. 492-504.

Morgenstern, S. (1937). *Psychanalyse infantile* – Symbolisme et valeur clinique des créations imaginatives chez l'enfant. Claude Tchou; Bibliothèque des Introuvables, 2003.

Mucchielli, R. (1960). *Le Jeu du monde et le Test du village imaginaire* – Les mécanismes de l'expression dans les techniques dites projectives, I. PUF.

Mucchielli, R. (1973). *Le test du village imaginaire*. EAP (Éditions et Applications Psychologiques).

Muel, A. (1978). La technique application sur la méthode de Renée Stora. In Stora, R. (1978). *Le test de l'arbre*. PUF.

Murray, H. A. (1967). *Teste de apercepção temática*. Mestre Jou.

Nandrino, J. L., & Doba, K. (2001). La représentation de l'organisation familiale chez les patients schizophrènes institutionnalisés. *Cahiers Critiques de Thérapie Familiale et de Pratique de Réseaux*, 26, pp. 125-141.

Oppenheim, D., & Hartman, O. (2003). L'expérience du cancer des enfants illustrée par leurs dessins. *Neuropsychiatrie de l'Enfance et de l'Adolescence*, 51, pp. 5-13.

Parat, H. (2004). *L'inceste*. Coleção Que sais-je? PUF.

Perron, R.; & Perron-Borelli, M. (1996). Les signifiants de la différence des sexes dans les dessins d'enfants. In Anzieu, A. et al. (1996). *Le dessin d'enfant, de l'approche génétique à l'interprétation clinique*. La Pensée Sauvage.

Petot, D. (2008). *L'évaluation clinique en psychopathologie de l'enfant*. Dunod.

Piaget, J.; & Inhelder, B. (1993). *A representação do espaço na criança* (B. M. de Albuquerque, Trad.). Artes Médicas.

Porot, H. (1965). Le dessin de la famille. *Revue de Psychologie Appliquée*, 15, pp. 179-192.

Pulver, M. (1931). *Symbolik der Handschkrft*. Orell Füssli.

Racamier, P. C. (1961). La mère et l'enfant dans les psychoses du post-partum. *L'Évolution Psychiatrique*, 26.

Racamier, P. C. (2010). *L'inceste et l'incestuel* [1995]. (Col. Psychismes). Dunod. 192 p.

Rapoport, D. (2005). Le dessin de la dame de Fay: une nouvelle approche clinique de la période de latence. In Bergeret-Amselek, C. (2005). *De l'âge de raison à l'adolescence*: quelles turbulences à découvrir? Érès.

Rausch de Traubenberg, N. (1970). *La pratique du Rorschach*. PUF.

Rausch de Traubenberg, N. (1983). Actividade perceptiva e atividade fantasmática no teste de Rorschach. O Rorschach: espaço de interações. *Análise Psicológica*, IV(1), pp. 17-22.

Rausch de Traubenberg, N., & Boizou, M.-F. (1999). *O Rorschach na clínica infantil*: o imaginário e o real na criança. [*Le Rorschach en clinique infantile*: l'imaginaire et le réel chez l'enfant]. Climepsi Editores.

Rebourg, M. (2010). Filiation et autorité parentale à l'épreuve des nouvelles configurations familiales. *Recherches Familiales*, 7 – Dossier thématique: "La réforme de la filiation", pp. 29-44.

Renier, J., & Schrod, H. (2008). L'enfant-roi et sa famille, l'enfant-tyran et sa famille, leurs environnements. *Thérapie Familiale*, 29(1), pp. 103-118.

Renner, E. *O começo da vida* – as relações que se estabelecem durante os primeiros anos de vida do bebê e a influência delas no desenvolvimento físico, emocional e social das crianças. Disponível em: https://www.fmcsv.org.br/pt-BR/impacto/o-comeco-da-vida/

Rey, A. (1946). Épreuves de dessin, témoins du développement mental. *Archives de Psychologie*, 31(121-124), pp. 370-381.

Rey, A. (1999). *Figuras complexas de Rey*: teste de cópia e de reprodução de memória de figuras geométricas complexas (M. S. Oliveira, Trad.). Casa do Psicólogo.

Ripa, Y. (2006). Naissance du dessin de guerre – Les époux Brauner et les enfants de la Guerre Civile Espagnole. *Vingtième Siècle* – Revue d'Histoire, 89, pp. 29-46.

Roman, P. (2007). Jouer avec les épreuves projectives. In Roussillon, R. (sous la dir. de; 2007). *Manuel de psychologie et de psychopathologie*: clinique générale. Masson [2018, 3a ed.].

Roman, P. (2009). *Le Rorschach en clinique de l'enfant et de l'adolescent* – Approche psychanalytique. Dunod.

Romano, H. (2009). *Réactions en immédiat des enfants confrontés à la mort d'un de leurs proches* – Colloque Urgences, mai. [s.e.].

Romano, H. (2010). "Le 'dessin-leurre'". *La Psychiatrie de l'Enfant*, 53(1), pp. 71-89.

Rorschach, H. (1967). *Psicodiagnóstico*. Mestre Jou [1921].

Rosenczveig, J.-P. (2019). *Les droits de l'enfant pour les nuls*. Editions First.

Rousseau, J.-J. (1762). (2023). *Emílio ou sobre a educação* (R. Abílio, Trad.). Vozes.

Roussillon, R. (org.) (2007). *Manuel de psychologie et de psychopathologie*: Clinique générale. Masson.

Rouyer, V. (2003). Différenciation et identification parentales dans le dessin de la famille chez les filles et garçons de quatre ans. In De Léonardis, M. et al. (orgs.). *L'enfant dans le lien social*. Érès.

Royer, J. (1995). *Que nous disent les dessins d'enfant*. Revigny-sur-Ornain: Hommes et perspectives. 320 p.

Schneider, B., Mietkiewicz, M. C., & Bouyer, S. (2005). *Grands-parents et grands-parentalités*. Érès.

Serafim, T. (2019). "Como é que uma criança se desenha a si própria? Depende de quem esteja a vê-la". *Público*, 29 de janeiro. https://www.publico.pt/2019/01/29/ciencia/noticia/desenhos-crianca-1859748.

Shentoub, V. (1987). Thematic aperception test théorie et méthode. *Psychologie Française*, 32, p. 3.

Shentoub, V. (1990). *Manuel d'utilisation du TAT* – Approche psychanalytique. Dunod.

Spitz, R. (1965). *The first year of life*: a psychoanalytic study of normal and deviant development of object relations. International Universities Press.

Spitz, R. A. (1954). La genèse des premières relations objectales – Observation directe sur le nourrisson pendant sa première année. *Revue Française de Psychanalyse*, 4.

Stora, R. (1963). Étude historique sur le dessin comme moyen d'investigation psychologique. *Bulletin de psychologie*, tome 17, n. 225.

Stora, R. (1978). *Le test de l'arbre*. PUF.

Suarez-Labat, H. (2006). Les apports des épreuves projectives dans l'évaluation de l'autisme. *Perspectives Psychiatriques*, 45(3).

Traversa, C. (1964). Le dessin de l'enfant et sa valeur dans les relations entre médecin et malade. *Psychopathologie de l'expression*, vol. 4. Sandoz.

Unicef – Fundo das Nações Unidas para a Infância. *Procedimento de comunicações*. https://www.unicef.org/brazil/convencao-sobre-os-direitos-da-crianca#protocolo_comunicacoes.

Unicef – Fundo das Nações Unidas para a Infância. *Proteção de crianças e adolescentes contra as violências*. https://www.unicef.org/brazil/protecao-de-criancas-e-adolescentes-contra-violencias.

Unicef – Fundo das Nações Unidas para a Infância. *Venda de crianças, a prostituição infantil e a pornografia infantil*. https://www.unicef.org/brazil/convencao-sobre-os-direitos-da-crianca#protocolo_venda.

Valentim, N. G. (2023). Vamos falar sobre incesto? A invisibilidade de uma violência doméstica. IBDFAM [Instituto Brasileiro de Direito de Família]. https://ibdfam.org.br/artigos/1941/Vamos+falar+sobre+incesto%3F+A+invisibilidade+de+uma+viol%C3%AAncia+dom%C3%A9stica#.

Van Hutton, V. (1994). *House-tree-person and draw-a-person as measures of abuse in children*: a quantitative scoring system. Psychological Assessment Resources.

Vantalon, V., Gourion, D., & Mouren-Simeoni, M. C. (1999). *Les troubles dépressifs chez l'enfant, état des connaissances cliniques, épidémiologiques et thérapeutiques*. Drouin Initiatives Santé.

Villemor-Amaral de A. E., & Werlang, B. S. G. (org.). (2008). *Atualizações em métodos projetivos para avaliação psicológica*. Casa do Psicólogo.

Vinay, A. (2007). *Le dessin dans l'examen psychologique de l'enfant et de l'adolescent.* Dunod.

Virole, B., & Radillo, A. (2010). *Cyberpsychologie.* Dunod.

Voyazopoulos, R. (2003). À propos de l'école et des apprentissages entre 5 et 8 ans: quelle clinique pour demain? *Neuropsychiatrie de l'Enfance et de l'Adolescence,* 51(6).

Wallon, H., & Lurçat, L. (1958). Le dessin du personnage par l'enfant, ses étapes et ses mutations. *Enfance,* 3, pp. 175-211.

Wallon, P., Cambier, A., & Engelhart, D. (1990). *Le dessin de l'enfant.* Dunod.

Wechsler, D. *Wechsler Abbreviated Scale of Intelligence* (WASI). Harcourt Assessment, Inc. (The Psychological Corporation).

Wechsler, S. M., & Nakano, T. C. (org.) (2012). *O desenho infantil:* forma de expressão cognitiva, criativa e emocional. Casa do Psicólogo.

Widlöcher, D. (1965). *L'interprétation des dessins d'enfants.* Charles Dessart.

Winnicott, C., Davis, M., Sheperd, R. (orgs.) (1994). *Explorações psicanalíticas:* D. W. Winnicott [*Psycho-analytic explorations*] (J. O. de A. Abreu, Trad.). Artmed [coletânea de 92 trabalhos reunidos pela Winnicott Trust].

Winnicott, D. W. (1965). *The maturational processes and the facilitating environment.* London, Hogarth Press.

Winnicott, D. W. (1971). *Therapeutic consulations in child psychiatry.* Hogarth Press. & the Inst. of Psa.

Winnicott, D. W. (1994). O jogo do rabisco, pp. 230-243. In Winnicott, C., Davis, M., Sheperd, R. (org.) (1994). *Explorações psicanalíticas:* D. W. Winnicott (J. O. de A. Abreu). Artmed.

Zajderman, P. (1991). Tant qu'il y aura des bébés – VHS. TU9663. Vidéo-parents.

Zavaschi, M. L. S. et al. (1991). Abuso sexual na infância: um desafio terapêutico. *Revista de Psiquiatria,* 13(3), 136-145.

Índice onomástico

A

Abraham, A 72, 73, 74, 75, 76
Ajuriaguerra De, J. 56
Albaret, J.-M. 327
Andronikof, A. 289
Anzieu, A. 88, 113, 237
Anzieu, D. 35, 193, 198

B

Bacqué, S. 149
Barrault, J.-L. 36
Bawin-Legros, B. 283
Bergeret, J. 284
Birraux, A. 117, 122
Boekholt, M. 192
Bourdellon, G. 285
Boutonier, J. 79
Brauner, A. 150, 152, 241, 243, 336
Brauner, F. 150, 152, 241, 243, 336
Brelet, F. 200, 205
Brun, A. 32

C

Chabert, C. 125, 126, 196, 204
Chagnon, J.-Y. 60, 65
Charles, M. 327
Ciccone, A. 238, 239
Collot, J. 84, 85, 86
Coq, J.-M. 149, 153, 155, 323
Corman, L. 269, 270, 271, 272, 275, 286, 355
Couteau, B. 328
Cremniter, D. 149, 153, 155
Croas, J. 132

D

De Clercq, M. 149, 150, 152
Debray, R. 16, 80, 198, 200, 201, 209
Debry, M. 293, 294
Djan, R. 352, 353, 355
Dolto, F. 16, 56, 59, 105, 106, 106, 107, 195
Durand, Y. 7, 168, 349, 350
Durkheim, E. 282

F

Fauconnier, E. 55, 58
Fay, H.-M. 7, 17, 20,
322, 323, 324, 325, 328,
329, 330, 331, 332, 333,
334, 335
Ferrant, A. 117
Fréjaville, A. 118, 119
Freud, A. 61, 237
Freud, S. 22, 23, 26, 61,
88, 102, 118, 150, 237,
282, 284, 285, 342

G

Gannagé, M. 149
Gehring, M. 293, 294
Goodenough, F. 46, 57, 71,
79, 80, 81, 85, 86,
273, 324
Grappe, M. 155
Guérin, A. 153
Guillaumin, J. 32, 115,
191, 324

H

Haag, G. 33, 34, 96
Hanus, M. 157, 248, 249, 251
Hartman, O. 21, 20

J

Jourdan-Ionescu, C. 269, 272,
274, 275
Jumel, B. 20

K

Kamieniak, I. 285
Koch, C. 276, 277, 294, 308,
310, 311, 312
Korff-Sausse, S. 32

L

Lacan, J. 62, 63
Lachanat, R. 324
Lachance, J. 269, 272, 274, 275
Laplanche, J. 150, 197, 203,
340, 367, 374
Le Men, J. 7, 336, 337,
338, 340, 339
Lebigot, F. 149, 150, 152
Leibniz, G. W. 64
Luquet, G.-H. 16, 23, 72,
79, 96, 97, 98, 99,
100, 101

M

Machover, K. 72, 73,
74, 76
Malraux, A. 38
Marty, F. 46, 283, 284, 357
Meljac, C. 55, 58
Mietkiewicz, M.-C. 285, 286
Minkowska, F. 110, 268
Morgenstern, S. 16, 72, 102,
103, 104, 105, 268
Mucchielli, R. 353
Muel, A. 312

O

Oppenheim, D. 20

P

Perron-Borelli, M. 75, 78,
80, 269, 274, 275, 277,
278, 279, 296
Perron, R. 75, 78, 80,
269, 274, 275, 277, 278,
279, 296

Índice onomástico

Petot, D. 132
Pontalis, J.-B. 150, 197, 203, 340
Porot, M. 268, 269
Pulver, M. 276, 311

R
Racamier, P.-C. 283
Raush de Traubenberg, N. 123, 196
Rebourg, M. 283
Rey, A. 324, 341
Ripa, Y. 149, 241
Roman, P. 153, 154, 181, 196, 197, 337, 350, 352
Romano, H. 153, 154
Rousseau, J.-J. 19
Royer, J. 112, 112

S
Scalabrini, J. 55, 58
Shentoub, V. 196, 198, 199, 203
Soppelsa, R. 327
Spitz, R.-A. 55
Stora, R. 191, 308, 310, 312, 316

V
Vantalon, V. 132
Virole, B. 67
Voyazopoulos, R. 191

W
Wallon, H. 312, 336
Widlöcher, D. 16, 108, 108, 109, 110
Winnicott, D.-W. 118, 261, 262

Conecte-se conosco:

 facebook.com/editoravozes

 @editoravozes

 @editora_vozes

 youtube.com/editoravozes

 +55 24 2233-9033

www.vozes.com.br

Conheça nossas lojas:

www.livrariavozes.com.br

Belo Horizonte – Brasília – Campinas – Cuiabá – Curitiba
Fortaleza – Juiz de Fora – Petrópolis – Recife – São Paulo

  Vozes de Bolso

EDITORA VOZES LTDA.
Rua Frei Luís, 100 – Centro – Cep 25689-900 – Petrópolis, RJ
Tel.: (24) 2233-9000 – E-mail: vendas@vozes.com.br